Die

Todesstrafe

aus dem Standpunkte der Vernunft und des Christenthums betrachtet.

Briefe an einen Freund

von

Aug. Fr. Holst,

Pastor zu Oederan und der Freiberger Ephorie Adjunct.

— Dii, talem terris avertite pestem!

Aeneid. III.

Berlin,

gedruckt und verlegt bei G. Reimer.

1837.

Der

Hohen landständischen Versammlung

des

Königreichs Sachsen

ehrfurchtsvoll gewidmet.

Vorwort.

Einem möglichen Vorwurfe, der den folgenden Briefen auf den Fall einer öffentlichen Beurtheilung derselben gemacht werden dürfte, habe ich gleich Anfangs zu begegnen gesucht *). Sollten sie jedoch einen andern fürchten müssen, den nämlich, daß sie völlig überflüssig seien, weil unsere Literatur an Schriften gleichen Inhalts ungemein reich ist: so sey mir die Bemerkung erlaubt, daß in dieser Hinsicht gewöhnlich nur von Gelehrten für Gelehrte, von Männern vom Fache für das Fach geschrieben ward. Was für das größere Publikum geschah, das findet sich zerstreut in Flugblättern und aphoristisch in kleinen, oft übersehenen Aufsätzen. Weit, weit entfernt, sich dem vergleichen zu wollen, was von ehrwürdigen Meistern über die Todesstrafe gedacht und gesagt ist, haben sie bloß den bescheidenen Zweck, das Wichtigste über eine der bedeutendsten Aufgaben des menschlichen Denkens in dem Kreise gebildeter Laien zu verhandeln, welche sich dafür interessiren, ohne weder Zeit, noch Beruf, noch Gelegenheit zu haben, in rein wissenschaftliche Untersuchungen einzugehn. Daher vermied ich auch jede wissenschaftliche Form und verweilte bei Manchem (wie

*) S. 1.

z. B. bei der Abschreckung) länger, als es außerdem geschehen wäre, weil es im gemeinen Leben die richtige Würdigung des Gegenstandes noch erschwert, ungeachtet es außerdem seine Geltung schon ziemlich verloren hat. Eine ganz andere Frage ist die, ob das, was ich gab, diesem Zwecke entspricht und genügt? Die Beantwortung überlasse ich der Erfahrung und dem Urtheile meiner Richter, zufrieden, wenn es einer schonenden Nachsicht nicht unwerth und wenigstens ein kleiner Beitrag zur Förderung der Sache sein könnte, die mir mit Tausenden meiner Zeitgenossen theuer und heilig ist, und die ich mit ihnen für die wahre und gute halte. Mein Wunsch ist erfüllt, können diese Beweise mitwirken, um die Ueberzeugung allgemeiner und fester zu begründen, daß das Heil des Bürgerthums nicht von vollzogenen Todesurtheilen abhänge, und daß wir wohl auf einem andern Wege, als der ist, welcher über Blutgerüste führt, uns und unsern Kindern die Pflicht schärfen können: Gott zu fürchten und den König zu ehren.

Haupt-Inhalt.

Erster Brief.

Auch unsere Trennung, mein theuerer Ferdinand, hat das Interesse nicht schwächen können, welches wir schon längst an einem viel besprochenen Gegenstande nahmen — an dem Rechte über Leben und Tod. Wie wäre das auch möglich? Die Sache ist zu bedeutend, als daß sie nicht die Aufmerksamkeit Aller in Anspruch nehmen sollte, denen die heiligsten Angelegenheiten des Menschen, das, was wahr und recht und gut ist, am Herzen liegen. Gern gehe ich daher in deinen Vorschlag ein, die große Aufgabe noch einmal zu erfassen, und in Briefen, wie sie unsere Mußestunden gestatten, unsere Ansichten und Urtheile auszutauschen. Laß uns sehen, ob die wiederholte ernste Forschung auf dasselbe Resultat zurückführen werde, das wir immer bei unsern traulichen Gesprächen über diese Materie fanden. Sie sind mir unvergeßlich geblieben, diese Unterhaltungen, wie die Tage, die ich in deiner Nähe verlebte, und die ich jetzt nur noch, wie einen lieblichen Morgentraum, in wehmüthig-froher Erinnerung tragen kann. Freilich wird Dir's oft so vorkommen, als hätte ich nur nachgeschrieben, was theils in besondern Schriften, theils in Flugblättern darüber gesagt ward; aber ich kann, mit der strengsten Gewissenhaftigkeit, die Versicherung geben, daß Du meine Gedanken — nicht erborgte — erhältst, daß ich, unabhängig von fremden Meinungen, nur meiner Ueberzeugung folge, die sich in den von andern aufgestellten Gründen allerdings noch mehr befestigen mußte. Du weißt, ich konnte die Nachtreter — dies servum pecus — nie dulden, und habe keine Lust, mich ihnen anzuschließen, so lieb mir es auch ist, Ansichten, über welche ich seit Jahren mit mir einig war, von so vielen denkenden, ehrwürdigen Männern unserer Zeit laut empfohlen und immer fester begründet zu finden. Werden meine Mittheilungen also nichts, als — Ilias post Homerum seyn? Ich fürchte das darum nicht, weil so hochwichtige Dinge, über welche jeder Wahrheitsfreund sich möglichst helles Licht zu verschaffen sucht, nicht oft genug zur Sprache gebracht werden können, bis dahin, wo man nicht mehr nöthig haben wird, über sie zu reden.

Zunächst muß ich Dich auf den Standpunkt hinweisen, von welchem aus die Untersuchung zu führen ist, soll sie ein richtiges Urtheil möglich machen. So nur können wir uns sicher über das Folgende verständigen und der Gefahr entgehn, ins Blaue hinein zu streiten. Mir, das gestehe ich sogleich ein, liegt an dem, was die Rechte — was positive Gesetzgebungen über unsern Gegenstand aussprechen, so fern sie eben positiv sind, ganz und gar nichts; ich habe weder Zeit noch Beruf noch Gelegenheit, alle die Quartanten und Folianten, die darüber gedruckt seyn mögen, Untersuchungen, Urtheilssprüche, und was mehr dergleichen ist, nachzulesen. Wäre dies unerlaßliche Bedingung meiner Briefe, so würde ich mich nicht an das Werk machen. Gesetzt aber, ich hätte alles gelesen, verstanden und behalten, was man gesagt und geschrieben hat, so würde ich dennoch auf dem vorigen Platze stehn. Denn durchaus nicht das ist die Frage, ob die Todesstrafen Rechtens, das heißt doch wohl: den positiven Gesetzen des Volks gemäß seien? sondern das wollen wir wissen, ob sie recht, das heißt: ob sie der Vernunft, als der obersten, absoluten Gesetzgeberin aller Menschen, gemäß — und, die Frage in eine religiöse verwandelt — ob sie vor Gott recht sind? Der Standpunkt also, von welchem ich ausgehe, ist kein anderer, und kann, da er sich als den einzig richtigen zeigt, kein anderer seyn, als der, welchen das Sittengesetz anweist. Er ist schlechthin der höchste, welchen wir nehmen können; auf ihm allein lassen sich die wahren Regeln des Rechts finden, denen alles Andere, mithin auch jede positive Gesetzgebung untergeordnet seyn soll; er ist es, auf welchem die Richtschnur alles Rechthandelns zu suchen, und die Aussprüche zu treffen sind, vor denen wir uns in Ehrfurcht beugen, und die wir sollen gelten lassen, mögen sich unsere Vorurtheile und unsere Selbstsucht und unsere Bequemlichkeitsliebe noch so sehr gekränkt fühlen. Was vor dem Richterstuhle des Sittengesetzes gilt, das wird ewig gelten; was da verworfen wird, das wird verworfen bleiben, wie viel man auch sonst dagegen, oder dafür sagen mag. Es ist das Unglück aller Zeiten gewesen, daß man dies verkannte und von einer Rechtslehre, die von dem Moralgesetze unabhängig ist, und von Befugnissen der Politik träumte, die in dem absoluten Rechte, worauf das Pflichtgebot führt, nicht begründet sind. Es giebt nur Ein wahres, ewiges Recht, wie es nur Eine wahre Tugend geben kann, und was vor dem Moralgesetze die Probe nicht hält, das können auch die dringendsten Verhältnisse nicht heiligen und zum Rechte machen. „Was recht seyn soll, muß auch gut seyn — die herrlichen Worte las ich einst in einer, jetzt vielleicht schon vergessenen Recension des Naturrechts von D. E. v. Dresch, — und bloß das Gutseyn einer Handlung kann ihr Dürfen, ihr Rechtseyn bedingen. Der Mensch, als Vernunftwesen, darf nie äußern Frieden suchen, wenn die Mittel dazu sein Gewissen mißbilligt, — Worte, denen späterhin die treffliche Bemerkung folgt, daß der Staat nur dem Gesetze der Vernunft folgen dürfe, und daß sein Recht unbedingt ein Vernunftrecht seyn müsse.“ Anders denken und lehren können wir nicht, wollen wir wahr denken und lehren. Die Sache ist klar, aber es wird mir schwer, zwei herrliche Stellen unberührt zu lassen, die so ganz hierher gehören; die eine aus der christlichen Sittenlehre des Herrn Vice-Präsidenten Dr. v. Ammon, die andere aus den Schuderoff'schen neuen Jahrbüchern; dort heißt es: „Es muß jedes gründliche Vernunftrecht von dem Sittengesetze, als der Bedingung der Möglichkeit des Rechts, ausgehen,“ — hier: „Das Recht, welches Recht ist, nicht bloß nach einem geschriebenen Buchstaben, sondern auch vor der Vernunft, was ist es denn anders, als das Sittengesetz selbst, auf die Fälle angewendet, wo, was es dem Einen erlaubt, von dem Andern erzwungen werden kann? — Je weiter die in einem Staate bestehenden Verhältnisse und Gesetze von den in der Vernunft gegebenen sittlichen Ideen und Gesetzen entfernt sind, desto tiefer steht er; so wie er dagegen in eben dem Maaße sich vervollkommt, in wel-

chem seine Institutionen diesen Ideen und Gesetzen sich nähern."
Die Meinung also, als ob die Tugendlehre bei der Rechtslehre keine Stimme habe und hier nicht Richterin seyn könne, müssen wir schlechterdings als unstatthaft abweisen, dadurch würden wir uns die Anklage zuziehen, daß wir die absolute Gültigkeit und Allgemeinheit der moralischen Gesetzgebung nicht anerkennen, und daß wir die Rechtslehre am Ende zu einer bloßen Klugheitslehre umstempeln. Man mag zwar in der Wissenschaft die Rechtslehre von der Tugendlehre abgesondert darstellen, um jede in ihrer Sphäre besonders zu prüfen und zu behandeln; allein man darf nicht vergessen, daß jene unter dieser nothwendig mit enthalten sey, und dieser eine weitere Sphäre zukomme. Wenn auch das Recht zunächst erkannt werden muß, ehe die Tugend sich entwickeln kann, und der Weg von jenem zu dieser führt, mithin der Rechtszustand vor dem der Moralität vorausgeht: so kann es doch für den ersten nur in diesem letztern eine feste und sichere Begründung geben, so wie jener in diesem stets mitenthalten ist, was aber im umgekehrten Falle nicht statt findet. Immer stellt das Moralgesetz am höchsten; es modificirt Vieles, was das bloße Recht zuläßt; es entscheidet über Recht und Unrecht und Befugnisse in höchster Instanz. Wer sich bei der Frage nach dem Rechte, am Leben zu strafen, um jenes Gesetz nicht kümmert; wer wohl gar nach dem allein fragen wollte, was hier Rechtens sey, ohne zu untersuchen, ob es recht an sich, recht vor Gott ist: der will sich von dem obersten Meister nicht lehren lassen, und die Entscheidung lieber einer untern Instanz anheim stellen und so eine Ausnahme für einen Akt der Rechtsthätigkeit machen, da in allen übrigen Fällen die Frage immer und immer wiederkehren soll, ob das, was geschieht, auch dem Moralgesetze gemäß sey?

Würde nun jeder andere Standpunkt uns zu tief stellen, uns einen freien, sichern Umblick entziehen und daher unser Urtheil falsch leiten, so kann doch der, von welchem ich ausgehe, nirgends herrlicher und erhabener erscheinen, als in dem Lichte der christlichen Religion. Wir werden daher bei dem in Frage stehenden Gegenstande auf sie eine ganz besondere Rücksicht nehmen, um das Wahre und Rechte desto sicherer zu finden. Sind die Unterstützungen, welche die Cultur dem Evangelio zu verdanken hat, unverkennbar, und gelten uns daher die christlichen Staatsvereine als die würdigsten und besten, welche wohl Lehrer der andern, nicht christlichen seyn, aber nicht ihre Schüler werden sollten: so müssen Christen auch eine Lehre hören, welche so hochstellt; sie müssen deswegen auch das Recht über Leben und Tod christlich, d. h. nach dem Inhalte und Geiste der christlichen Religion, und mithin nach der reinsten Ansicht, die von der Wahrheit und von der Pflicht gefaßt werden kann, beurtheilen, wenn sie nicht in die traurigste Inconsequenz fallen wollen.

Du siehst also, daß sich in keinem, auch nicht in dem rühmlichsten Gesetzbuche, sofern es positive Gesetze enthält, etwas finden würde, was mein Urtheil ändern könnte, wenn es die Billigung der Vernunft für sich hat. Dennoch sollst Du mir nicht sagen, daß ich die Stimme meiner Gegner nicht beachte. Wir wollen sie sprechen lassen, ob wir gleich wissen, daß ihre Versuche, der Vernunft das, was sie unbedingt verwirft, annehmbar zu machen, oft nur dazu dienten, die schwache Seite einer unhaltbaren Sache desto mehr aufzudecken. Nicht leicht ist es zu verkennen, daß dabei die höchste, heilige Regel, welche im Sittengebote liegt, nie mit beharrlicher Consequenz festgehalten werden konnte. Darum mischte man auch fast immer Gründe bei, die aus einer ganz andern Gegend kommen, und machte eben dadurch die Bemühungen, die Todesstrafe zu rechtfertigen, nur verdächtiger. Doch längst würden sie fruchtlos geblieben seyn, wenn dieser Strafe nicht ein großer Vorschub in der Macht der Gewohnheit und in der Autorität des Alters geleistet wäre, und wenn sie dem Principe der Sparsamkeit und der Bequemlichkeit nicht so trefflich entspräche. Wo solche Gründe Eingang finden, da muß freilich das Recht über Leben und Tod bald erwiesen — oder die Todesstrafe wenigstens sehr willkommen seyn. Ich weiß gar wohl, und wir werden späterhin die Belege dafür liefern, wie sehr man sich abgemühet und gequält habe, das, was von der Unkultur geboren und von Bequemlichkeit und Sparsamkeit angerathen und empfohlen ward, durch unabweisliche

Staatszwecke zu rechtfertigen. Allein man unterschied nicht den nächsten Zweck des Staats von dem höchsten Zwecke desselben und war sehr bald geneigt, die Mittel — daher auch die Strafen — welche jenem günstig erschienen, zu billigen, wenn sie auch mit diesem, trotz aller Künste einer blendenden Dialektik, unvereinbar blieben. Der Staat soll sicher seyn und Sicherheit gewähren. Dabei blieb man stehn. Giebt es nun aber einen kürzern Weg zu Erreichung dieser Absicht, als den, welchen der thätige, seinen Boden sorglich pflegende Gärtner einschlägt, wenn er den unnützen Baum abhaut, der das Land hindert? Den Bösewicht im Vertrauen auf die Zeit, auf die Verbesserlichkeit der Menschennatur und auf die Gnade und Kraft ihres heiligen Urhebers, bei dem kein Ding unmöglich ist, bearbeiten und erziehen und ihn durch anderweite Zuchtmittel und Strafen einer weisen und unbestechlichen Gerechtigkeitspflege für das Höchste gewinnen: das macht viele — unendlich viele Beschwerden; das Todesurtheil überhebt dieser Anstrengungen auf Ein Mal und auf immer. Den Bösewicht bewachen und ernähren, oder vielmehr ihn anhalten, daß er sich selbst ernähre — Anstalten treffen, durch welche dem aufkeimenden Verbrechen vorgebeugt, und der Verbrecher, wenn ihn die Strafe ereilte und ihn treffen mußte, auch unter der Strafe noch ein wahrhaft nützliches Glied der bürgerlichen Gesellschaft zu seyn genöthigt wird — bis er es einst vielleicht noch frei und zwanglos seyn will — das erfordert großen — sehr großen Aufwand — wenigstens im Anfange. Der Eigennutz murrt, bis er vor dem Zeugnisse des günstigen Erfolgs verstummt. Nicht auf der Stelle lassen sich Erfahrungen machen, wie die im Gefängnisse New-Bailey, wo schon im Jahre 1824 täglich 603 Arrestanten im Durchschnitte gezählt wurden, deren Erhaltung 2894 Pfund Sterling kostete, und deren Arbeit 3477 Pfund Sterling eintrug. Gegen die Mühen der Begründung solcher Anstalten und gegen solche Maaßregeln können freilich die Kosten der Hinrichtung nicht in Anschlag gebracht werden. Ein Hieb — und der Kopf liegt zu den Füßen des Elenden, und Zeit und Mühe und Geld sind gewonnen. Sind diese Güter der höchste Preis, um den man werben soll, und haben sie den ersten Werth, und ist der Staat eine so traurige Erscheinung in der Außenwelt, daß man von ihm nichts Höheres erwartet, als äußere Sicherheit, die er nicht anders zu schirmen weiß, als dadurch, daß er diesem Zwecke die letzte und höchste Absicht freier, moralischer Wesen aufopfert; ist der Staat endlich ein solcher Schwächling, daß er weder Kraft, noch Muth hat, einen Bösewicht zu bändigen, und sich gegen ihn nicht anders, als durch Tödten, sichern kann: so haben die Vertheidiger der Todesstrafen in dieser Rücksicht gewonnenes Spiel; sie wählen das kürzeste und sicherste Mittel, dessen Zweckmäßigkeit wir — ich wiederhole es nochmals — in dieser Rücksicht — nicht in Anspruch nehmen wollen. O, vielleicht würde man nie darauf gekommen seyn und noch viel weniger dabei verharren, die Hinrichtungen als vereinbar mit der Vernunft, wohl gar als ausdrückliches Gebot derselben anzusehn, hätte man sie nicht dem momentanen Interesse des Staats angemessen, also nützlich gefunden. Kann aber der Vortheil als stimmfähig bei einer Untersuchung gelten, wo Alles aufs Recht ankommt? Giebt es nicht tausend Handlungsweisen, welche leicht und bequem in der Ausführung, einem edlen Zwecke förderlich und dennoch unrecht sind? Ist nicht lange schon der Grundsatz in seiner Wahrheit anerkannt, daß der Zweck das Mittel nicht heilige? Muß er nicht gerade auch hier gelten, wollen wir eine Vorstellung vom Staate, die seiner hohen Würde gemäß ist? „Vor Allem," sagt de Pradt in seiner Schrift: Europa in seinem Verhältniß zu Griechenland — „vor Allem Ehrfurcht der Menschlichkeit, und erst nach ihr der Politik!" Die Abweichung von diesem Grundsatze führt auf Irrwege, deren entsetzliches, grauses Ende sich gar nicht absehn läßt. Doch es wird sich das, wodurch man egoistische Maximen zu Gunsten der Todesstrafe zu bemänteln sucht, besser beleuchten und dann erst kräftig zurückweisen lassen, wenn wir die Beweise für unsere entgegengesetzte Ansicht aufgestellt haben, und ich verdiene vielleicht schon Tadel, daß ich dies Wenige anticipirte.

Fragst Du nach der Ordnung, in welcher ich unsere Untersuchung führen werde: — so glaube ich zunächst etwas über die

Wirkungen der Todesstrafe bemerken zu müssen. Die Streitfrage wird dadurch nicht entschieden; aber es wird sich Manches zur Sprache bringen lassen, was in Verbindung mit dem Folgenden von Wichtigkeit ist. Wir werden sehen, daß ein Akt, der sich mit dem wahren Rechte nicht verträgt, für den Augenblick zwar nützlich scheinen, seiner Natur nach aber nie die Quelle eines wahren, dauerhaften Heils der Staatsbürger seyn könne. Wenn wir die Wirkung unbedeutend, sogar bedenklich und schädlich finden, von welcher sich die Vertheidiger der Blutgerüste so viele Vortheile versprechen, so giebt sie schon Gegengründe an die Hand, welche nicht übersehen werden dürfen. Ich werde sodann auf die Mahnungen des unverdorbenen, natürlichen Gefühls zurückweisen und zuletzt bei den Aussprüchen der Vernunft und der Religion verweilen. Haben diese sichern Leiter zu einem sichern Resultate geführt, dann mag noch eine kurze Prüfung der wichtigsten und gewöhnlichsten Behauptungen folgen, in welchen man die Beweise für das Recht, am Leben zu strafen, zu finden meint. Die Aufgabe meines nächsten Briefes kennst Du nun schon. Lebe wohl!

Zweiter Brief.

Durch Todesstrafen will man von dem Verbrechen abschrecken. Ich bin mit Tausenden überzeugt, grade zu diesem Zwecke sind sie ein sehr unzureichendes — oft ganz nutzloses und überflüssiges Mittel. Ueber die Abschreckung selbst, die so oft schauderhaft gemißbraucht ward und selbst den Greueln der Decimation Vorschub leisten mußte, sage ich jetzt nichts. Sie wird in unsern Tagen gewürdigt, wie sie es verdient. „Die bekannte Abschreckungstheorie der Criminalisten," sagt Hr. Dr. Krug in seiner Rechtslehre, „ist in sich selbst verwerflich, denn sie beruht eigentlich auf der ganz falschen Voraussetzung, daß man die Abschreckung erzwingen könne. Um dies nun zu bewirken, steigert man die Strafen bis zur grausamsten Härte und verletzt selbst das Recht, indem man es schützen will, weil man sich einbildet, je härter die Strafen seyen, desto mehr müßten sie auch abschrekken, was doch durch die Erfahrung augenscheinlich widerlegt wird." Laß uns aber die Menschen einmal näher betrachten, welche man abschrecken will. Wer sind denn diese? Doch wohl die künftigen muthmaßlichen Verbrecher? Nun ist entweder Irrthum, Leichtsinn, Charakterschwäche, oder Uebereilung, oder ein plötzlicher Affect, oder wilde Leidenschaft, oder Rohheit und Bosheit die nächste Ursache ihrer Missethaten. Je nachdem sie auf diesem, oder einem andern Wege wurden, was sie geworden sind — Leichtsinnige, oder Boshafte, lachen sie Schwert und Henker aus den Gedanken weg, oder verspotten Galgen und Rad in Frechheit und Hohn. In so hochwichtigen Dingen, wo es sich um das Leben handelt, darf man die Erfahrung nicht übersehen. Nur ein Thor kann sich noch überreden, es sey ein so seltener Fall, daß man das Blutgerüst bloß zu einem unterhaltenden Schauspiele der brutalsten Sinnlichkeit mache. Hast Du die Menge beachtet, wie sie sich an dem Tage einer öffentlichen Hinrichtung zeigte: was hast Du gehört? und was hast Du gesehn? Und wenn auch einige Einzelne die oberflächliche Bemerkung machten, daß das Gesetz nicht ungeahndet übertreten werde, und in diesem Gedanken eine Abschreckung vor ähnlichen Thaten fanden, immer bleibt die Erfahrung, daß diese Wenigen, fast unbemerkt, unter der Masse derer verschwinden, welche von ganz andern Vorstellungen gefesselt werden, bei welchen es nicht befremden kann, wenn die entsetzliche Scene einer Execution Veranlassung zu neuen Verbrechen giebt, und wenn oft in dem Augenblicke das neue Böse geboren ward, wo das vollbrachte Böse gestraft wird. Man rädert den Mörder Sturm in Breslau, und bei dem Marsche zum Rabenstein erschlägt ein Schütze mit der Gewehrkolbe den Bauer, der dem Commando nicht schnell genug gehorcht; in derselben Woche erschlägt, eine halbe Meile von Breslau, ein Fuhrmann den andern, der eben schläft; ein verheiratheter Tischlergeselle erschießt seine Geliebte — eine verheirathete Frau. Wie stark würde das Buch werden, das uns die Missethaten aufbehielte, die an den Richtstätten, nur in dem Laufe eines halben

Jahrhunderts, zur Reife kamen! „In Corsika wird der Verführer einer Frau oder eines Mädchens erdolcht, sagt ein Schriftsteller, aber dieser Verführungen sind viele, und die Lebensgefahr giebt ihnen neuen Reiz. Sollen unsere Strafen bessern, so müssen sie erst selbst gebessert seyn." — Daß Gesetze, welchen schon so viele Unglückliche auf gewaltsame Art geopfert wurden, immer wieder verachtet werden, das liegt am Tage und zeugt unwidersprechlich für die Ohnmacht der Todesstrafe, als ausreichenden Mittels der Abschreckung. Wir können nichts weiter zugeben, als daß die Abschreckung, die man beabsichtigt, möglich sey. Aber frage Dich, frage Dein Herz, frage Deinen Verstand, kann's gebilligt werden, das Schauderhafteste und Entsetzlichste zu beginnen, weil in einzelnen Fällen die Abschreckung möglich seyn dürfte? Die Präsumtion, daß Verbrechen noch weit häufiger vorfallen würden, wenn nicht die Furcht vor Schwert und Strang die Ruchlosen zügelte, ist die unglücklichste, die sich denken läßt. Theils ist sie unrichtig, theils grausam. Man hat nun oft genug nachgewiesen, daß die Zeit, wo die Todesstrafe am häufigsten angewendet ward, an Verbrechen am furchtbarsten war — eine Erscheinung, die sich, wie wir bald sehen werden, aus den unausbleiblichen Wirkungen dieser Strafe auf das menschliche Gemüth sehr wohl erklären läßt. Sie macht roh und hart und mithin zu jedem Frevel fähiger. Vortrefflich ist die Bemerkung: „Die Wirksamkeit der Strafen beruht weit mehr auf einer guten Criminal-Polizei und der Wachsamkeit derselben, durch welche es dahin gebracht wird, daß nicht leicht ein Verbrecher verborgen bleibt, oder der Justiz entkomme, als auf die Größe derselben." Zu dieser schönen Stelle aus Stübel's Entwurf eines Criminalgesetzbuchs für das Königreich Sachsen setzte der Recensent die gewichtigen Worte: „Sieht man, daß die Völker hie und da verwildern, so fällt gar oft die Schuld nur auf die übertriebene Härte ihrer Criminalgesetze." Dabei setzt jene Annahme bloß möglicher Abschreckung eine Verzerrung des innern Menschen und eine Grausamkeit des Charakters voraus, die schonungslos wüthet, um Böses, das nicht wirklich ist, sondern nur in der Vorstellung existirt — vielleicht — zu verhüten, eine Grausamkeit, vor welcher jeder Bessere zurückbebt. Das ist die Handlungsweise des rasenden Vaters, der einen fehlenden, ungehorsamen Sohn vor den Augen der übrigen Kinder zu Tode stäupt, in der Meinung, daß es einem von diesen einfallen könnte, einst einen ähnlichen Fehltritt zu begehen, und in der Hoffnung, die jugendlichen Gemüther vorläufig zu schrecken. Mir fällt da das Wort der Schrift ein: „Züchtige deinen Sohn, weil Hoffnung da ist, aber laß deine Seele nicht beweget werden ihn zu tödten!“ — eine herrliche Weisung für die Vertheidiger der Blutgerüste, weil jene Hoffnung nie und unter keinen Umständen verschwinden kann. Die Abschreckungsmaxime, wenn sie sich am Leben vergreift, geht aus derselben Ansicht, die jener Erziehungsmethode zum Grunde liegt, hervor; sie hat es bloß mit Möglichkeiten zu thun, die vielleicht nie eintreten, und opfert in der Meinung, daß das Mögliche doch einmal wirklich werden könnte, ein Leben — ein Menschenleben auf. „Um solcher Möglichkeit willen,“ schrieb Hr. Dr. Krug in seinem Aufsatze über die Emancipation der Juden, „darf man keinem Menschen ein Recht vorenthalten“ — also, muß man fortfahren, am wenigsten das Recht auf das Leben, dessen Beraubung ihm alle Rechte und allen eigenen Rechtsgenuß auf einmal und auf immer entzieht. Ich weiß nicht, ob derjenige der Belehrung offen seyn möchte, dem man erst sagen muß, daß eine Warnung dieser Art um einen zu hohen Preis erkauft werde, und kostbarere Opfer sind der irrigsten Einbildung, die jemals in dem Menschengehirne spukte, und der Furcht vor Möglichkeiten wohl nirgends gebracht, als da, wo die Abschreckungstheorie, der ich, wenn sie erlaubte Mittel wählt, in mancher Hinsicht volle Gerechtigkeit und Anerkennung widerfahren lasse, und deren Wichtigkeit ich zugestehe — das Urtheil spricht. Wie war es nur möglich, daß man dies offenbare Mißverhältniß zwischen Mittel und Zweck unbeachtet ließ, wenn man auch daran nicht denken wollte, daß solch ein Mittel an sich verwerflich sey, und durch dasselbe eine Prävention nicht erzielt werden dürfe, wie wünschenswerth sie auch erscheine; daß es moralisch unmöglich sey, den einen Menschen als bloße Sache zu behandeln, um einen Zweck für andere zu erreichen;

die Würde des einen zu untertreten, um wo möglich die Würde des andern zu schützen? Es wäre ja fürchterlich, und es müßte keine sittliche Ordnung der Dinge geben, wenn dem Volke auf keinem andern Wege, als auf dem blutigen Pfade zum Hochgerichte, die Ehrwürdigkeit der Gesetze fühlbar gemacht, und wenn es auf keine andere Art dahin gebracht werden könnte, daß es sich selbst abschrecke von dem, was das Gesetz antastet! Denn das soll doch offenbar die Abschreckung bezwecken, die nichts Anderes ist, als eine durch äußere Thatsachen unterstützte und gleichsam potenzirte Abmahnung. Befremden kann es übrigens gar nicht, daß die Todesstrafe so unwirksam zu diesem Zwecke ist. Sie kann wohl einen starken Eindruck auf das Gemüth eines rohen Menschen machen, aber dauerhaft ist dieser Eindruck nicht, und er wird sich grade um so eher wieder verlieren, je gewaltiger er die Saiten des Gefühls angespannt hat. Mit den empörenden Auftritten des blutigen und martervollen Schauspiels pflegt diese Anspannung aufzuhören, und die letzten schwachen Nachklänge verhallen gewöhnlich in den Häusern der Freude und unter vollen Gläsern. Wer Ohrenzeuge von den Unterhaltungen, von den Witzeleien und Scherzen, wie sie dann unter dem großen Haufen laut werden, gewesen ist, oder wer nach dem gelungenen Streiche des Scharfrichters das Händeklatschen und Bravo-Rufen der rohen Menge vernommen hat, wovon Knauth in des hingerichteten Lehmanns Lebensbeschreibung ein für die Freunde solcher Auftritte gar erbauliches Exempel erzählt, zu welchem Felsecker in seiner Schrift: Worte an Bayern, S. 67, ein Seitenstück liefert, den wird die Hoffnung auf die abschreckende Kraft der Todesstrafe nicht mehr gängeln und irreführen. Empörend ist die Zeichnung, welche Santo Domingo in seiner Schrift: Paris, wie es ist, deutsche Bearbeitung von Philippi, S. 89, in dieser Hinsicht von dem Pariser Pöbel entwirft, der — „wie die Menge überall, blutdürstig aus Neugier und neugierig aus Blutdurst ist. Kein Bewohner von Paris läßt es an Mühe fehlen, sich einen guten Platz bei diesem ihm so interessanten Schauspiele zu verschaffen. Wird begnadigt, so klagt man, seine Zeit unnütz verloren zu haben. Ich bin viel gereist, aber in keinem andern Lande habe ich dieses Erfessenseyn auf öffentliche Hinrichtungen in solchem Grade vorherrschend gefunden, als bei dem Pariser Pöbel. Seine Augen werden ordentlich trunken von dem Blute, das zu seinen Füßen rinnt, und man glaubt noch in ihnen die scheußlichen Septemberscenen und alle Greuel der Bartholomäusnacht zu lesen." Nur auszugsweise kann ich diese Schilderung so kannibalischer Erscheinungen geben. Möchten wir nicht mit Wehmuth und Jammer gestehen müssen: C'est tout comme chèz nous! — „Selbst Mütter mit ihren Kindern eilen dahin, wie wilde Thiere mit ihrer Brut, wenn sie Blut wittern!" — eine treffende Vergleichung, die mir neulich aufstieß. Wollen solche Mütter in ihren Kindern Mörder erziehen, — auf dem Wege wirds gelingen. Einst drängte man sich zu den grausamsten Kampfspielen, um eine wilde Lust zu sättigen, — jetzt zu Hinrichtungen. Es ist dieselbe Barbarei, derselbe Sinn. Er schlummert bei Tausenden. Wehe uns, wenn wir ihn wecken! Wie mußte ihn Bechstein erkannt haben, der in seinem Todtentanze den wandernden Tod mit den Worten bei dem Richter einführt:

„Mein Altar ist das ragende Schaffot,
„Schwarz überhangen wird es für den dunkeln Gott.
„Mein Priester ist der Henker, und mein Fest,
„Wenn man zum Richtplatz Sünder führen läßt.
„Fallbeilgerüst, Holzstoß und Galgen stehen
„Auch als Altäre da; Veränderung ergötzt.
„Wild drängt das Volk, den Opfertod zu sehen,
„Das sich nie höher freut, als wenn es sich entsetzt.

Wie fürchterlich wahr! Im Entsetzlichen sucht man Vergnügen und Unterhaltung. Siehe da, eine Satyre auf die Abschreckungstheorie! Nein, nicht der heftige, aber schnell vorübergehende, sondern der zweckmäßig erneuete, länger unterhaltene, vielleicht minder erschütternde, aber desto tiefer dringende Eindruck kann und wird abschrecken; nicht die Größe, sondern das unverzögerte Eintreten, die Gewißheit und die Dauer der Strafe erreichen diesen Zweck am sichersten. Der Geist kann die furchtbaren Stürme, die ihn erschüttern, nicht lange ertragen. Anspannung und Abspannung grenzen nahe an einander. Aber wo das Gefühl mäßig angesprochen und oft angesprochen wird, da erträgt es die äußern Eindrücke wohl, und da können sie für die Bestimmung des Willens entscheidend werden. Denke an die Redner, welche in dem augenblicklich bestürmten Gefühle der Zuhörer den höchsten Triumph ihrer Rede suchen, und an die, welche unermüdet und treu mit der sanften Gewalt der überzeugenden Wahrheit sich an die Menge wenden: welche von beiden werden für die Dauer am meisten ausrichten? Die letztern ohne Zweifel; und ein Strom von erpreßten Thränen — was ist er gegen den stillen Gedanken: „So ist es wahr; so ist es recht; so will ich handeln!" Ich gebe zu, ein plötzlicher Donnerschlag kann den verwilderten Lüstling erschüttern und seinen Geist auf einen unsichtbaren Richter seiner gehäuften Sünden lenken; aber ich fürchte, er wird seiner eigenen Furcht leichtsinnig lachen, so bald die letzte finstere Wolke vor ihm vorüber zog, und der Himmel sich wieder freundlich aufklärt. Laß ihn oft in Chariteen und Krankenhäusern den langsamen Tod sehen, welchen die schon halb verwesten Genossen seiner Freude sterben, laß ihn ihre Klagen hören und ihre Bitten, daß er sich rette und nicht auch komme an diesen Ort der Qual: ich hoffe, das wird nicht ohne Wirkung auf die Willensbestimmung bleiben, wenigstens ist hier mehr Grund zu hoffen, als dort. Sehen wir also auf diejenige Menschenclasse, auf welche man gewöhnlich zu deuten scheint, wenn man die Abschreckung anrühmt, so ist unter dem Abschaume eines entarteten Geschlechts wenig, oder gar nichts zu erwarten. Diese Erfolglosigkeit liegt in moralischen Ursachen, und die traurigste Erfahrung von der Unwirksamkeit der Blutgerüste bestätigt sich zu oft und ist zu unläugbar, als daß sie nicht jedes Wort zur weitern Erläuterung überflüssig machen sollte. Man würde sie auch keines Wortes weiter würdigen, wenn man jenen Erfahrungen eine ernstere Aufmerksamkeit schenkte, um endlich einmal völlig einverstanden mit der richtigen Bemerkung zu seyn, welche de Pradt in dem Buche: Europa in seinem Verhältnisse zu Griechenland macht: „Selten kommen in unsern ruhigen Städten die Zuschauer von Hinrichtungen gebessert vom Fuße des Schaffots zurück, obgleich dies ein Zweck der Justiz ist." Als ich in Knauth's letzten Antworten und Erklärungen die Nachricht las, daß des schon erwähnten Lehmann's Sohn Zeuge der Hinrichtung seines Vaters war, um bei der Gelegenheit — zu betteln!! — so erschien sie mir als ein Beleg zu dem freimüthigen Urtheile in einem Aufsatze der Oppositionsschrift von Schröter und Bretschneider: „Bei der großen Mehrzahl aber, d. h. bei dem Pöbel unter allerlei Volk, sind öffentliche Hinrichtungen jetzt nichts mehr, als — Seiltänzereien — in ihren Wirkungen tief, tief unter Null, noch tiefer wie diese." — Du mußt diesen ganzen Aufsatz lesen, mein Ferdinand! Vielleicht hast Du ihn nicht zur Hand. Erlaube mir nur Einiges abzuschreiben; es ist zu schön und zu wahr und zu passend und mit einer Kraft und Freimüthigkeit dargestellt, daß ich durch eine längere Stelle Deine Aufmerksamkeit darauf hinleiten möchte. Der Verfasser fährt fort: „Sie schütteln den Kopf, mein Freund, weil Sie in Ihrem frommen Glauben meinen, ein so blutiges und so gräßliches Ereigniß müsse weit und breit erschütternd und segensreich in das Land hineinwirken, mindestens alle Anwesenden in einen Zustand versetzen, in welchem mehr als zu einer andern Zeit ein ernster Gedanke ihnen durch die Seele fährt, und Jeder, Jeder im Stillen die Frage an sich thut: wie? — bist du vielleicht auch einer von denen, die, wenn auch auf andere Weise, doch auf dem Wege sind zu einem und demselben schrecklichen Ziele? — und ein Gefühl, wie das, wenn die Erde unter unsern Füßen bebt, und Abgründe sich öffnen, welche uns zu verschlingen drohen, müsse an dem schwarzen Tage sich Aller, Aller bemächtigen, die noch fühlen können. — Die Erfahrung mag Ihnen darauf antworten. — Sehen Sie, wie das Volk schon durch die Straßen zieht; Alt und Jung, Vornehme und Geringe, Bürger und Bauern, Weiber und Mädchen, Knechte und Mägde — es ist Alles auf den Beinen, und noch sind bis dahin, wo das Arme-Sünder-Glöckchen sich hören läßt, volle vier Stunden. Alle Gewölbe und alle Werkstätten sind geschlossen, und auch den Denkern, wie den Schreibern in den öffentlichen Collegien, ist heute ein Freitag gegeben. Ist es Ihnen nicht, wenn Sie diesen Leuten da auf die Kleider und in das Gesicht sehen und das ganze Treiben derselben betrachten, als solle heute ein seltenes Fest im Lande gefeiert, ein neuer Landesherr gekrönt, ein neugeborner Erbprinz begrüßt werden? — ist es Ihnen nicht, als müßten Sie in jedem Augenblicke die Trompeten und Pauken hören und den Donner des Geschützes, welche den Anfang des herrlichen Tages verkündigen? — Doch was stehen wir hier und sehen immer nur Eins und Ebendasselbe? — lassen Sie uns dem Zuge folgen! dort, wo der größte Andrang ist, ist der Ort, wo der Verbrecher sitzt. Bis dahin ist kaum durchzukommen. Wie müßte es diesem Elenden zu Muthe seyn, wenn er fähig wäre, in diesen furchtbar schrecklichen Augenblicken sein vergangenes Leben zu überschauen und einen Blick in das Ewige zu thun! Der, der heute seine Strafe erhalten soll, ist ein Wilder, aufgewachsen in roher Wildniß und geblieben in dieser Wildniß bis zum gegenwärtigen Augenblicke. Mich schaudert's, wenn ich an einen so tief Gefallenen denke und an Alle, die ihn in diese Tiefe sorglos fallen ließen, oder wohl gar selbst boshaft hinabstießen. — Meinen Sie nicht, diesen Schauder müßten Alle empfinden, die in dieser Atmosphäre sich bewegen und die Gebäude betrachten, in welchen der Lasterhafte, in allen Graden und Altern vom leichtsinnigen und gemeinen Diebe bis zum wilden Mörder hinauf gefangen gehalten wird! — und in Aller Herzen müßte der fromme Wunsch sich aussprechen: Hätte man doch das Laster selbst hiermit eingefangen! — Bemerken Sie wohl etwas von diesem Schauder und Wunsch in den Hunderten, die hier stehen, oder hinauf und hinab strömen? Nur da oder dort steht ein Einzelner, der ernsthafte Gedanken zu haben scheint, wie das feuchte Auge verkündet. Die andern Alle, besonders aus der jüngern Welt, verkürzen sich die Zeit in muthwilliger Rede, schwatzen von der letzten Sonntagslust und bestellen sich für den heutigen Nachmittag zu Tanz und Spiel auf's nächste Dorf; und Mancher, Mancher ist darunter, dem schon der Strick unsichtbar um den Hals gewunden ist, und den nur die Langmuth Gottes noch im freien Athem erhält! — Sehen Sie z. B. den dort in dem veilchenblauen Kleide! dieser hat in einem Zeitraum von zehn Jahren mehr zusammen gestohlen, als alle Diebe, die hier sitzen, in ihrem ganzen Leben, und doch gilt derselbe troß seiner bekannten Diebereien als ein ehrlicher Mann — bei seines Gleichen — und verwaltet sein Amt, das nur von einem Ehrlichen verwaltet seyn will. Bemerken Sie aber nicht in seinem unstäten Auge und in seinem geheuchelten Frohsinne, daß er eine Empfindung hat von seinem — Stricke? Und daß er bloß darum hier erschienen ist, um vor den Augen des Publikums diesen Strick sich wegzulügen? Ich könnte Ihnen noch mehrere Subjekte zeigen, die durch ihr Leben längst den bürgerlichen Tod verdient; aber mich schaudert's, und ich bitte Sie, mit mir einen Ort zu verlassen, wo man sich unter den Freien noch unwohler fühlt, als unter den Gefangenen! — Doch es hilft nichts, wir müssen diesen schauerlichen Tag, am schauerlichsten in seinen Widersprüchen, ganz ausfühlen, und wir wenden uns zuerst in die Straße, wo der Lebendigtodte hindurch geführt wird, um, ehe er seine Strafe empfängt, auf dem von Ihnen schon gesehenen Schaffot, noch einmal sein Bluturtheil zu vernehmen. Sehen Sie, wie alle Fenster mit Neugierigen angefüllt sind! — Manches Köpfchen schaut heraus, das einem weiblichen Herzen, einer Jungfrau, einer Mutter angehört. Was wollet ihr hier? — O, wäret ihr zu Hause geblieben bei euren Kindern und an dem Herzen eurer frommen Mütter und hättet mit ihnen gebetet: Vater! o, Vater, führe uns nicht in Versuchung! Nun habt ihr gewagt, das Gräßliche zu schauen, und dem Kranze eures Hauptes ist die schönste Blume entfallen! — Doch, still, was höre ich? — Tanzmusik? — und, in dieser ungewöhnlichen Stunde und in dieser Gegend?! Ja, wahrhaftig! — dort, eine Treppe hoch, wo die Fenster offen stehen, dreht sich ein bunter Schwarm nach den Tönen eines Pianoforte tanzend umher! — Freund, diese Gesellschaft treibet in ihrer Thorheit ein entsetzlicheres Spiel, als jene Banditen, von denen der eine heute sein Leben endet; sie mordet sich wechselseitig in ihrem edelsten und heiligsten Seelenleben und hat sich schon gemordet; denn wer heute, an einem solchen Tage, tanzen kann — ist fähig, an dem Todestage des Welterlösers, auch auf dem Grabe seiner Eltern, seiner Kinder, auf der Brandstätte seines Nachbarn zu tanzen; das getödtete Menschengefühl erlaubt einen solchen Todtenkanz! Armes, betrogenes Geschlecht!" — Ich bedaure, daß der Verfasser die Hinrichtungen nicht in ihrer unbedingten Verwerflichkeit anerkennt, daß er sogar Vorschläge zu Ausführung dessen macht, was nie ausgeführt werden soll, und Ansichten über das Verhalten gegen den sittlichen Zustand des Delinquenten hegt, die wir nimmermehr theilen können; aber was er über die Unwirksamkeit öffentlicher Hinrichtungen sagt — Du wirst es treffend und aus der Erfahrung genommen finden. — Einen ähnlichen lesenswerthen Aufsatz enthält die Bibliothek der neuesten Weltkunde, herausgegeben von Malten (Aarau 1828. 7. Theil S. 100). Ich empfehle ihn Dir zum Nachlesen und erlaube mir noch ein Beispiel aus dem Leben, wie Verbrecher über den Werth angedrohter Strafen urtheilen, und wie wenig sich auf die beabsichtigte Abschreckung geben lasse, wenn sie nicht anders als durch Hochgerichte motivirt wird, anzuführen, wie es Felsecker dem Hrn. v. Gönner nacherzählt. „Ein Inquisit ward bei dem Verhöre gefragt, ob er nicht an die Strafe seiner Verbrechen gedacht und dadurch von ihrer Begehung abgeschreckt worden sey? Fragen Sie, gab er dem Inquirenten zur Antwort, noch hundert Menschen meiner Art, und jeder wird sagen, daß man bei Verübung eines Verbrechens nur daran denkt, wie man seinen Zweck erreichen und unentdeckt bleiben kann. An die Strafe denkt keiner. Der Vortheil ist nahe und gewiß, die Strafe entfernt, und man sorgt nur, daß man nicht entdeckt werde." — Der Mann sprach die Erfahrung alter und neuer Zeit aus und hinterließ uns die Lehre, daß ein anderer Weg, dem Verbrechen zuvorzukommen, eingeschlagen werden müsse, als der, den die Vertheidiger der Blutgerüste empfehlen, welche nie redseliger werden, als wenn sie uns von einem Effekte überreden wollen, der ihre Versicherungen schon tausend Mal verspottet hat. —

Dritter Brief.

Man könnte sagen, es sey bei der Abschreckung nicht bloß auf so Entartete, wie ich sie mir in meinem vorigen Briefe dachte, abgesehn. Dann entsteht aber die Frage aufs Neue: Wer soll abgeschreckt werden? Also der weniger Verwilderte? Ist der gemeint, so liegt es auf einer Seite klar vor Augen, daß ein für das Bessere noch offenes Herz durch gelindere Mittel gewarnt werden könne; auf der andern Seite ist wohl zu bedenken, daß der Anblick einer Hinrichtung bei Menschen dieser Art schon viel zu sehr die Gefühle des Mitleids, des Widerwillens und des Abscheus gegen die Strafe selbst aufrege, als daß sie sich mit der beabsichtigten Warnung vor einem Verbrechen lange befassen sollten, an welches sie jetzt noch nicht denken. Man verrechnet sich, wenn man glaubt, ihnen von dem Hochgerichte herab eine nie verstummende Warnstimme mit auf ihren Lebensweg für den unseligen Augenblick gegeben zu haben, wo einst noch ein verbrecherischer Gedanke in ihnen aufsteigen möchte. Oder meint man, desto öfter müsse das grause Strafexempel vorgehalten werden, damit die Stimme nie verhalle? So verrechnet man sich noch einmal und doppelt. Dann würde bei der mit der Vermehrung der Todesstrafen auch mächtig fortschreitenden Rohheit und mit der Gewöhnung an die Gräuel der Execution die Zahl der weniger Verwilderten, die für bessere Gefühle offen blieben, bald genug kleiner werden. Das weiche Gemüth verträgt solche Eindrücke nicht, aber es bedarf ihrer auch nicht. Daß sie auf den wahrhaft Edlen und Guten nicht berechnet seyn können, ist von selbst klar. Höchstens bliebe noch der Furchtsame übrig, der, wie man sagt, zu großen Verbrechen keine Kraft — aber eben deswegen auch so blutigen Auftritten beizuwohnen nicht nöthig hat, um sich vor dem warnen zu lassen, was er nie beginnen wird. Wem also sollen sie als Warnung vorgestellt werden? Dem Rohen, welcher sie verspottet? Nein! Dem Weichmüthigen, welcher weint? Nein! Dem Furchtsamen, der nicht den Muth hat, das Verbrechen zu begehen? Nein! Dem Tugendhaften, der sich selbst ein Gesetz ist? Nein! Wem also noch? Und wenn die Abschreckung nur durch das Anschauen der Hinrichtung hinlänglich ermöglicht werden kann, wie man wenigstens glaubt: müßte es dann nicht auch ein Recht geben, das Schauen zu fordern? Müßte es nicht gesetzlich zu erzwingen seyn? Aber es ist klar, dies sey eine Zumuthung, die Niemand, die daher auch das positive Gesetz an keinen vernünftigen Menschen machen kann. Es wäre die äußerste Tyrannei, den Andern zu nöthigen, Augenzeuge des Unmenschlichen zu seyn. Freilich wirds's angeschaut — von Tausenden angeschaut; das ist wahr. Doch denke Dir einmal, die Execution fiele an einem Orte vor, dessen gut geartete Bürger es sich gar nicht in den Sinn kommen ließen, Zuschauer bei dem höchsten Jammer ihres Mitmenschen abzugeben; die, wie die ersten Christen, nicht zu bewegen wären, ihr Auge dem Entsetzlichsten zuzuwenden, die es sich sogar zur Pflicht machten, durch das Nichtschauen ihren Abscheu gegen solch einen Akt auszusprechen, — würdest Du den Muth haben, sie dennoch dazu aufzufordern? Nein, Ferdinand, Du nicht, und Keiner, der gut ist, wie Du. Mag der Vertheidiger der Abschreckungstheorie es bedauern, wenn nach seiner Ansicht der Zudrang der Gaffer noch nicht groß genug ist — mag er wünschen, daß, wie bei den Chinesen, wo nur die Staatsverbrecher die Ehre haben, gleich nach ihrer Verurtheilung sich tödten zu lassen, auch bei uns die Verbrecher an Einem Tage hingerichtet würden, um recht kräftig zu schrecken: er wird um das Schaffot, von dem er sich so großes Heil verspricht, nur Menschen versammelt sehn, die weder abgeschreckt seyn wollen, noch abgeschreckt werden. Wir aber wollen die loben, die nicht kommen, und uns freuen, wenn da, wo Blutgerüste erbaut und Menschen getödtet werden, kein schuldloses Kind, kein edler Jüngling, keine fromme Jungfrau, keine gebildete Gattin, kein Mann, dem es vergönnt ist, weit von der gräßlichen Stätte zu fliehen, — unter den Gaffern steht. Mag auch Hr. Hofrath Dr. Clorus in seiner Schrift: Die Zurechnungsfähigkeit des Mörders Wanzek, die Leipziger Frauen noch so sehr tadeln, daß sie nach der Hinrichtung eines gewissen Jonas Blumen am Hochgerichte streuten, und daß man daselbst die Worte geschrieben fand: Ruhe sanft, guter Jonas! — Die Sache ist sehr erklärlich. Die gesteigerte Cultur — die Rede ist nicht von Verweichlichung und Verbildung — empört gewaltig gegen Alles, was das Menschliche im Menschen verläugnet. Alles, was verlangt werden kann, ist das, daß die Gefühle den Verstand nicht übertäuben und nicht mit ihm davon laufen. Jene Frauen sind mir tausend Mal achtungswürdiger, als diejenigen Menschen, welche mit Zertretung des Menschengefühls nur die Legalität und Consequenz des Rechtsganges preisen und das Menschenthum ausziehen, um das Unmenschliche kalt und, wie sie wähnen, muthig zu ertragen, oder die es machen, wie man von Kaiser Karl V. erzählt, daß er vor jedem Galgen den Hut abgezogen habe, um der Gerechtigkeit seine Hochachtung zu bezeigen. Der Kaiser hätte es in unsern Tagen nicht gethan, aber, wir wollen glauben, er hätte vor den Leipziger Frauen den Hut abgenommen, welche, freilich unbekümmert um das, was Rechtens ist, nach dem nur fragten, was recht und menschlich sey, und hoch stehn über jenem Zeitalter, wo ein König — es war Franz I. von Frankreich — sich freute, daß ihm die Estrapade so gute Dienste leiste, um sich und seinem Hofe das Schauspiel höllischer Qualen, unter denen man die Opfer des tollsten Wahnglaubens peinigte, zu verlängern und wo er den über die unerhörte Tyrannei empörten deutschen Fürsten endlich die Versicherung gab, daß künftig nicht mehr Deutsche — sondern nur Franzosen auf diese für die Barbarei so belustigende und anmuthige Art hingerichtet, das heißt: lebendig gebraten werden sollten. Wie sie hoch stehn, jene Frauen, über die Ausgeburten ihres Geschlechts, die sich einst an Damiens Martern weidlich ergötzten und die letzte Spur der Weiblichkeit vertilgten, um eine Rolle zu übernehmen, welche für eine Horde von Menschenfressern passen mag, nur für Weiber nicht, die ihrer Bildung sich zu rühmen unverschämt genug waren. Eine unter ihnen — erzählt man im Gesellschafter vom Jahre 1825 — hatte auf dem Platze la Greve ein Fenster für 12 Louisd'or gemiethet und vertrieb sich die Zeit bis zur Ankunft und Hinrichtung des Missethäters mit Kartenspiel. Als der König diesen Zug hörte, bedeckte er seine beiden Augen mit den Händen und brach in die Worte aus: Fi, la vilaine! (— Pfui, über das Scheusal! rufen wir mit ihm.) Eine andere Frau fühlte Mitleid mit den Pferden, auf welche man gewaltig losschlagen mußte, ehe der muskelstarke Damiens zerrissen und geviertheilt werden konnte. Ces pauvres chevaux! rief sie klagend — und eine Geistesverwandte versicherte, daß sie ihre plattgedrückten, mit zerschlagenen Knochen aufgetragenen Tauben, die pigeons à la crapaudine, zu essen, sich nie wieder entschließen werde, seitdem sie dies gesehen habe. — Pfui, über die Scheusale! — Möge man sich die unnütze Mühe nicht geben, uns in den einst zu Leipzig gestreuten Blumen die Spuren eines schwach gewordenen und irre geleiteten Gefühls und einer traurigen Ueberfeinerung nachzuweisen. Wir denken schon von selbst an diese Erinnerung, die man in Bereitschaft hat. Aber wir wissen auch, nicht dem Räuber, den man ins Gefängniß führte, sondern dem hingerichteten Menschen wurden Blumen gestreut; nicht das Verbrechen sollten sie ehren, wohl aber den Menschen. Mochte sich das Gefühl auf eine Art aussprechen, die ich zu vertheidigen mich nicht berufen fühle — ihm lag Wahrheit zum Grunde und lehrte jene Frauen das Hochgericht beurtheilen, wie sie es eben beurtheilten. — Die Wahrheit spricht laut, auch da, wo keine Vorlesungen über Natur- und Criminal-Recht gehört werden. Aehnliches erzählt Lucas in seinem Werke vom Strafsystem, übersetzt von Samhaber S. 283, von den Amerikanern, unter welchen Hinrichtungen selten sind, und fallen sie vor, so haben sie, nach dem eigenen Urtheile der Eingebornen, keine andere Wirkung, als Abscheu bei dem Anblicke der Leiden des Verurtheilten. Auch dort endigte sich schon der Gräuel der Execution mit einer Wallfahrt des Volks auf den Begräbnißplatz und mit Beobachtung der bei christlichen Begräbnissen üblichen Gebräuche. Siehe da den Widerstreit des Wahrheits- und Rechtsgefühls mit der armseligen Abschreckungsmaxime, die leider immer noch Zuschauer zusammentreibt, aber nichts wirkt; sie gaffen und trinken und schreien — gehn taumelnd und um ein gutes Theil schlechter nach Hause und lassen's in ihrem Innern beim

Alten. Irre ich nicht, so wagt man sich auch immer weniger mit dem früher so gewöhnlichen Anpreisen der Abschreckung hervor, bei deren Lobrednern sich der Bürger zu bedanken nicht Ursache hat. Es empört, wenn man in ihm nur immer den Bösewicht voraussetzt, der auf Verbrechen sinnt, und mit seinen ebenfalls vorausgesetzten Spießgesellen durch ein furchtbares Strafexempel gewarnt werden soll. Wäre, dabei bleibt es, wäre unter der Masse ein Verruchter der Art, so trifft man bei ihm, durch Gewöhnung seines Auges an das Abscheuliche, ganz fehl. Denkt man sich die Menge als gemischt von Bessern und Schwächern, wie sie es wirklich ist: so bleibt es schrecklich, diesen auf gutes Glück hin, ob es fruchtet oder nicht, ob es sie mehr oder weniger verdirbt, ein Schauspiel so blutiger Art zu geben, und jene tief zu betrüben und zum höchsten Unwillen zu reizen und ihr eigenes Herz durch fremde Qual zu martern. Man könnte zwar, woran ich zum Schlusse noch erinnern will, eine andere, ganz eigene Classe von Menschen annehmen, die der Aufforderung zum Schauen schnell Gehör geben würde, — das ist die Classe der Schwächlinge an Geist und Leib, die ein geheimes Sehnen zu Allem treibt, was gewaltig und stürmisch erschüttert. Es giebt solche Geschöpfe, besonders in Zeitaltern einer herrschenden Verweichlichung. Vielleicht dürfte dieser Durst nach heftigen Eindrücken jeder Art die Erscheinung erklärlich machen, daß auch sogar die zärtlichsten — sonst gut geartete, mit oben erwähnten Pariserinnen nichts gemein habende Frauen sich nicht scheuen, den blutigsten Executionen zuzusehen. Hier aber von Abschreckung reden — wäre lächerlich, wo man nur Genuß in der Erschütterung sucht, und wo der Psycholog weit mehr, als der Scharfrichter, an seiner Stelle ist, um einen schlimmen Auswuchs des Charakters zu heilen. — Uebrigens dürfte die — uns freilich nicht eben ansprechende Erscheinung, daß wohl sehr gebildete, edle, durch Größe der Seele und Festigkeit des Geistes ausgezeichnete Männer und Frauen sich unter die schaulustige Menge mischen, ihren Grund in der erhöheten Empfänglichkeit für sittliche Kraft und sittliche Größe haben; sie fühlen sich angezogen — nicht von der Scene des Todtmachens an sich — die wahrhaftig keine Spur vom sittlich Großen hat, und wo sich vielmehr Alles in das Grause, Abscheuliche und Entsetzliche verliert — sondern von dem innern Kampfe des Geistes mit der Gewalt äußerer Kräfte und von dem Siege, den das Innere über das Aeußere erringt; sie fühlen sich selbst im Wahrnehmen einer moralischen Kraft erhoben, welche auch der furchtbarste Sturm nicht erschüttern und nicht brechen kann. Außerdem ließe sich auch der Geschmack an manchen dramatischen Darstellungen des Gräßlichen nicht erklären. Aber wie weit ist's gefehlt, daß unter solchen Umständen die Abschreckung zur Sprache gebracht werden könnte! Immer müssen wir also wieder auf die rohe Menge unser Augenmerk richten, der sich nun aber einmal auf diese Art nicht zu Hülfe kommen läßt. Lucas in seinem Werke vom Strafsystem S. 297 fl. stellt darüber herrliche Gedanken auf; er fordert, daß die Abhaltung dadurch geschehe, daß ein Schauspiel des Guten, in dem Augenblicke der Reue und der Bekehrung des Verbrechers aufgestellt, nicht aber der Trieb zur Nachahmung, zum Vortheile und zur Verbreitung des Verbrechens dadurch gebraucht werde, daß das Verbrechen in seiner ganzen Rohheit den Augen Aller Preis gegeben wird. — Möge dieser Gedanke von Allen beherzigt werden, die den Traum der Abschreckung noch träumen! Guter Ferdinand, wer seine Seele an den Satan verkauft hat, der verkauft auch sein Leben an den Henker. So lange er kann, hofft er das Beste, und wenn er am Ziele ist, schließt er die Rechnung mit den Zahlmeistern ab, die sich bald genug finden; ihr Name ist Ueberträubung und Verzweiflung. Und so glaube ich denn, Du bist einstimmig mit mir in der Behauptung, daß Todesstrafen, als Abschreckungsmittel betrachtet, theils unzureichend, theils völlig unnütz und überflüssig sind. Aber sie sind auch gefährlich! Doch davon ein anderes Mal. Lebe wohl.

N. S. Kaum kann ich umhin, hier die Stelle noch nachzutragen, die mir, indem ich in Beccaria's unvergeßlichem Werke blättere, so eben zufällig vor Augen kommt. Wie sie so ganz hierher gehört! Aber auch wie betrübend, daß man eine schon so lange gemachte Beobachtung doch so lange Zeit weit weniger gewürdigt hat, als sie es verdient! Es heißt S. 178 nach der

Uebersetzung von Bergk: „Für den großen Haufen wird die „Todesstrafe ein Schauspiel und für die Uebrigen ein Gegen„stand eines mit Unwillen gemischten Mitleids." Die Anmerkung des Uebersetzers ist sehr richtig und verfolgt das Thema weiter. „Nichts, heißt es daselbst, ist unzweckmäßiger, als die To„desstrafe, weil sie der gedankenlose Haufe nicht als eine War„nung, sondern als ein Schauspiel ansieht, zu welchem er begie„rig hineilt, um sich zu amüsiren, und das auf ihn eben den „Eindruck, wie jedes andere Spectakel, das neu und ungewöhn„lich ist, macht. Allein das Grausame derselben widersteht dem „menschlichen Gefühle zu sehr, als daß das Vergnügen herrschend „bleiben sollte. Früh oder spät, so bald der Mensch nur zur „Besinnung kommt, schreit er über das Widerrechtliche dieser „Strafe. Und was fühlt der denkende Mann bei einer Hinrich„tung? Unwillen und Mitleid. Jenen erregt in ihm das Be„wußtseyn der Unrechtmäßigkeit oder der Unzweckmäßigkeit der „Lebensstrafe, dieses das Opfer, das Menschen mit Besonnenheit „und Feierlichkeit abschlachten. Nichts gleicht der Erschütterung, „welche der empörende Anblick der Hinrichtung eines Menschen in „unserer Brust erregt. Nie sollte Jemand, weder als Gesetzgeber, „noch als Richter auftreten, der nicht von der Erhabenheit der „menschlichen Natur und von der Wichtigkeit des Lebens durch„drungen wäre, und der nicht in allen Rücksichten einsähe, „wozu der Mensch da sey, und welche Bestimmung er auf dieser „Erde erreichen solle u. s. w." — An solchen Gesetzgebern und Richtern fehlt es denn in unserer Zeit nicht, und der ausgesprochene Wunsch geht immer mehr in Erfüllung. Wir wissen sehr wohl, daß jetzt Gesetze der Art nicht würden gegeben werden, — das Unglück ist das, daß sie noch da sind, und daß der Kampf, sie zu antiquiren, so hart — ach! und vielleicht noch so dauernd seyn möchte! Doch ich schreibe Dir nicht, um unsern Beccoria und seinen Uebersetzer abzuschreiben; also noch einmal: Lebe wohl.

Vierter Brief.

Ich bin überzeugt, es sey immer nur noch das Wenigste, was sich Schlimmes von den Todesstrafen sagen läßt, wenn man sie als unzureichend zu dem Zwecke der Abschreckung darstellt. Sie sind auch im hohen Grade gefährlich. Eine Strafe, welche leicht zu neuen Verbrechen veranlaßt, muß an großen Mängeln leiden. So ist es aber hier. Schon der Umstand darf nicht übergangen werden, daß Hinrichtungen in sehr vielen Fällen bald Schwärmerei und eine traurige Ueberspannung erzeugt und so einen demjenigen ganz entgegengesetzten Eindruck gemacht haben, den man, die Erfahrung und die Lehren einer gesunden Psychologie übersehend, von ihnen erwartete; bald aber haben sie auch einem finstern Aberglauben Vorschub geleistet. Die Tragödie, welche sie den Schaulustigen zum Besten gaben, weckte nicht immer nur das bloße Mitleidsgefühl auf; sie hatte oft eine Stimmung zur Folge, die höchst überraschend seyn würde, hätte sie sich nicht öfter wiederholt. Die Augen der Zuschauer heften sich gewöhnlich auf den Held des entsetzlichen Stücks; man pflegt seine Fassung, seinen Muth, seine Hoffnung, seine Standhaftigkeit zu bewundern; das von tausend Gefühlen bestürmte Herz hat sich überredet, vorbereiteter auf den Tod könne wohl Keiner sterben, als solch ein von dem Diener der Kirche viel und sorgfältig belehrter, innig getrösteter und beruhigter Mensch; die schauerliche Feierlichkeit selbst, mit welcher er zum Hochgerichte geführt wird, die Theilnahme, die sich so laut und so unwillkürlich ausspricht, giebt dem Ganzen den Anstrich einer Opferhandlung, die den Gedanken an eine mehr als gewöhnlich versöhnte Missethat hervorhebt, und da wogte und wallte und tobte es im Innern, bis eine neue Frevelthat vollendet ward, um — so, wie der zu sterben, dessen Ende man so schön fand. Ein Beispiel der Art wird in einem neuern, allgemein bekannten Werke über die christliche Sittenlehre angeführt. Als der Königsmörder Ankerström hingerichtet ward, tödtete noch an demselben Tage ein Soldat seinen Kameraden, um auch möglichst geschwind zur Seligkeit zu gelangen. Was der Hr. Dr. Jaspis in seinen psychologischen und moralischen Bemerkungen während der mit dem Delinquenten Kaltofen gepflogenen Unterredung erzählt, weiset auf ähnliche Thatsachen zurück. Freilich, solche Wirkung und solch ein schwärmerisches, bis an Verrücktheit grenzendes Sehnen — wie selten mag das vorkommen! — So sagt man. Möchte man nicht so sagen und die Sache nicht für so gewichtlos halten, um sie, als Erscheinung des Wahnsinns, mit aller Kürze abfertigen zu können, wie es in der Schrift des Hrn. Amtsactuars Fritzsche über die Todesstrafe S. 54 geschieht, wo das Gesagte auf keinen Fall genügen kann. Es würde keine sehr schwierige Aufgabe seyn, eine Sammlung erläuternder Thatsachen zu liefern. Da würde man denn auch auf Elende treffen, welche in der Hinrichtung ein ziemlich bequemes Mittel fanden, sich ihres Lebens zu entledigen, ohne unmittelbar Hand an sich selbst zu legen, und welche in ihrem blinden Wahne die Gewissensmahnungen an die Schuld eines frevelhaften Selbstmordes auf diesem Wege zu beschwichtigen suchten. Doch auch zugegeben, daß solche Erscheinungen zu den seltensten gehören, und daß sich noch seltener da, wo Scharfrichter und Henker ihr Werk treiben, Nachfolger und Nachfolgerinnen der Antonie Rowlings finden, die sich aufknüpfte, um das Hängen zu versuchen, da sie der Anblick einer Hinrichtung keck gemacht hatte: sollte nicht Ein Beispiel schon den äußersten Widerwillen gegen eine Strafe erwecken, welche Wirkungen der Art gehabt hat, und welche dem Selbstmorde eine Hinterthür öffnet? Man wendet ein, auch das Beste sey dem Mißbrauche unterworfen. Das weiß ich wohl. Wenn aber hier — *und das ist's, was ich zu beachten bitte* — wenn hier von einer Handlung die Rede ist, welche *an und für sich schon für verwerflich* geachtet werden muß, worüber ich mich bald näher erklären werde, so steigert sich der Abscheu gegen sie um so höher, wenn sie uns mehr als einmal als Veranlassung erschien, eine krankhafte Stimmung des Geistes zu nähren, Schwache zu berücken und Böse zu neuen Freveln zu ermuthigen. Der Herr ruft: Wehe über den Menschen, durch welchen ein Aergerniß kommt! Das positive Gesetz soll auch kein Aergerniß geben.

Da ließe sich nun freilich sagen, die ganze Gefahr liege nicht in der Todesstrafe selbst, sondern in der Art und Form ihrer Vollstreckung, und jene falle weg, sobald diese zweckmäßig geändert sey. Wie aber soll sie geändert werden? Es gilt hier der Alternative — entweder Sorge für den Delinquenten tragen, oder sich nicht um ihn kümmern — ihn entweder öffentlich, oder in der Stille und in Geheim hinrichten. Die Menschlichkeit fordert für ihn Unterricht und Trost; ihre Forderung läßt sich nicht abweisen; sie ist in unsern Tagen lauter geworden, als sie früher war, und man mag darin, daß man sie achtsamer hört, als in der Vorzeit, einen Fortschritt zum Bessern finden. Auch konnte das nicht anders seyn, da die Vorstellung von der Würde des Menschen und von der ihm schuldigen Achtung deutlicher ward. Man ging nun zaghafter an das Todesurtheil, dessen sündliche Natur sich immer vernehmlicher ankündigte, und ward es gesprochen, so fühlte man sich wenigstens gedrungen, dem Verurtheilten noch zu erweisen, was die Humanität ihm in aller Eile erweisen konnte. Theilnahme an seinem Schicksale, liebevolle Unterstützungen seiner Vorbereitung auf ein grauses Ende werden und können nicht fehlen, so lange wir die Tage einer lichtern Erkenntniß und einer höhern Bildung nicht mit einer wiederkehrenden Nacht stockfinsterer Unwissenheit und mit Tagen einer Barbarei, wie sie ehedem war, vertauschen wollen. — Was aber die geheime, oder wenigstens halb öffentliche Hinrichtung betrifft, so bewahre uns der Himmel davor! Sie wäre eine Annäherung an die Gräuel des Despotismus, deren Folgen sich nicht absehen lassen. Ich mag nicht an Venedig erinnern, wo die Inquisition ihre Schlachtopfer bei Nacht in tiefster Stille ersäufen ließ; ich weiß, was man mir antworten würde. Aber dennoch — die Sache ist zu wichtig, als daß nicht Jeder — nicht bloß die Vertreter des Volks — Gelegenheit haben müßte, selbst zu sehen, was da vorgeht, und es ist traurig, daß dennoch Vorschläge zu solchen stillen Executionen hier und dort Beifall finden, wobei man freilich die vielen Menschen noch so liebe Abschreckungstheorie aufgeben muß. Diese hat ja ihren wichtigsten Grund und ihr eigentliches Moment im Anschauen, daher ihre Vertheidiger sehr unwillig werden dürften, wenn man die Zurüstungen zur Hinrichtung, den Verurtheilten, die Merkmale seiner Todesangst, wenn man die Marterwerkzeuge des Scharfrichters, oder jetzt wenigstens noch das Beil, das ihm von dem alten Vorrathe anderer Beförderungsmittel zum Tode geblieben ist, wenn man seinen kunstgerechten Hieb, wenn man das Bruderblut nicht sehen, oder höchstens nur, nach einem auch gemachten Vorschlage, das abgehauene zum Fenster herausgehaltene Haupt beschauen könnte, und wenn also das Trauerspiel nur theilweise, und die Hauptscene gleichsam hinter den Coulissen gegeben würde. Der Vorschlag, die Execution zwar unter öffentlicher Autorität, aber nicht vor den Augen der Menge zu vollziehen, deren Erscheinen man zur Schmach unseres Jahrhunderts noch voraussetzen kann, ist nicht neu, und ich erinnere mich, ihn sogar in einer bekannten Zeitschrift mit einem andern vereinigt gefunden zu haben, der, wäre es möglich, noch schlimmer ist. Es werden nämlich für die Tage einer öffentlichen Hinrichtung öffentliche Andachtsübungen empfohlen. — Ja wohl wird der, welcher in der schrecklichen Sache nichts abhelfen und ändern kann, an solchen Tagen sein volles Herz vor Gott ausschütten und Ruhe und Trost in seiner Vaterliebe suchen: aber wer soll denn die öffentliche kirchliche Andacht anordnen? Das gäbe ja einen grellen Widerspruch und käme fast so heraus, als sey Gott einstimmig mit dem Blutacte. Die Andachtsübung würde ihm dann nur gefallen, wenn man an dem armen Sünder — lasse man diese Benennung, die leider nur zu bezeichnend ist — Gotteswerk wirken wollte. Aber — dann darf man ihn nicht hinrichten. Will man ihn hinrichten und dennoch für ihn beten lassen, so sieht's schlimm mit der Gottesverehrung aus; es wäre das ein Gebet des faulen Knechts, der nicht Lust hat, sich mit der kranken Pflanze zu beschäftigen, und sie dem Herrn zur Wartung übergiebt, um aller Mühe überhoben zu seyn. Oder soll der Tag, den man so blutig heraufführt, ein öffentlicher Bußtag werden? Das wäre freilich etwas Anderes! Doch die Spitzbuben werden hübsch klug seyn und, anstatt in die Kirche zu kommen, sich unter die Menge mischen und stehlen, die Rohen wollen Blut sehen, und die Edlen und Frommen? — ach, lasse man sie nur in der Stille beten und weinen! Also öffentlich muß die Sache vor sich gehen! Dagegen läßt sich nun aber das eben Bemerkte einwenden und mehr noch, da diese Oeffentlichkeit das Gefühl aufs Aeußerste abstumpft und unter Umständen und Formen statt findet, welche die fruchtbarsten Saamenkörner der Verwilderung sind und, wie gut sie zum Theil auch gemeint seyn mögen, nothwendig zum Hohn des Menschen werden müssen. Auf der einen Seite Soldaten, Gewehre und Trommeln, um den Zudrang des großen Haufens abzuhalten, der das Abscheuliche sehen will, und dem der arme Sünder zum Schauspiele ausgestellt wird, dieses Haufens aus der Hefe des Volks, den man, während man ihn abschrecken will, zugleich bewacht, weil man ihm zutraut, daß er Unordnungen aller Art und Böses im Sinne führt und sich nicht wolle und nicht werde abschrecken lassen; auf der andern Seite Religionslehrer, früherhin sogar Schullehrer mit Knaben, die — aber wahrhaftig nicht in frommer Geistessammlung — Gesänge anstimmen und sie abplärren mußten, ich weiß nicht zu wessen Ehre und Nutzen; zu Gottes Ehre gewiß nicht, der das Blutvergießen untersagt; zum Troste des Deliquenten? — Das wäre die Verspottung weit getrieben! Schlage deinen Mitmenschen, daß er sich unter dir krümmt, wie ein Wurm, und tröste ihn freundlich mit freundlichen Worten — heißt das nicht spotten? Es mahnt wenigstens an die alte Manier der Türken, die, wenn sie dem verhaßten Gauer mit aller Gemüthlichkeit den Hals abschnitten, ihm beiläufig sagten: „Halte nur still, es thut nicht weh." — Einen so großen Uebelstand fühlte man in unsern Tagen sehr wohl. Geändert hat man daher allerdings, was sich an der alten Form einigermaßen ändern ließ. Das konnte jedoch wenig frommen und zeigte nur, wie schwer sich da verbessern läßt, wo nicht Etwas geändert, sondern Alles abgeschafft werden soll. Wie also, höre ich fragen, wenn's nun mit den Hinrichtungen in Geheim nicht geht und öffentlich auch nicht — wie soll's denn gemacht werden? — Die Antwort ist kinderleicht und schon gegeben; es soll gar nicht geschehn; das ist Alles und das ist das Beste. Die Handlung mag Rechtens seyn; doch wo das positive Gesetz allein die Sache führt, da ist das Feld, auf welches ich nicht trete, und so bekümmere ich mich auch nicht um die Form, welche man zur Execution dieses Gesetzes vorschlägt und befolgt; aber sie ist moralisch verwerflich, und so paßt sie nirgends hin, wo das Vernunftgesetz und die Religion allein gebieten. Daher mag man's mit ihr anfangen, wie man will, sie wird sich in ihrer widrigen Gestalt zeigen, die sie nun einmal nicht ablegen kann, so lange das wahre Gute allein auch das wahre Schöne und Zweckmäßige ist. —

Ohne Dich länger bei dem aufzuhalten, was der Aberglaube in mehr als Einer Beziehung an Hochgerichten treibt, die ihm von je her eine fette, reichliche Nahrung gewährten, muß ich nur daran erinnern, daß es ihm nirgends leichter ward, das Gewissen in den Schlaf zu wiegen, als hier, und den Ernst zu verscheuchen, welchen die sittliche Besserung fordert. Mögen Lehrer der Religion, mögen Erzieher und Moralisten noch so laut und nachdrücklich gegen den Aufschub der Bekehrung bis zur Todesstunde eifern, damit sie nicht, anstatt der Wahrheit, ein werthloser Schein sey: die Masse des Volks wird anderer Meinung bleiben, so lange eine lichtere Erkenntniß durch die Ansicht verdunkelt wird, die man von der Todesvorbereitung des Verbrechers faßt, und so lange auf diese Art dem Wahne noch immer Vorschub geleistet wird, daß die Seligkeit um einen gar leichten Preis zu haben sey. Kann man, wird es heißen, kann man den Verbrecher mit seiner galoppirenden Buße in die Ewigkeit schicken, in der Meinung, daß die Rechnung vor dem obersten Richter durchstrichen werde, was hat's dann für Noth? Sollte ich, fragt der Sünder, sollte ich auf meinem Sterbelager, in meinen letzten Zügen, nicht auch noch gerettet werden, wie jener, einige Tage lang belehrte, ermahnte — und sich am Ende um Lehre und Mahnung nicht viel kümmernde Delinquent, dessen irdisches Leben jetzt nach kurzem Gebete, nach einer Abendmahlsfeier, nach einem Segensspruche unter dem Beile entfloh? Was dem Einen recht ist, ist dem Andern billig. — Der Wahn wurzelt um so leichter und tiefer, da die Lasterliebe ihn pflegt und nährt, und der Bösewicht verstockt um so mehr, je öfter ihm eine Hinrichtung zu Hilfe kommt, sich selbst in seinem Irrthume zu befestigen, und je weniger er weder dem Staate, noch der Kirche zutraut, daß sie sich an dem Hingerichteten noch in der Ewigkeit versündigen wollen. Gott weiß, wie viel Keime des sittlich Guten das Todesgesetz schon zertreten, wie oft es den Aberglauben beschönigt hat, daß er ungestört fortwucherte bis zur Vollendung der Missethat!

Lebe wohl!

Fünfter Brief.

Lassen sich mit vollem Grunde die Nachtheile, deren ich in meinem vorigen Briefe gedachte, von Hinrichtungen befürchten, so wäre das schon viel — und doch ist es noch das wenigste Böse, was man ihnen nachsagen muß. Denn, mein Ferdinand, sie sind unbedingt schädlich, weil sie die Rohheit begünstigen, sie erzeugen, oder, wo sie schon wurzelt, nähren und unterhalten und somit den Weg zu neuen Freveln bahnen. Darf ich auch hier den großen, freimüthigen Beccaria sprechen lassen? „Die „Todesstrafe, schreibt der edle Mann, ist schädlich, weil sie den „Menschen ein Beispiel von Grausamkeit giebt. Wenn die Lei„denschaften und die Nothwendigkeit Menschenblut zu vergießen „gelehrt haben, so sollten doch die Gesetze, welche den Menschen „Milde und Sanftmuth einzuflößen bestimmt sind, nie die Bei„spiele von Barbarei vermehren, die einen desto unseligern Ein„fluß haben, mit je mehr Eifer und Gepränge der gesetzmäßige „Tod vollzogen wird. Es scheint mir eine Ungereimtheit zu seyn, „daß die Gesetze, die der Ausdruck des allgemeinen Willens sind, „der den Menschenmord verabscheut — — sogar einen öffentli„chen Todschlag anbefehlen, um die Bürger vom Menschenmorde „abzuschrecken.“ Doch Du kannst die Stelle, die ich abgekürzt habe, selbst nachlesen. Warum macht der Krieg so roh, so hart, so gleichgültig gegen das Leben? Weil er so reich an Beispielen der Geringschätzung desselben ist und das zartere Gefühl für seinen Werth abstumpft. Warum theilt sich dem Character derer, welche der Beruf nöthigt, ihre Hand oft mit dem Blute lebender Geschöpfe zu färben, leicht eine gewisse Härte mit, so bald sie nicht sorgsam über sich wachen, um das Bessere in ihrem Innern zu bewahren? Das ist die Macht der Gewohnheit und ward der Grund, aus welchem, wie Michaelis in seinen Commentationen bemerkt, manche Gesetzgeber die Fleischhauer bei Todesurtheilen nicht wollten mit abstimmen lassen, weil sie von denen ein zu hartes Urtheil fürchteten, welche täglich Blut vergießen. Ich weiß, daß man dagegen die Erfahrung von der Nichtallgemeinheit solcher Einflüsse auf den Character aufstellen werde; allein diese sind dennoch zu leicht möglich, als daß sie nicht eine gerechte Furcht vor ihrem Erscheinen begründen sollten. Laß nur die Gräuel einer öffentlichen Hinrichtung oft geschaut werden, — wie bald wird sich das Auge an sie, an jede Marter des Verurtheilten gewöhnen! Wie bald das Ohr an die Wehklage des Elenden, der auf Erden keine Rettung finden kann! So ist der Mensch! Sieht er erst der Brüder Blut einige Male fließen: er wird ruhiger, das heißt — roher! Die heilige Scheu vor dem unverletzlichsten Eigenthum des Andern — vor seinem Leben wird immer schwächer; der Mensch erscheint ihm als ein Ding, an das sich die Menschenhand wagen, das sie — wenn's gilt — martern, zerstücken, aus dem Wege schaffen darf; die hohe Idee von Menschenwerth, von Selbstzweck, von Geschöpfen, an welchen des Schöpfers Bild (wie schwach auch die Umrisse seyn mögen) wiederstrahlen soll — verliert und verwischt sich, und wie es dem Scharfrichter ging, der bei dem ersten Kopf zitterte, welcher vor seinen Füßen sich krampfhaft verzog, und der beherzt auf's Blutgerüst steigt, wenn er zum zehnten und zwanzigsten Male die Probe seiner unseligen Geschicklichkeit ablegt — so geht es bei Andern nicht minder. Jeder Angriff auf's Leben, besonders ein öffentlicher und gesetzlicher, schwächt die Idee von der Heiligkeit des Menschenlebens mehr, als der Mord, welcher sich als Werk der Finsterniß, im Gefühle des Unrechts und der Verworfenheit, auch am liebsten in's Finstere verkriecht und daher die Idee des sittlich Schlechten noch anregen kann, unterdessen sich die Idee des sittlich Erlaubten, oder gar Guten, wie man denkt, mit dem Anschauen der gesetzlichen Hinrichtung verknüpfen soll und diese daher, wenn's damit gelingt, desto gefährlicher macht. Die kalte Förmlichkeit verdunkelt und verwirrt die Begriffe vom wahren Recht, und wenn der natürliche Schauder vor gewaltsamen Angriffen auf das Leben sich verliert, je häufiger der Anblick derselben ist, so kann wohl der Mörder sich zu dem rasenden Frevel, auf welchen er sinnt, nie mehr ermuthigen, als wenn er Zuschauer einer Tödtung wird und sich vorläufig an einen Anblick gewöhnt, den ihm früher vielleicht noch seine Phantasie unerträglich machte. Die Todesstrafen haben ihren Ursprung in Zeiten wilder Sitten und führen in und auf sie zurück. Immer waren sie am brutalsten, und die Verbrechen am häufigsten und gräßlichsten in Zeitaltern, wo jene Strafen am häufigsten und qualvollsten waren. Was kann uns der Menschen Eigenthum, Ehre, Freiheit gelten, wenn ihr Leben uns gleichgültig wird? O, Freund, mir ist dieser Gedanke entsetzlich! Man wendet uns ein, daß grade die Rohheit der Sitten die Vervielfältigung der Todesstrafe nothwendig gemacht habe. Aber, was sagt man damit? Nichts, als dies: durch Rohheit wollte man die Rohheit vertreiben. Siehe da, ein furchtbares homöopathisches Mittel im Reiche der Sittlichkeit! Man ist doch sonst gewohnt, uns an das goldne Sprüchlein zu verweisen: didicisse fideliter artes, emollit mores, nec sinit esse feros! Warum hier nicht? Wer, um Alles in der Welt willen, wer hat je gehört, daß man die Wollust durch Wollust, die Trunkenheit durch Trunkenheit, den Diebstahl durch Diebstahl bezähmen soll? Als die Römer zwar noch auf einer niedern Stufe der Cultur standen, aber ihre Freiheit und ihr Bürgerrecht noch nicht ein Name ohne Bedeutung war, da waren wenig Todesstrafen gesetzlich geordnet; als sie den höhern Grad äußerer Cultur erreicht hatten, aber unter herrschsüchtigen, üppigen Tyrannen die Sinnlichkeit und das Laster keine Grenzen mehr kannten, und sittenloses, wüstes Wesen die entartete Nation verwildern ließ, da würgte das Schwert im

Namen der Gesetze rings umher. Aber das — o, das besserte nicht und brachte kein Heil! Rom sank! Wo es besser ward, da ward es besser nur unter dem wohlthätigen Einflusse einer Religion, welche Gerechtigkeit und Liebe predigt, und unter dem milden Einflusse der wiederkehrenden und wieder geachteten Wissenschaft und Kunst und unter dem Zepter weiser Herrscher, die ihre Ehre darin fanden, daß sie Väter ihrer Völker waren. Hast Du nicht Lust die Stelle nachzulesen, welche Du in Hommel's philosophischen Gedanken über das Criminalrecht, herausgegeben von Rössig, §. 9. Seite 15 findest? — Irre ich nicht, so drang sich dies Gefühl einem berühmten Philosophen unserer Zeit auf, als er die Bemerkung niederschrieb, daß man ganze Banden von Verbrechern nicht hinrichte. Zunächst führt er freilich einen Grund an, den man nicht erwarten sollte, weil nämlich der Staat dadurch einen zu großen Verlust an Bürgern leiden würde — ein Grund, der auf Eigennutz beruht, wonach das Recht, wenn's hier eins gäbe, nicht fragen darf! Es erinnert das an die Behauptung des gelehrten Michaelis, die er heute — auch wohl nicht mehr vertheidigen würde. Er meinte nämlich, das den Noachiden vorgeschriebene Gesetz sey deswegen gegeben, weil das Menschengeschlecht bis auf wenige Individuen vermindert und mithin nöthig gewesen sey, darauf zu sehn, daß es durch gegenseitige Mordthaten nicht ganz vertilgt werde. — Schrecklich! Als könnte die größere oder geringere Zahl der Bürger das absolute Unrecht zum Rechte machen. Ferner — und das eben gehört hierher — sollen ganze Banden darum nicht getödtet werden, weil dies das grause Beispiel einer abscheulichen Metzelei geben und das Gefühl abstumpfen würde. Sehr wahr! Aber gilt dasselbe nicht von der Hinrichtung des Einzelnen auch? Eine geringere Dosis des Giftpulvers tödtet unter bestimmten Voraussetzungen so gut, wie die größere. Wäre die Tödtung an sich recht, und Gottes Wille mit dem positiven Gesetze einig — Alle müßten sterben, die zur Bande gehörten, Alle, bis auf den letzten Mann, ohne Barmherzigkeit! Man könnte sie ja auch nöthigen Falls vertheilen und mehreren Ortschaften das Schauspiel ihres Todes geben und so die größere Metzelei vermeiden. Aber sage man nur nicht, daß die Tödtung des Einzelnen ohne Abstumpfung des Gefühls möglich sey, das ist sie nicht und kann es nicht seyn. Die Selbstbeobachtung des Helden der Geschichte, die Du aus de l'Orme 1. B. S. 374 kennst — ist's Wahrheit oder Dichtung? — Für uns gleichviel! aber die Selbstbeobachtung am Tage, wo er das Unglück hatte, wider seinen Willen den Retter seines Lebens zu erschießen, und wo er noch einen andern Menschen unter den Händen eines Schmuglers fallen sah, ist sehr richtig. „Ich fing an, schreibt er, auf das menschliche Leben einen weit geringern Werth zu setzen, weil ich es von Andern so wenig geachtet sah." Welch eine Menge solcher Selbstgeständnisse würden sich sammeln lassen! Freilich würde sich das Volk bei einer großen, lange dauernden „Metzelei" endlich zerstreuen, der Sache überdrüssig werden und laut murren, so ungefähr, wie einst bei der Gerichtspflege des Landamman Reding, der sich selbst, als der sechzigste Mann dem Scharfrichter zugeführt ward, und die meisten Zuschauer sich verloren hatten, von seinem Blutsitze entfernte. Das Ungeheuer in Menschengestalt grinst dich noch aus dem Freihof von Aarau in den Erheiterungen an. Ist der Reiz der Neuheit erst entflohen, und hat das Gefühl sich im Anschauen des Abscheulichen gesättigt, so tritt dann das Empörende der That im grellsten Lichte vor die Seele des bessern Menschen; er kann's und mag's nicht länger ertragen, und der Schlechte ist so gleichgültig gegen das Menschenleben geworden, daß er das Hinopfern desselben kaum noch eines Blickes würdigt. Zeiten gewaltsamer Revolutionen liefern Belege genug dazu. „Einige Zeit nach dem 9ten Thermidor ward ein Ball — Bal des victimes — gegeben, wo man im eigentlichen Sinne auf den Gräbern der Ermordeten tanzte; so erzählen die Unterhaltungsblätter für Welt- und Menschenkunde von den Unglückstagen der französischen Staatsumwälzung, und nur an diejenigen wurden Einladungscharten vertheilt, aus deren Familie wenigstens Ein naher Verwandter hingerichtet war." Die Elenden waren unter rauchendem Menschenblute gefühllose Würger geworden und haben unter ähnlichen Umständen nur zu treue Nachahmer gefunden, die, wie sie einst, die Hölle auf die Erde heraufbeschworen. Spanien gab in der neuesten Zeit schauderhafte Auftritte derselben Art — so schrecklich, daß der Referent einer dieser Gräuelscenen im Magazine für die elegante Welt sich der Bemerkung nicht enthalten kann: „Die Todesstrafe ist eine Schule des Hasses und des Mordes, und das Sprichwort hat Recht: Barbarae leges, barbari mores!"

Wollte Gott, man faßte endlich einmal die unausweichliche, verderbliche Wirkung ernstlich zu Herzen, die jede Hinrichtung haben muß! Tausenden hat sie den strafbaren Muth gegeben, sich an das Schlimmste zu wagen, und sie wird, wo sie sich wiederholt, für Tausende dasselbe thun. Laß das Volk sehen, wie der Mensch gegen den Menschen wüthet, und wie der Mensch unter der Hand des Menschen fällt — ein Schlachtopfer, von äußerer Gewalt gebunden und genöthigt, sich von einem Geschöpfe seiner Art das Grausamste gefallen zu lassen, unterdessen selbst reißende Thiere in der Regel ihre Gattung verschonen; laß das Volk sich sammeln da, wo das Menschliche im Menschen zertreten wird, nicht im Sturme blinder Leidenschaft, die eine, wenn auch schwache Schutzrednerin in Feuerbach's richtiger Bemerkung findet, daß der Moment des Verbrechens gar oft ein ganz anderer als der sey, der das Verbrechen vorbereitet hat — wo vielmehr das Entsetzliche mit kalter Ueberlegung, mit abgemessenen Schritten, mit voller Besonnenheit vollendet und öffentlich zur Schau gestellt wird; laß es den Henker und den Gerichteten, den Galgen, das Rad, den Scheiterhaufen — oder, worauf man den Rigorismus der Vorzeit zu beschränken sucht — den Scharfrichter und das Richtschwert sehen — und mit jedem neuen Schauen verwischest Du einen Zug des sanften, liebenden Sinnes nach dem andern; mit jedem neuen Schauen läßt Du einen Schritt rückwärts thun zur Barbarei und Härte. Das Gefühl der Menschenwürde löst sich allgemach in ein lächerliches Phantom auf; man wird sich — ich wiederhole es — nicht scheuen, selbst ein Menschenleben anzutasten, dessen Werth die Todesstrafe erst zweifelhaft und bald genug vergessen macht. Man will das Gegentheil bezwecken; man will besonders bei Hinrichtungen der Mörder das Gefühl für den Werth des Lebens erhöhen. Ach, man täuscht sich gewaltig! Mag vielleicht diesem und jenem, der sich und sein besseres Selbst so weit verleugnet, daß er sich unter die gaffende Menge stellt und an dem Anblicke der Todesqualen seines, der äußern Gewalt ohne Rettung hingegebenen Mitbruders, eine sehr zweideutige, das abgestumpfte oder überspannte Gefühl schon verrathende Neugierde stillt — mag ihm vielleicht der Gedanke beikommen, wie es doch mißlich sey, sich an ein Menschenleben zu vergreifen: das ist ein erbärmlicher Gewinn gegen die Uebung, die er sich verschafft, einen Menschen t ö d t e n zu sehen. Unmerklich, aber desto gefährlicher schleicht sich der böse Geist in ihn ein, der Geist einer brutalen Wildheit, der jeder Anflug von Humanität zum Hohngelächter wird. Sonst erzählte man von Nachrichtern, es wandle sie, wenn sie ihr Werk treiben, eine Art von Wuth an, die nach Blut lechzt. Ich lasse es ganz dahin gestellt, wie viel der Aberglaube, wie viel die Wahrheit Antheil an dieser Sage unserer Alten habe. Aber die letztere hat den ihrigen gewiß, wie klein er auch seyn mag, da die Sache so tief in dem geheimen Zusammenhange des Sinnlichen mit dem Geistigen im Menschen gegründet zu seyn scheint und in den Selbstbeobachtungen denkender Krieger und in den Erfahrungen, welche sie an heißen Kampftagen machten, Bestätigung findet. Was von Einem gilt — gilt hier von Allen: wir tragen eine und dieselbe Natur. Mag die Wirkung des schrecklichen Akts auf das Gemüth des Einen stärker, als auf das Gemüth des Andern seyn. — Wehe dem, welcher auch den geringsten Grad angefachter und genährter Rohheit für gleichgültig und unbedeutend halten kann! Auch ein kleines Feuer vermag einen ganzen Wald anzuzünden. Die Todesstrafen sind gewiß s c h ä d l i c h — sind ein malum morbo gravius, und wer dennoch zufällige, der Gesellschaft ersprießlich scheinende Wirkungen derselben anpreist, der scheint einem Menschen zu gleichen, welcher die baufällige Hütte des armen Nachbars in Brand steckt und das Leben desselben, seine Habe, seinen ganzen Wohnort in Gefahr setzt, um der Möglichkeit vorzubeugen, daß das morsche Gebäude einstürzt und den sichern Eigenthümer erschlägt. Aber — auch u n r e c h t sind jene Strafen! Doch so kommen wir auf das Wichtigste! Laß mich für heute schließen!

N. S. Schon vor längerer Zeit las ich in öffentlichen Blättern in einem Artikel über London, man habe, in Betracht, daß öffentliche Hinrichtungen eher dazu dienten, das schaulustige Publicum abzuhärten und verstockter zu machen, als das Verbrechen in seiner ganzen Abscheulichkeit darzustellen und die Zuschauer davon abzuschrecken, zu Neu-York verordnet, in Zukunft die Todesstrafen bloß in Gegenwart eines Scheriffs zu vollziehen. — Ein neuer Beleg aus dem Leben für unsere Theorie! Man sieht also den Schaden; aber — statt das Unkraut bei der Wurzel zu fassen, will man das Unverbesserliche bessern und — nimmt seine Zuflucht zu dem eben so entsetzlichen Mittel, das Urtheil fern von dem großen Haufen — in der Stille — zu vollziehen. Schauderhaft! — aber auch lehrreich und warnend für jeden, der nur noch Ein Wort für das Blutgerüst spricht. Mir kam die Sache ins Gedächtniß zurück, da ganz neuerlich der Hr. Actuarius Fritzsche, nach S. 55 seiner Schrift über unsern Gegenstand, den Schaden, den Hinrichtungen bringen, durch den Vorschlag zu verhüten glaubt, daß die Missethat des Verbrechers dem schaulustigen (auch wohl vom Branntweingeiste schon ziemlich lustigen) Publico nach gebotener Ruhe (sic!) nochmals deutlich vorgetragen werde — (etwa durch einen Ausrufer mit einer Stentorstimme?). — Allein er hat nicht daran gedacht, wie wenig man auf das, was nun wie alte Zeitungsnachricht klingt, in dem Augenblicke achten wird, wo Neues zu sehen ist — und auch daran nicht, wie verdächtig er die Sache, der er das Wort mit den gewöhnlichen Gründen redet, dadurch macht, daß er ihr, zu Vermeidung ihres nachtheiligen Effects, auf diese Art zu Hülfe kommen muß, der hieraus sich ergebenden Härte gegen den Delinquenten und des Umstandes nicht zu gedenken, daß der bessere Mensch die Hinrichtung um so entsetzlicher findet, je schrecklicher die Thaten sind, die man ihm von dem Verbrecher erzählt. Doch darüber später noch mehr!

Sechster Brief.

Was zwecklos, was gefährlich, was schädlich ist, lieber Ferdinand, das kann schon aus diesen Gründen sich nicht empfehlen, bei dem Weisen nicht, der nichts Zweckloses, bei dem Vorsichtigen nicht, der nichts Gefahrdrohendes wählt, wo der Gefahr ausgewichen werden kann; nicht bei dem, der das Gemeinnützige und Edle beabsichtigt, und dem es anliegt, überall, wo er steht, wie ein wohlthätiger Engel unter seinen Mitmenschen zu weilen. Man that daher den einst viel häufigern Hinrichtungen in unsern Tagen auch aus diesen Gründen Einhalt, und wie man sich genöthigt sah, bei Kindesmörderinnen die frühere Strenge zu mildern, weil man, anstatt des gerühmten Nutzens, nur Schaden und, statt der Vorbeugung des Verbrechens, nur die Geburt neuer Verbrechen bemerkte, das ist bekannt. Aber wollte man auch noch so sehr versuchen, das Gesagte durch Gegengründe zu entkräften, so werden diese Versuche alle und ohne Unterschied mißlingen, wenn das unverdorbene, natürliche Gefühl, wenn die Vernunft, wenn die Religion sich dagegen erklären und in dem Urtheile zusammentreffen, daß die Todesstrafen unrecht sind, so bald sie von dem Standpunkte aus, welchen das Sittengesetz anweist, und welchen wir festhalten, betrachtet werden.

Sind wir auf das Gefühl aufmerksam geworden, wie es sich da ausspricht, wo man das heilige Gottesgebot unbedingt gelten läßt, wie es unbedingt gelten soll, so dürfen wir in der That nicht lange beobachten, um wahrzunehmen, daß es sich gegen diese Strafe fürchterlich empört — selbst oft in denen noch, die, geängstigt durch die unrühmliche Furcht, daß sie ohne das vermeinte Recht, den Menschen tödten zu dürfen, sich nicht sicher fühlen können, und bewogen durch egoistische Gründe, deren ich gleich in meinem ersten Briefe gedachte, die Vertheidigung derselben übernehmen. Unmöglich können sie hindern, daß sie nicht in einen hartnäckigen Zwist und in einen traurigen Widerspruch mit ihrem Gefühle kommen und in diesem Zwiespalte mit sich selbst zerfallen. Welche Gewalt, welche widernatürliche Anstrengung kostet es, die innere laute Stimme zu beschwichtigen! Wir können wohl Furchtbares sehen; können sehen, wie die lodernde Flamme bei wilder Feuersbrunst den Kranken, den schwachen Greis, das weinende Kind verzehrt, — Opfer des Unglücks, für welche alle Rettungsanstalten zu spät kommen; wir können sehen, wie die wogende Flut einen Menschen fortreißt, dem keine Anstrengung zu helfen vermag; wir können sehn, wie der Kranke unter den Händen des Wundarztes die empfindlichsten Schmerzen ertragen und sich Operationen unterwerfen muß, an die selbst der geübteste Heilkünstler mit geheimem Entsetzen denkt; wir sehen es — mit lebendigem, starkem Gefühle, wir trauern mit, wir weinen mit — aber — ein empörtes Gefühl ist es nicht, was sich in uns regt. Dies ist nur da und kann nur da seyn, wo der Mensch ein Unrecht ahnt. Da regt sich eine Unruhe, eine Beklommenheit, die sich gegen Alles sträubt, wodurch wir sie zu beschwichtigen suchen. So ist es hier. Achte nur recht ernstlich darauf, und es wird Dir bald genug klar werden, dies widrige Grauen, womit der Anblick — selbst eines bloßen, längst nicht mehr benutzten Hochgerichts erfüllt; dies unheimliche Wesen, das uns zurückdrängt von Allem, was erdacht ward, dem Menschen sein unveräußerliches Eigenthum — sein Leben zu rauben; dies Etwas in uns, was so viele selbst von denjenigen Personen zurückscheucht, welche sich entschließen konnten, dem Todesgesetze die Hand zu bieten, um es zu vollstrecken — es hat seinen guten Grund; es steigt hervor aus den innersten Tiefen des Menschen, der in sich die Menschlichkeit bewahrt, und es wird immer ernster, lauter, stärker, gewaltiger, je klarer die Vernunftideen geworden sind, und je bestimmter man das heilige Gesetz vernahm: Mensch, tödte nicht! Auch unser großer Beccaria erinnert in seinem Werke S. 185 an den Unwillen, mit welchem der Henker betrachtet wird, wenn man ihn auch sonst als einen guten Staatsbürger anerkennt. „Warum, fragt er, sind diese Empfindungen des Abscheus, trotz aller Vernunftgründe, unvertilgbar? — Weil die Menschen in den verborgensten Falten ihres Herzens, wo sich mehr als anderwärts die ursprünglichen Formen ihrer

Natur erhalten, von je her geglaubt haben, keine menschliche Gewalt habe ein Recht über das Leben irgend eines Menschen." Ueber Manches in der angezogenen Stelle, was ich übergehe, würden wir uns mit dem hochherzigen Manne nicht einen; aber wir treffen in der Hauptsache zusammen. So viel liegt am Tage, wenn bei der gesetzlichen Tödtung Alles so unschuldig, so nützlich, so gut, so recht wäre, als man sich immer noch überreden will, so würde man bei dem Blutgerüste mit denselben Gefühlen stehen, mit welchen man an dem Schmerzenslager des Operirten steht, und man würde geneigt seyn, dem Scharfrichter für seinen gelungenen Hieb dankbar die Hand zu drücken, wie man sie dem Heilkünstler drückt, dem die schwere Operation gelungen ist. Aber das — o, das ist gradehin für das bessere, richtige Gefühl eine Unmöglichkeit. Es flieht, so weit es kann, von der abscheulichen Bühne, auf welcher der Mensch nimmt, was Keiner nehmen soll, und worüber Keiner zu gebieten hat, als Gott allein. Und dies so allgemeine, so unbestochene Gefühl dürfte man in seiner lautesten Ansprache überhören? Es sollte, wo der Mensch sich rein als Mensch ausspricht, irren? Weder seine Allgemeinheit, noch die Stärke, die es in den Gemüthern der besten Menschen behauptet, sollte ein Gewicht haben? Und warum unterschrieben die heldenmüthigsten, edelsten Fürsten das Todesurtheil, das ein positives Gesetz ihnen abdrang, warum unterschrieben sie oft mit zitternder Hand? Woher in unsern Tagen das zaghafte Zaudern bei Todesurtheilen? Woher die Neigung, Verurtheilte zu begnadigen? Woher dies Peinlichthun, das gar sehr gegen die rauhe Sitte der Vorzeit absticht, wo man in der Vervielfältigung der martervollsten Hinrichtungen ein Heil suchte, welches sie nimmermehr gewähren können, und welches, seitdem sie seltener geworden sind, weit sicherer und fröhlicher gedeiht? Daher, daß sich das Gefühl im Lichte einer reinern Erkenntniß geschärft hat. Nun drängt es sich stärker auf; nun erklärt es sich freier und bestimmter über die Unstatthaftigkeit jeder Hinrichtung, und das muß es immer mehr, je entschlossener die Vernunft ihre heiligen Rechte behauptet. Daher mußten auch in unsern Tagen solche Erklärungen allgemeiner werden, weil die Geistescultur fortschritt.

Die Macht der Gewohnheit und des Vorurtheils, der nachher sogar die Philosophie Waffen geliehen hat, und der man dadurch noch dienstbar ward, daß man selbst die Religion zu zwingen bemüht war, ihr Votum einer Sache zu geben, für welche sie niemals sprechen kann — eine so furchtbare Macht hat dies Gefühl wohl übertäuben, oder seine Ausbrüche wenigstens bändigen können, aber nie vermochte sie dasselbe auszutilgen. Glaubst Du denn in vollem Ernste, daß man jetzt, in unserm Jahrhundert, Todesstrafen einführen, daß man jetzt anfangen würde, Menschen gesetzlich zu tödten, wenn diese Strafart nicht schon bestände? Nicht einmal denkbar kann das seyn! Schon in der frühern Zeit und unter rauhern Sitten sträubten sich humane Regenten gegen die Vollziehung solcher Gesetze. Vespasian — so erzählt Sueton in dessen Lebensgeschichte — konnte sie nur mit Thränen und Klagen betrachten — caeterum neque caede cujusquam unquam laetatus, justis suppliciis illacrymatus etiam et ingemuit. — Der gütige Theodosius II. im fünften Jahrhundert gab auf die Frage: warum er seine Feinde nicht hinrichten lasse? die Antwort: Wollte Gott, ich könnte alle Todte wieder lebendig machen! Cicero brach einst in die Worte aus: Carnifex vero et obductio capitis et nomen ipsum crucis absit non modo a corpore civium Romanorum, sed etiam a cogitatione, oculis, auribus. Harum enim omnium rerum non solum eventus atque perpessio, sed etiam conditio, exspectatio, mentio ipsa denique indigna cive Romano atque homine libero est. — Man fühlte die entsetzliche Schmach, die sich an die Tödtung eines Menschen knüpft. Und glaubst Du, daß nun in unserer Zeit nur Einer unserer Fürsten — daß nur Eine Behörde Befehle geben würde, den Menschen zu tödten, wenn kein bestehendes Gesetz dazu nöthigte? Daß man jetzt auf den Gedanken gerathen würde, die Gerechtsame und die Freiheit und Sicherheit der Bürger durch Strick und Schwert zu vertheidigen, wäre es nicht von Alters her so gewesen? Unmöglich, unmöglich!

Quis tam crudeles optavit sumere poenas?

Was geschicht, kann darum nur geschehn, weil Sitte und Gewohnheit das bessere Gefühl in harte Fesseln schlagen und seine

Stimme unterdrücken. Wer möchte, wenn nicht ein bestehendes Gesetz ihm den Rücken deckte, sich der Gefahr aussetzen, von denen, die seine Bildung weit überragt, eine Antwort zu erhalten, wie sie der sogenannte König Georg gab? „Welche Strafen, fragte er ein Mal, habt ihr in England gegen Diebe und entlaufene Diener oder Soldaten?" Man sagte ihm: Wir strafen nach Urtheil und Recht mit Peitschenhieben, oder dem Galgen. „Dann, antwortete Georg, ist der Unterschied zwischen unsern und euern Gesetzen nicht groß; ihr peitscht und hängt; wir erschießen und essen die Uebelthäter." — Vielleicht hast Du den Aufsatz über den Kannibalismus der Neu-Seeländer im Auslande gelesen, aus welchem ich diese Anekdote entlehne. So viel ich weiß, haben die Tzscherkessen die Todesstrafe nicht; nur bei schweren Verbrechen wird sie bei den Kaffern angewendet; im Staate Massachusets ist man wenigstens schon so weit vorgeschritten, daß sie — mit Ausnahme des Mordes — bei allen andern Verbrechen abgeschafft ward; die Montenegriner, sagt Zschocke in seinen Erheiterungen, halten sie für unrecht; die Blutrache herrscht zwar, aber oft versöhnen sich die Feinde öffentlich. – Liegt nicht darin, bei allem Ueberreste alter Barbarei, für uns etwas ungemein Beschämendes? Sollten jene Menschen nicht von einem richtigern Gefühle geleitet werden, weil sie sich wenigstens scheuen, der Lebensberaubung eine gesetzliche Form zu geben und sie dadurch zu sanctioniren? und weil sie dieselbe in der Gestalt der Leidenschaftlichkeit des Einzelnen erträglicher finden, als da, wo sie aus kalter Ueberlegung fließt? Wo sollte aber das Gefühl richtiger und zarter seyn, als da, wo es durch die Religion, welche wir bekennen, geläutert ward? — So weit sind wir wohl gekommen, daß es jetzt nicht mehr ertragen würde, was in den Tagen eines Nero, eines Christiern, eines Mulei Ismael in der Ordnung war, und was da noch möglich ist, wo asiatischer Despotismus nach alter Art die Völker mit dem Henkerbeile regiert; es erträgt sich schon das, was als Rest der entflohenen Jahrhunderte sich noch bei uns festzuhalten sucht, ohne die äußerste Empörung nicht mehr, seitdem der milde Zepter weiser Regenten dem starren eisernen Gesetze so manches Opfer entriß, und seitdem man dem positiven

Rechte seine wahre Stellung gegen das heilige, unwandelbare Gebot angewiesen hat, welches dem Menschen ins Herz geschrieben ward. Es läßt die Tage nicht wiederkehren, wo ein Menschenleben nichts galt — wo Frankreich einen Präsidenten hatte, der sich den Beinamen: Kopfweg! erwarb, und dessen Fußstapfen die Blutmänner alter und neuer Revolutionen wiederfanden; die Tage nicht, wo Philipp der Dritte von Spanien die Thränen, die ihm ein großes Auto da Fe erpreßte, durch einen Teller voll Blut sühnen mußte, das man ihm abzapfte und in den brennenden Scheiterhaufen goß, damit er lerne, daß ein König, der so menschlich fühle, verdient habe, wie ein Ketzer verbrannt zu werden; die Tage nicht, wo Ludwig der Eilfte von Frankreich mit seinem lieben Tristan — dem compère, wie er ihn nannte — Hand in Hand ging, und wo ein einziger Wink des königlichen Herrschers hinreichte, dem Tristan sein Opfer zu bezeichnen, der in der Eile auch wohl einen Andern ergriff — ein kleines Scharfrichterversehn, wofür einige Seelmessen gelesen wurden; die Tage nicht, wo Galgen und Bäume, an welchen Hohe und Niedere aufgeknüpft waren, die Herrschaft der Willkühr verkündigten — wie die Zeitung für die elegante Welt v. J. 1828 solche Züge — vielleicht zur Erbauung der Lobredner der alten guten Zeit aufgestellt hat. Unsere Zeit ist eine andere. „Die liberalen Ideen allein sind es, auf denen das Heil der Völker beruht," sagte einst der große, unvergeßliche Kaiser Alexander von Rußland, und die heilige Alliance ist, was man auch sprechen mag, ein Ideal geworden, das die Völker nicht wieder aufgeben können, es ist — wie ein bekannter Gelehrter sich ausdrückt — „eine ewige Wahrheit und Weissagung." Was eine solche Zeit Schönes und Herrliches geboren hat, das einigt sich nicht mit dem stumpfen Gefühle, welches die Todesstrafe gleichgültig ertragen kann.

Wenn ich mir denke, daß ein Anderer, als Du, diesen Brief läse und die gewöhnliche, fast möchte ich sagen, abgedroschene Deutung des Gefühls mitbrächte, die man da fast immer auftischt, wo es bei unserm Gegenstande für stimmfähig erklärt wird, so könnte ich mir, wie eine auswendig gelernte Lection, schon die ganze Gegenrede vorsagen; so würde ich hören müssen, wie man dies natürliche, unbestochene Gefühl, das die Wahrheit bereits aufgefaßt hat, ehe der Verstand sie systematisch ordnet und die Gründe derselben sichtet, wie man es mit einer kindischen Weichlichkeit verwechselt und gleichbedeutend hält mit den traurigsten Auswüchsen der Verzärtelung und Ueberspannung; wie man von einer unbarmherzigen Barmherzigkeit und von einem empfindelnden, schwach gewordenen Zeitalter schwatzt, das lieber die Unschuld gefährdet, ehe es sich in seiner Erschlaffung entschließen kann, dem Angriffe auf die Unschuld mit Ernst und Strenge zu begegnen — wie man von der Ungereimtheit reden werde, das Gefühl, dies veränderliche, weinerliche Ding, zum Richter zu setzen, wo nur der Verstand, die ruhige, alles nach klar gedachten Gründen abmessende Ueberlegung und der männlich feste Muth an ihrer Stelle sind. — Der Grund, aus welchem seine Stimmfähigkeit so oft angefochten ist, liegt in einem vielleicht nur zu sehr geschonten und gepflegten Mißverständnisse und in einer Begriffsverwechselung, die man sich möglichst zu Nutze macht. Man denkt nur an eine Empfindelei, die aus übel geordneter Erziehung und aus verderbten Sitten eines luxuriösen Lebens hervorging, die den Anblick des Richtschwertes nicht ertragen kann und an den Fehlern krank liegt, die man — mit Recht oder Unrecht? — unserm Zeitalter Schuld giebt, wenn man ihm Kraft und Energie abspricht — eine Behauptung, die ich nicht zu der meinigen machen möchte, und die sich mit der Geschichte der letzten Decennien schwer würde vereinigen lassen. Das zartere Nervensystem macht an sich noch keine moralischen Weichlinge, und der stärkere Anklang und der richtigere Tact des Gefühls sind doch in Wahrheit nicht Beweise des untergehenden Heldensinnes, sondern Zeugen der entfliehenden Barbarei. Ist dies aber die Anklage, die man gegen unsere Zeit erhebt, so sey sie uns herzlich willkommen; sie ehrt uns höher als der zweideutige Ruhm, der durch derbe Muskeln seine Bewunderer erzwingt. — Möchte man aufhören, das zu mißdeuten, was nur durch Mißdeutung an Beweiskraft verlieren kann. Ist es doch noch keinem vernünftigen Manne in den Sinn gekommen, aus einer fehlerhaften Richtung des Geistes Beweise gegen die Todesstrafe abzuleiten. — Wir reden ja hier nicht von den von Erziehung, Klima und Körper abhängigen Empfindungen, um derer willen der Schwächling das Recht zu verletzen in Gefahr ist, nur darum, damit er nicht weinen darf. Wir reden zunächst von dem reinen Gefühle für Recht und Unrecht, das uns die Vorsehung als treuen Leiter auf unserm Lebenspfade zugesellt hat, und das — um mich der Worte des Hrn. Dr. Krug zu bedienen — „als ursprüngliche Quelle aller geistigen Lebensregungen" seine Stimme auch auf dem Rechtsgebiete vernehmen läßt. So kündigt es sich als Wahrheitsgefühl an, das ganz unleugbar den tiefern Forschungen und den durch sie klar hervortretenden Gründen voraneilt und in tausend Fällen das richtige Resultat schon früher findet. Es regt sich in allen Menschen und zwar um so stärker, je unverdorbener ihr sittlicher Zustand ist, und bewahrt vor unzähligen Fehltritten, vor welchen die spätere, langsam und schwierig erworbene, nun aber lichte Erkenntniß damals noch nicht bewahren konnte. Wir würden daher Gottes Stimme überhören, der auch durch die Mahnungen des Gefühls zu uns spricht, wollten wir in stolzem Dünkel sie abweisen, in ihnen nicht die Gottesansprache im Innern achten und die Wahrheit, welche sie, wenn gleich dunkel, verkündigen, nicht auf dem Wege ruhiger Untersuchung zum klaren Bewußtseyn zu bringen suchen. Dies ist das Gefühl, von welchem wir behaupten, es empöre sich gegen jede Hinrichtung in jedem Menschen, der es nicht in brutaler Verwilderung zertritt. Auf Elende dieser Art können wir uns freilich nicht berufen.

Uebrigens irrt man gar sehr, wenn man meint, daß rein pathologische Gefühle bei unserm Gegenstande so gradehin übersehn werden, und daß sie auf nichts als auf einen satyrischen Blick des kraftvollen Mannes rechnen dürfen. Die Mißhandlung, welche sie durch öffentliche Hinrichtungen erfahren, verdient wohl eine größere Beachtung, weil solche Erschütterungen aus dem empörten Wahrheitsgefühle resultiren und daher auch, wie ich schon bemerkte, von ganz anderer Beschaffenheit sind, als da, wo das Furchtbare uns zwar auch mit aller Gewalt ergreift, aber ohne die Ahnung eines innern Unrechts, welche bei der gesetzlichen Tödtung so übermächtig wird, daß sie sich durch alle noch so feine dialektische Kunstgriffe und durch Tröstungen, die man aus politischen Gründen zusammenstoppelt, nicht beschwichtigen läßt.

„Es ist aber dennoch trüglich, dies Gefühl, sagt man, und es wird trüglich bleiben; es hat zu oft irre geleitet, um ihm unbedingt zu trauen! — Unbedingt? Wer hat dies behauptet? Wer hat jemals ihm allein die Entscheidung der großen Frage über das Recht der gesetzlichen Tödtung überlassen wollen? Wer uns so deutet, der deutet uns falsch, und wir fürchten seine Anschuldigung eben darum nicht, weil sie falsch ist. Genug, lieber Ferdinand, es wird nie an Menschen fehlen, die in dem Gefühle die Stimme des Richters aller Welt vernehmen und darum wirken und streben, bis der letzte schreiende Mißton unseliger Vereinigungsversuche des positiven Gesetzes mit dem heiligen Gottesgebote verklungen ist.

Siebenter Brief.

Hören wir nun die Vernunft! Wir bringen so die Untersuchung, welche uns beschäftigt, vor das höchste Tribunal, vor welchem die Sache der Wahrheit und des Rechts verhandelt werden kann. Sie ist die allgemeine Gesetzgeberin unseres Geschlechts; sie gebietet unbedingt und allgemein; dies ist der Charakter aller Pflichtgebote; sie ruhen in dem Absoluten, über welches hinaus Niemand gehen kann, und enthalten Alles, was die Basis der letzten und höchsten Bestimmung des Menschen ausmacht — die Bedingung, unter welcher allein die Glückseligkeit zu erreichen ist, auf welche sich die Tendenz unserer Natur richtet, da sie ihr als das Endziel aller ihrer Bestrebungen gesetzt ward. Die Frage: warum dem so sey oder seyn soll? findet daher gar nicht statt. Was seyn soll, das hat absolute Nothwendigkeit; der Zweck ist gegeben; die Mittel liegen in der Befolgung des unveränderlichen Pflichtgebots, bei welcher der Mensch nur werden, seyn und erlangen kann, was er seyn, werden und erlangen soll. Er erkennt es als gültig für alle vernünftigen Wesen aller Zeiten, und es erscheint daher in einer Ehrwürdigkeit, vor welcher selbst der Bösewicht sich noch beugen muß; es ist keine Zeit und kein Ort denkbar, wo es antiquirt werden, und ein anderes Gebot an seine Stelle treten könnte. An dasselbe, wie an den wahren Prüfstein, muß Alles gehalten werden, dessen sittliche Natur und sittlicher Werth untersucht, Alles, was als erlaubt oder unerlaubt, als recht oder unrecht vor Gott erkannt werden soll — Alles — mithin auch jedes positive Gesetz, komme es her, woher es wolle.

Einverstanden über dieses Axiom laß uns hören, was die Vernunft in Beziehung auf das Leben gebietet! Du sollst nicht tödten! so spricht sie laut und überlaut, daß ihre Stimme von Geschlecht zu Geschlecht, über alle Zonen, vom Aufgange bis zum Niedergange der Sonne tönt! Sie kann nicht anders gebieten, als so. Sie strebt hinan nach dem obersten Zwecke vernünftiger und freier Wesen, nach sittlicher Vollendung und nach einer derselben angemessenen Seligkeit — also nach Glückseligkeit — sie erkennt in dem Leben die für die Gegenwart gegebene Bedingung, unter der jenes Streben, worauf sie nie verzichten kann, möglich ist. Verachtung der gegebenen Bedingung würde Verachtung des Zwecks seyn, der unter dieser Bedingung erreicht werden soll, und würde die Vernunft in den traurigsten Widerstreit mit sich selbst verwickeln. Dies soll nicht seyn, und es bleibt daher bei ihrem Ausspruche: Du sollst nicht tödten! Es handelt sich hier um die Achtung vor dem Leben des Menschen und seinem Rechte zu leben — also vor einem Urrechte, das weder erworben, noch veräußert werden kann, und von dessen Behauptung die Erhaltung unserer Persönlichkeit in der gegenwärtigen Ordnung der Dinge abhängt. Der Ausspruch selbst ist völlig klar. Tödten heißt: beitragen, daß das Leben, wie es in seiner gegenwärtigen Verbindung zwischen Leib und Seele vermittelt ist, aufhöre, in dieser Verbindung zu erscheinen — mög dies nun geschehen, auf welche Art es wolle. Jede Verkürzung des Lebens in dieser Verbindung, die langsame, welche wie ein schleichendes Gift an seinen zartesten Fäden nagt, oder die schnelle und gewaltsame, welche jene Verbindung in einem Augenblicke zerreißt: sie ist nichts Anderes, als Tödten. Offenbar schließt nun das Verbot: Du sollst nicht tödten! das Gebot in sich: Du sollst das Leben erhalten. — Diesem entspricht auch ganz harmonisch der natürliche Lebens- und Bildungstrieb, welcher sich anderer Seits gegen Alles sträubt und empört, was das Leben unterbricht. — Es nicht erhalten, steht dem: es rauben völlig gleich. Rette den Unglücklichen nicht, den die Fluthen verschlingen und den du retten kannst, und du hast — wenn von unserm Standpunkte aus geurtheilt wird, dasselbe verbrochen, was jener verbricht, der ihn in die Fluthen hinabstürzt; — durch deine Schuld, wie durch die Schuld dieses Elenden, wird ein Leben verkürzt. Das schon oft erwähnte Vernunftgebot läßt sich mithin eben so gut positiv ausdrücken: „Erhalte das Leben!" Daß man darüber anders urtheilen werde, wenn man das Tugendgesetz nicht oben anstellt; daß man dann von dem Unterschiede zwischen erzwingbaren Rechten und den Pflichten der Liebe reden werde: das möchte ich vermuthen. Daher aber liegt mir auch so viel daran, und immer und immer muß ich es wiederholen, daß man den moralisch-religiösen Standpunkt, von welchem ich ausgehe, nicht vergesse, da sich allein von diesem aus das wahre, ewige Recht ausmitteln und so nur erkennen läßt, wie der nach sittlicher Vollendung ringende Mensch handeln soll. Wenn es vor Jahren schon von Bergk in seiner Uebersetzung der mehrerwähnten Abhandlung des Marchese Beccaria, 2. Thl. S. 197, gerügt ward, daß man bei der vorliegenden Untersuchung das Recht von der Moral nicht unterschieden habe, da man doch auszumachen habe, daß die Todesstrafe widerrechtlich, nicht aber zunächst nachweisen solle, daß sie unmoralisch sey; und wenn man gleich, die Principien des Vernunftrechts festhaltend, auch dann dasselbe Resultat der Unstatthaftigkeit der Todesstrafe gewinnt: so leuchtet doch durchaus nicht ein, wie eine Handlung nicht schon gerichtet und verdammt seyn sollte, die vor dem Moralgesetze nicht besteht; sie muß alsdann als widerrechtlich erscheinen, da das Tugendgesetz das Rechtsgesetz mit in sich faßt, und es liegt ja grade daran das Meiste, daß die Natur jener Strafe als etwas Unmoralisches erkannt werde. Wir wenigstens haben uns dieses zur Aufgabe gemacht. Ich kann mich nicht enthalten, die herrliche Stelle abzuschreiben, welche sich in der Recension über v. Dresch's Naturrecht in der Jenaer Litt. Zeitung Nr. 62. (1824) findet: „Wenn das Naturrecht — heißt „es dort — Vernunftrecht und nicht bloß Philosophie über posi„tive Gesetzgebung seyn soll, so kann es auf keine anderen Gesetze „gegründet seyn, als auf Vernunftgesetze, und wenn man im „bürgerlichen Wesen zufrieden ist, daß die menschliche Willkühr „die Grenzen des verständigen Daseyns nicht überschreite, und, „mit dem äußern Frieden sich begnügend, sich um den innern „Frieden im Menschen sehr wenig bekümmert, so rechtfertigt dies „eine solche Begnügsamkeit im Vernunftrechte gewiß nicht." — Wie schön und wie wahr!

Schnurstracks entgegen steht also diesem Vernunftgebote die Todesstrafe. Erhalte das Leben — sagt die Vernunft; „Nimm das Leben!" sagt das bürgerliche Gesetz. Was als Pflicht geboten ist, das soll aufhören Pflicht zu seyn; was als Unrecht verboten ist, soll als Recht geboten werden. Die Pflicht der Lebenserhaltung soll in eine Pflicht und in das Recht der gewaltsamen Lebensberaubung übergehn. Ist denn das je — ist es denn in alle Ewigkeit möglich? Ich erinnere mich wohl, daß Du einmal den Gedanken äußertest, so unmöglich dies in dem einzelnen Menschen sey, so könne wohl für den Staat die Pflicht entstehn, zur Erreichung des Staatszwecks Jemandem das Leben, welches dem Wohle des Ganzen hinderlich entgegen steht, gewaltsam zu nehmen. Allein ich weiß eben so wohl, daß Du diese Bemerkung nur als Beweis einer mehrseitigen Prüfung, nicht als Widerlegung einer einleuchtenden Wahrheit ansahest. Da der Staat eine Verbindung vieler vernünftigen Individuen zu gewissen Zwecken ist, diese Individuen aber alle einem und demselben Gesetze frei gehorchen sollen, und da das Sittengesetz unbedingt und absolut gebietet: so kann in der Verbindung, durch die Verbindung und um der Verbindung willen, in welcher die Individuen stehen, das nicht zur Pflicht und zum Rechte werden, was außer einer willkührlich oder zufällig, oder aus welchen andern Gründen geschlossenen Verbindung und überhaupt und absolut als Unrecht gedacht werden muß. Das Tugendgesetz hörte auf zu seyn, was es ist, es verlöre den Charakter seiner allgemeinen und unbedingten Nothwendigkeit, wenn es von äußern Verhältnissen abhängig wäre. Es soll auf sie angewendet, aber nicht von ihnen und durch sie bestimmt und so zu einer bloßen Klugheitslehre herabgezogen werden. Mithin ist die Behauptung durchaus unhaltbar, daß die Todesstrafe wohl relativ, aber nicht absolut rechtmäßig sey. So läßt sich das Moralgesetz nicht behandeln. Eine bürgerliche Verbindung kann so wenig, wie irgend eine andere Ursache, die absolute Nothwendigkeit desselben aufheben, und der Staat, als moralische Person, ist ihm, wie das Individuum, unterworfen. Hätte sich daher in eine Verbindung, mag sie commerciell, oder politisch, oder religiös, oder von welcher andern Art seyn, irgend etwas eingeschlichen, oder wäre von ihr aus eigener Machtvollkommenheit etwas angenommen und gutgeheißen, was den heiligen Grundsätzen der Vernunft widerspricht, so ist die Societät nicht bloß befugt, sondern verpflichtet, sich von solchen Unbilden zu reinigen. Ohne diese Ansicht wäre — ich will nicht sagen, die protestantische Kirche durch die Reformation, sondern die christliche Kirche selbst nie entstanden. Könnte das Bürgerthum das Moralgesetz beschränken, oder es nach seinem Gutachten und Gutbefinden modeln und deuten, so wäre in ihm ein Rechtszustand, ich meine, ein wahrer, sittlicher Rechtszustand nicht mehr denkbar; sein oberstes Gesetz wäre Willkühr; es wäre nicht eine Verbindung zur sittlich-rechtlichen (moralisch-juridischen) Ordnung, sondern zur Unordnung und gleichsam sinnliche Darstellung des Kampfes eines unlautern Princips mit dem guten; es würde nicht seiner Würde gemäß, als moralische Person, handeln, und würde selbst bei der größten Consequenz in seiner politischen Verfassung einen Zustand der moralischen Anarchie in der sittlichen Welt bilden.

Ueberdies ließe sich fragen: was der Staat durch seine Gesetzgebung und seine Institutionen eigentlich bezwecke. Man spricht vom Staatszwecke und sucht durch ihn die gesetzliche Tödtung zu rechtfertigen. Das verwirrt die Untersuchung, wenn man sich nicht genau erklärt. Meint man den höchsten und letzten Zweck alles menschlichen Seyns und Handelns, den auch der Staat anerkennen, achten, und auf den er hinwirken soll? — So erscheint aber die Lebenserhaltung als Bedingung, unter welcher eben jener Zweck erreicht werden soll, von selbst in ihrer Unverletzlichkeit. Niemand kann auf sie verzichten. Ganz richtig schreibt der Verfasser der Erklärung des dritten Artikels: „Erzogen wird — der Mensch — zu seiner Bestimmung in seinem ganzen Leben. Als freie Vernunftthätigkeit muß er selbst sein Streben aufs Gute richten. Alle wollen daher auch, daß man sie nicht stören soll bei diesem ihrem Streben, sondern behülflich seyn, den rechten Weg dahin zu finden. Alle wollen daher auch, sobald sie sich in eine bürgerliche Gesellschaft vereinen, daß ihnen dadurch diejenigen Bedingungen nicht geraubt werden, wodurch ihnen nur allein jenes vernünftige Streben möglich ist, sondern, daß vielmehr dadurch ihr Streben erleichtert und sie weislich zu ihrer Bestimmung erzogen werden. Alle wollen daher, daß man ihr Leben und die Bedingung ihres Lebens erhalte und befördere und durch nichts störe.“ — Ist dagegen nur von äußerer Sicherheit die Rede, so ist diese allerdings nächster Zweck des Staats, aber nicht höchster, und jener muß doch offenbar diesem untergeordnet werden. Der Gegenstand ist von zu wichtigem Einflusse auf das Ganze unserer Untersuchung, als daß ich nicht hoffen dürfte, Du werdest gern etwas länger bei ihm verweilen. Daher aber breche ich für heute ab, um diesen Brief nicht zur Ungebühr auszudehnen.

Achter Brief.

Es bedarf, um das, was wir über den Staatszweck auszumitteln haben, keiner weitläuftigen Untersuchung über den Ursprung der Staaten. Ohne also jetzt die Vernunftidee, welche das Daseyn bürgerlicher Vereine fordert, um den höchsten Vernunftzweck zu realisiren, ohne die sonst noch angenommenen Gründe ihres Ursprungs — eine göttliche Ordnung, eine vertragsmäßige Uebereinkunft, oder, wie Garve in seiner Abhandlung über das Daseyn Gottes S. 194 meint, die Nothwendigkeit, aus dem Widerspruche der Triebe hervorgehende Unordnungen zu vermeiden — ohne dies und manches Andere, was darüber gesagt ist, einer besondern Prüfung zu unterwerfen, ist so viel gewiß und auf der Stelle einleuchtend, daß, der Geschichte und Erfahrung zu Folge, die Staaten ursprünglich die Kinder der Noth, oder der rohen Gewalt und der Uebermacht waren. Wo sich allmählig der Begriff des Eigenthums und namentlich des Grundeigenthums mehr und mehr aufklärte, wo sich das Gefühl von der unumgänglichen Nothwendigkeit des sichern Besitzes und Gebrauchs der Güter und der Ordnung und Gesetzmäßigkeit mehr und mehr aufdrang, und da, wo überlegene physische und mehr noch intellektuelle Kraft sich geltend machte, oft genug mit Eigennutz und Herrschsucht gepaart — da entstanden Staaten, und sie mußten entstehen. Es kündigte sich daher auch Schutz und Sicherheit der Staatsglieder als der nächste Zweck ihres gesellschaftlichen Verbandes an. Aber daraus folgt freilich nicht, daß es für denselben keinen andern Zweck gebe, den er als höchsten anzuerkennen hat. Diese Unterscheidung darf nicht übersehen werden, will man sich nicht die schlimmsten Folgerungen gefallen lassen. Es giebt Beschäftigungen der Menschen, es giebt Vereine, in welche sie zusammentreten, deren nächster Zweck bloß das Vergnügen ist; stehst Du dabei still, so würdest Du schließen: also ist die sinnliche Lust der Zweck und die Bestimmung dieser Menschen, und sie dürfen alle Mittel ergreifen, die sich ihnen zu Erreichung derselben darbieten.

Aristipp würde gar herrlich mit dieser Beweisart zufrieden seyn: aber außer ihm und seinen Schülern wohl Niemand. Was anfänglich die Noth und die rohe Gewalt erschufen, das würde die Vernunft angeordnet haben, wenn sie zu jener Zeit in freier Selbstthätigkeit sich hätte äußern können. Durch den Trieb nach Geselligkeit, durch den Trieb nach Thätigkeit, durch das Pflichtgebot, diese Thätigkeit weise zu regeln und ihr eine gemeinnützige Richtung zu geben, die Cultur zu fördern und den geistigen und physischen Kräften den möglich höchsten Grad der harmonischen Ausbildung zu verschaffen, durch das Gebot der Liebe — dringt sie auf das Begründen und Bestehen der Staatsvereine, als nothwendige Bedingung zur Erreichung ihres Zwecks, sobald sie sich desselben bewußt wird, und heiligt so das, was die Gewalt oder das bloße Gefühl der Noth ihr vorgearbeitet haben. Ihren höchsten Zweck behält sie aber stets vor Augen. Ueber diesen geht ihr nichts; auch der Staat nicht, der vielmehr dienstbar für das, was ihr das Höchste ist, werden soll. Die Menschennatur wird durch den Staat nicht geändert, also auch der Menschenzweck nicht; der Mensch, der im öffentlich sanctionirten Vereine mit andern zusammen lebt, bleibt derselbe, als wenn er als bloßes von der Gesellschaft gesondertes Individuum da stände; keine Erscheinung in der innern wie in der äußern Welt kann den ihm gesetzten Zweck verrücken. Findet nun aber jedes Individuum denselben in einer seiner Sittlichkeit angemessenen Glückseligkeit, und findet jedes in dem physischen Leben die für jetzt nothwendige Bedingung zur Erreichung jenes Zweckes: so kann auch die Gesammtheit der Menschen, also auch die in Einem Staatskörper verbundene Masse derselben — keinen andern Zweck, als höchsten anerkennen und ihn unter keiner andern Bedingung, als unter der gegebenen, verfolgen. Was diese Masse als solche sonst noch in ihrer Verbindung und durch dieselbe beabsichtigt, das muß nothwendig jenem Höchsten untergeordnet seyn und ihm als Mittel dienen, darf ihm aber nicht widersprechen. Will man den nächsten Staatszweck, und was er in sich faßt, Schutz und Sicherheit des Rechts, mit dem Ausdrucke: salus publica bezeichnen und darunter zugleich die Entwicklung des sinnlich vernünftigen Lebens, die Beförderung der allgemeinen, also auch moralischen Vollkommenheit und Glückseligkeit der Bürger verstehn und ihn keinesweges auf bloße äußere bürgerliche Wohlfahrt beschränken: so bin ich völlig einverstanden, die öffentliche, allgemeine Wohlfahrt — die salus publica als wahren höchsten Staatszweck anzuerkennen. Bezieht sie sich aber bloß und allein auf äußerliche, bürgerliche Wohlfahrt — worauf sie doch wohl immer nur bezogen wird, so ist sie eben nur nächster — nicht höchster Zweck. Schwebt dieser nicht dem Staate wie dem Individuo als Ideal vor, so wird er viel zu tief, auf eine zu niedere Stufe gestellt, wo er als ein Mittel zu bloß gemeinen, sinnlichen Absichten erscheint. Dies kann er aber nie bloß und allein seyn, deswegen nicht, weil er aus freien, moralischen Wesen besteht, die ihrer höchsten, heiligen Bestimmung nie entsagen können, von welcher Art und Beschaffenheit auch, und wie verschieden und mannichfaltig ihre anderweiten, subordinirten Zwecke seyn mögen. Vortrefflich ist in dieser Beziehung eine Stelle in der Recension über Krummachers christliche Volksschule in der Jen. Lit. Zeitung Nr. 112. 1824. Ich setze sie her, da Du sie gern lesen wirst. Es heißt dort: „Auch der Zweck des Staats ist „Bildung, Vollendung des menschlichen und geistigen Gemein„wesens, des vollkommensten Zustandes, wie dieser sich in der „Gesellschaft zu entwickeln vermag; aber eben wenn diese Bil„dung als Recht erkannt werden soll, so muß sie in ihrem „tiefsten Grunde erkannt werden als das Einwohnen des Men„schen in dem Einen Höchsten, dessen Spiegel und Darstellung „alles Irdische seyn soll. Hier aber trennt sich nun die Rich„tung des Staates von der Kirche. Jener zeigt sich als die sicht„bare, diese als die unsichtbare Seite des Einen Gemeinsamen; „der Staat, als nach außen wirkend, die Kirche, als von innen „haltend, bekräftigend, heiligend in der Furcht Gottes." — So ist es. Der Staat erscheint in seiner Ehrwürdigkeit nur dann, wenn er das Höchste des einzelnen Menschen auch als sein Höchstes anerkennt, und unterscheidet sich daher von der Kirche in so fern nur durch die Mittel, deren sie sich bedienen, und welche allerdings verschieden seyn können und müssen. Der

Staat in seiner Sphäre soll und kann nur indirect auf das wirken, was die Kirche direct zu bewerkstelligen sucht; indem jener das Recht schützt, arbeitet er zugleich für das Reich der Tugend; indem er das Verbrechen zügelt und straft, will er die Herrschaft der Sünde brechen und von der Legalität, womit er es zunächst zu thun hat, zur Moralität führen, auf deren Beförderung das Streben der Kirche gerichtet ist. Auch wäre Schutz und Wohlfahrt im bürgerlichen Leben ohne Anerkennung und Befolgung des Moralgesetzes, dessen Prüfung, als oberster Instanz, daher auch alle Civilgesetze unterworfen bleiben müssen, eine bloße Chimäre, ein armseliges Gut — von Werth höchstens nur für den Augenblick des thierischen Genusses. Nur soll der Staat nicht etwa durch Strafgesetze die Besserung erzwingen wollen, was auch gar nicht möglich ist, wie der Herr Verfasser der Schrift vom Justizmorde (S. 11) bemerkt; er soll aber auf seine Art, d. h. durch Wirken in der Rechtssphäre, also nur immer indirect die Erreichung dieses Zwecks erleichtern und ihm nie entgegen arbeiten. Dadurch wird auch die Idee des Staats erst, wenn überhaupt dieser zuweilen gebrauchte Ausdruck passend seyn sollte, zu einer Vernunftidee; so erst erscheint er uns heilig; so erst kann ihm ein wahrhaft freier Gehorsam geleistet werden; so wird er aber auch nie das thun und fordern, was dem höchsten Zwecke nicht entspricht. „Sein Gesetz darf mit dem des Gewissens nicht in Gegensatz treten" (nach S. 32 des angeführten Buches), wodurch er aufhören würde, ein zweckmäßiges Mittel zur leichtern Realisirung der höchsten Aufgabe der Vernunft unter Menschen zu seyn, welche einer äußern Zwangsanstalt und der äußern Zucht nothwendig bedürfen, um die Freiheit des innern Tugendlebens zu entwickeln, zu bewahren und zu erweitern, also am Ende um ihrer Herzenshärtigkeit willen. — „Die moralisch-religiöse Idee," heißt es in dem Werke des Herrn Vice-Präsidenten Geh. Kirchen-Raths v. Ammon (Fortbildung des Christenthums zur Weltreligion 2. Hälfte 1. Abth. S. 236) „oder die christliche Idee „muß auch in bürgerlichen Institutionen immer höher stehn, als „die breite und daher leicht in orientalischem Absolutism oder in „zerfließender Humanität aufgehende Rechtsidee." Kann nun gleich der Staat, als moralische Person — was er wegen seiner Theile, aus welchen er besteht, ist und bleiben soll — kann er schlechterdings keinen andern höchsten Zweck haben, als den, welchen jedes der Individuen hat, die ihn formiren, so haben wir ihm dagegen schon gewisse untergeordnete Zwecke zugestanden, welche das Individuum, als solches, nicht unmittelbar zu erstreben sucht und suchen kann, die aber jenen höchsten nicht aufheben können und dürfen, sondern ihm dienen sollen — z. B. politische Absichten, wenn sie sind, was sie nach dem Moralgesetze seyn sollen. Die Gerechtigkeit, bemerkt Lucas in seinem Werke S. 113 — die Gerechtigkeit kann in dem Staate auf keine andere Weise erscheinen, als in der ganzen Welt; so fordert es die Ordnung der Dinge. — Ist dies richtig, lieber Ferdinand, so liegt die Folge klar vor den Augen, daß der letzte und höchste Zweck aller Strafgesetze im Staate auch kein anderer seyn könne, als der, welchen die sittlichen Heils- und Gnadenmittel haben, — er kann kein anderer seyn, als die sittliche Besserung der Individuen und ihre sich daran anknüpfende, wahre Glückseligkeit. Das ist derselbe Fall bei allen Kraftäußerungen, die sich zunächst auf Befriedigung eines äußern, sinnlichen Bedürfnisses beziehen. Sie alle sollen aufs Höchste abzwecken, Erziehung und Bildung, Wissenschaft, Kunst, Handel, Gewerbe, Ackerbau — welche Kräfte sie auch in Bewegung setzen, — die verschiedenartigste Uebung geht in Einem letzten Ziele aus. Eben das lag offenbar in der Bemerkung, die Luther bei einer Gelegenheit machte, daß die Magd, indem sie die Stube kehre, Gott diene. Auf Gottesverehrung im Geist und in der Wahrheit soll Alles berechnet seyn, dahin soll Alles führen, darauf Alles zuletzt hinausgehn, was der Mensch thut und wirkt, Alles also auch, was vom Staate geschieht, also auch das, was er als Strafe veranstaltet. Man hat gefragt, ob sich überhaupt gerechte Strafen denken lassen, ohne die Besserung zum Zwecke zu haben? Uns kann eine solche Frage gar nicht tangiren, die höchstens als Object einer unpraktischen Speculation dienen möchte. So viel ist gewiß, wir können vernünftiger Weise die Strafen ohne jenen Zweck schlechterdings nicht als gerecht erkennen, und der Mensch wird ungerecht und grausam, und seine Strafe ist Tyrannei und übermüthige Willkühr, wenn er straft, ohne in der Strafweise die Sittlichkeit zu berücksichtigen und im Aufsehn auf das Höchste zu beabsichtigen. Er dürfte dann z. B. den Dieb wohl zur Restitution des Geraubten nöthigen — dies fordert die Pflicht gegen den Beraubten. Aber dies ist nur Ersatz, keine Strafe. Wozu diese noch? Wozu ein willkührliches Zufügen irgend eines Uebels um des begangenen Diebstahls willen, nach geleistetem Ersatze, wenn dies Uebel nicht einen andern und zwar sittlichen Zweck hätte? Als bloße Abschreckung kann es nicht angewendet werden, dies wäre gegen die Achtung vor dem Menschen, als Selbstzweck. Wozu also noch? Um das Müthchen zu kühlen? — Das wäre Despotismus der schrecklichsten Art. Um dem positiven Gesetze Achtung zu verschaffen? — Diese Achtung setzt aber die Tendenz aufs Höchste voraus. Um der öffentlichen Sicherheit willen? — Allerdings; aber diese ist doch nur nächster — nicht letzter Zweck. Um die Willkühr zu zügeln? Allerdings! Aber zuletzt darum wieder, daß das Böse unterbleibe, und — das Reich Gottes zu uns komme. Immer handelt es sich darum, daß der Mensch durch einen starken Eindruck von Außen zur Legalität gewöhnt, und so — die öffentliche Sicherheit befördert, durch sie aber zur Moralität erhoben werde. Mithin darf nun der Staat auf keinen Fall so strafen, daß der höchste Zweck über den nächsten gefährdet werde; er darf nie vergessen, daß der juridische und politische Standpunkt dem ethischen durchaus untergeordnet bleiben solle, und daß allein von diesem aus sich ein richtig leitendes Prinzip für das wahre Recht finden lasse. Ich glaube nun den Vorwurf nicht zu verdienen, daß ich es wie diejenigen mache, welche den erstern Standpunkt ganz und völlig übersehn und bloß den ethischen beachten, aber ich kann nicht von dem Satze ablassen, daß die Besserung des Sträflings dem Strafenden als das Höchste gelten müsse, was er an jenem erreichen will. Ob die Strafe diesen Effekt wirklich haben werde? — das hängt allerdings von der Freiheit des zu strafenden Subjekts ab; allein dieser Umstand — also der Erfolg — ändert in obiger These gar nichts. — Der Prediger soll zum Behufe der Erfüllung des

Gesetzes predigen, nicht, um nur zu predigen und um nur die Heiligkeit des Gesetzes zu promulgiren. Ob der Zuhörer sich wirklich bessert, oder ob er nur hört — das steht nicht in des Redners Gewalt; aber den Zweck soll er haben, wenn er sein Geschäft nicht herabsetzen und entweihen will. Auf dasselbe Resultat kommen wir auch, wenn wir die bekannte Ansicht gelten lassen, nach welcher der Zweck der Strafe ein psychologischer Zwang ist, der von der Staatsgewalt zur Aufrechthaltung des Rechtszustandes angewendet wird. Denn auf die Frage: zu welcher letzten und höchsten Absicht dieser Rechtszustand aufrecht erhalten werden soll, giebt es keine andere vernünftige Antwort, als die obige. Soll nun die Sicherheit, welche der Staat zunächst beabsichtigt, Mittel zur Beförderung des Höchsten seyn; und sind dagegen Hinrichtungen die gewisseste Verhinderung des Strebens danach, indem sie die Bedingung dieses Strebens aufheben: so liegt es am Tage, daß der Staat, sobald er auf den Tod erkennt — höchstens, wenn's Glück gut geht — seinem nächsten, nicht aber seinem obersten Zwecke diene; — er hindert diesen und also das, was er fördern, — er hemmt und hält auf, was er in einen raschen, fröhlichen Gang bringen soll, und es entsteht ein auffallender Widerspruch, indem die Gesammtheit der Individuen, aus welchen er besteht, das nicht mehr unverletzlich findet, was jedem Einzelnen unverletzlich seyn soll, und sich ein Recht zueignet, das sie darum nicht haben kann, weil es in keinem einzigen ihrer einzelnen Theile begründet ist, mithin für sie gar nicht existirt. Das positive Gesetz, welches die öffentliche Tödtung gebietet, unterdessen jedem einzelnen Staatsbürger, von dem ersten an bis zum letzten, das Vernunftgebot befiehlt: Du sollst nicht tödten! — erscheint somit als moralisch unmöglich, da Niemand da ist, der das absolute Pflichtgebot aufheben kann. Wollten wir sagen: Es ist die Idee des Staats, die sich so gebietend vernehmen läßt: so ist das mit Nichts geantwortet, sie wäre dann auch nicht mehr Vernunftidee. — Immer würde die Forderung von Menschen gemacht, welchen obliegt, nicht von dem Sittengesetze zum Behufe ihrer nächsten, dem höchsten Gebote untergeordneten Staatszwecke eine Ausnahme von der allgemeinen Regel zu machen, sondern diese Regel allgemein und unbedingt zu befolgen. Hier, wo die Sache so klar vor Augen liegt, verliert die Einrede alles Gewicht, daß das bisher Gesagte eigentlich doch nur auf die Kirche passe, und daß man Kirche und Staat nicht unter einander mischen und ihre Grenzen nicht verrücken dürfe. Die Kirche soll das Höchste fördern; ja wohl! Aber folgt denn daraus, daß der Staat nicht eben darin das letzte Ziel auch seines Strebens anzuerkennen habe? Könnte er auch ihren Zweck ehren und die Heiligkeit desselben achten und ihr, zur leichtern Erreichung desselben, seinen Arm leihen und sie in Schutz nehmen, ginge ihm selbst dieser Zweck nicht über Alles? Er ist ihr, als äußerm Institute, diesen Schutz schuldig. Würde aber nicht der Schutzherr dem Schützlinge versagen, was er ihm leisten soll, und am Ende mit eben den Waffen, mit welchen er schützen will, das zerstören und vernichten, was dem Pflegebefohlenen das Höchste ist, sobald er es nicht selbst als Höchstes erkennt? Wann wird man doch endlich solcher Trennung der Kirche und des Staates das Abschiedslied singen? Wann wird man aufhören, sie in dem feindseligsten Widersatze zu denken und sie wohl gar — in diese traurige, das Gute aufhaltende — Opposition zu bringen? Die Kirche wird ihrer Natur nach immer über dem Staate stehen — nicht als Hierarchie im gewöhnlichen Sinne des Worts und als Staat im Staate, sondern wie der Leiter über dem zu Leitenden, wie das belebende Prinzip über dem Materiellen; und der Staat wird immer als executive Gewalt und äußere Erziehungsanstalt — unabhängig zwar von einer kirchlich-positiven Gesetzgebung sich constituiren, aber abhängig von dem höchsten Zwecke der Kirche, der auch der seinige seyn soll — und in allen seinen Richtungen durchdrungen von dem religiösen Principe — seine Gewalt auf die Erreichung dieses einzig höchsten Zwecks, und zwar um desselben selbst willen, durch Sicherstellung und Schutz der äußern Wohlfahrt, hinrichten müssen. Bei aller Verschiedenheit ihrer Mittel und ihrer speciellen Absichten einigen sie sich zuletzt in Einem Punkte. „Die Kirche, sagt Haas in seiner wissenschaftlichen Darstellung des geistlichen Berufs, die Kirche ist in dem Staate, ist seine heiligste Lebenssphäre." Sie ging ihm daher auch der Zeit nach voraus, wenn auch nicht als gesetzlich organisirtes äußeres Institut. Sie mußte mit dem Glauben an Gott und mit den ersten Regungen der ihm schuldigen Verehrung entstehen. Sie gründet sich auf die religiösen Bedürfnisse des Herzens, die in Jedem liegen, und welche sehr bald die Menschen zu gleichen religiösen Uebungen vereinten, und ward die erste und älteste Pflegerin des Heiligen, in welcher Form sie auch späterhin unter den Nationen erschien, und bewahrt in ihrem Mutterschoße treu und zart die Keime des Lichts, der Wahrheit und des Rechts; wie fehlerhaft auch ihre Formen, wie bedauernswürdig die Auswüchse eines eingemischten, finstern Wahnglaubens, und wie unheilbringend die Mißbräuche wurden, welche die Leidenschaft von ihr zu machen wußte. Diese Ausartung kann das Urtheil über ihre wahre Tendenz nicht ändern, die auf das Höchste gerichtet ist, welche ihr die erste Stelle unter allen Menschenvereinen sichert, die Höheres, als sie, nicht bezwecken können. Daher kann auch die Kirche von ihren Mitgliedern fordern, daß sie aus Achtung vor ihrem Zwecke jeden Angriff der Undankbarkeit mit Ernst und Nachdruck von ihr abzuwehren suchen und sich zu ihrem äußern Schutze vereinen. Diese Vereinigung bildet den Staat. Er ist ihr Sohn und steht voll Achtung gegen sie zu ihrem Schutze bereit — d. h. zur Förderung ihrer Zwecke. Sein Wirken ist mehr nach Außen, wie das Wirken des Mannes; die Thätigkeit der Kirche ist mehr nach Innen gerichtet, auf die Gemüthswelt, wie die des Weibes. Er bewaffnet sich daher gegen jede Gewalt, welche den ehrwürdigen Absichten der liebenden Mutter störend entgegen tritt. Nicht also thut er das als Knecht derselben — sondern als freier, aber muthiger Sohn, der dankbar fühlt, was er der Mutter schuldig sey, und wenn er daher äußere Ordnung, selbst durch Strafe, aufrecht erhält, so thut er dies zunächst freilich darum, damit die Ordnung bestehe, zuletzt aber darum, damit unter der Mutterpflege das Höchste gedeihe, was der Mensch haben kann — Tugend und Seligkeit. Deswegen ergreift er aber auch nie und unter keiner Bedingung ein Sicherungs- und Schutzmittel, wodurch er das

Höchste verletzen würde, anstatt ihm zu dienen. Betrachten wir nun die Sache noch einmal mit einem einzigen Blicke, um wahrzunehmen, wie das Gesetz, welches die Todesstrafe fordert, eine Waffe sey, die sich gegen die heiligsten Interessen, gegen die Würde und die höchste Absicht des Staatsvereins kehrt. Die Besserung seiner Glieder fordert Zeit! Welch ein entsetzlicher Widerspruch schon hier — bessern sollen und die Zeit dazu rauben! Die Besserung fordert Mittel, um zu gedeihen, und Gelegenheit, um sich zu bewähren. Die Todesstrafe entzieht diese Mittel mit Einem Schlage; was die Kirche und der Staat selbst in seinen Institutionen davon bieten können, geht dem Unglücklichen verloren, der sein Ziel am Galgen oder auf dem Schaffote sieht. Gelegenheit zur Bewährung kann er von nun an nicht mehr finden. Er ist den Verbindungen entrissen, wo er zeigen soll, was er geworden sey, und wo er Uebungen findet, um zu werden, was er noch nicht ist; er ist genöthigt, auf dies Alles zu verzichten.

Man sage ja nicht, daß andere Strafen, welche der Staat verhängt, dem höchsten Menschenzwecke oft eben so ungünstig gewesen seyen. Denn daraus folgt ja nichts wider unsere Behauptung, sondern nur so viel, daß die Humanität, die Achtung vor dem Pflichtgebote und vor jenem Zwecke und der Sinn der Liebe und der Frömmigkeit immer mit zu Gerichte sitzen und die Aussprüche der strafenden Gerechtigkeit leiten und sorgen sollen, damit nicht die summa justitia zuletzt summa injuria werde. Will man von Sträflingen reden, welche das Fürchterlichste erfahren, Martern, vor welchen das Herz bebt, Foltern, welche die Hölle ersann; zeigt man uns elende, zu den härtesten Arbeiten in Bergwerken verurtheilte Gefangene, Galeerensclaven in grausen Fesseln; Unglückliche, die in verpesteten Löchern vermodern, die, ohne Trost und ohne einen einzigen Tropfen Labsal aus der Quelle des lindernden Mitleids zu schöpfen, Tage einer langsam tödtenden Qual verleben, unterdessen dem zum Tode Verurtheilten die Liebe so manches Opfer und die Kirche alle die Tröstungen bringt, welche sie ihm noch bieten kann, so antworte ich: Wurden Gefangene jemals so behandelt, daß ihre Strafe mehr den Zweck der Qual, als der Besserung zu haben scheint, so war das vor dem Richterstuhle des Sittengesetzes eben so verwerflich, als der gewaltsame Tod, und ihre durch solche Leiden veranlaßte sittliche Verschlechterung, ihre wachsende Rohheit, ihr Groll, ihre Verzweiflung — ist dann Folge — nicht einer Strafe an sich — sondern der ungerechten oder unzweckmäßigen Strafe und der Mißhandlung, die man sich gegen sie erlaubte; ein Verfahren, das man daher ändern und bessern soll, und das allerdings ein Gegenstand unserer wehmüthigsten Theilnahme seyn würde, wo wir seine Spuren fänden. Dennoch aber bleibt dem Unglücklichen, welcher gemißhandelt wird, noch immer das Leben — also die gegenwärtige Bedingung seiner moralischen Entwicklung für die Ewigkeit; er wird in seiner Lage ein großes, drückendes, furchtbares Uebel, aber auch zugleich noch die Möglichkeit erkennen, unter dem Drucke desselben sich aufzurichten, zu einem kräftigen Emporstreben nach dem höchsten Gute; — ihm bleibt Zeit, und ihm bleiben Mittel — wie sehr sie ihm auch die Unmenschlichkeit verkümmern mag. Auf unsere Zeit wird übrigens der ganze Einwurf immer weniger anwendbar, je weiter sie sich von der tyrannischen Willkühr asiatischer Despoten und entmenschter Barbaresken entfernt, und je mehr die Humanität und die Gerechtigkeitsliebe erhabener Fürsten und der Eifer edler Gesetzgeber das Schicksal der Sträflinge auf ihre moralische Cultur berechnen. Bald mehr, mein Freund! Adieu!

Neunter Brief.

Nach meinen bisherigen Mittheilungen kann die Behauptung nicht als erschlichen angesehen werden, daß das bürgerliche Gesetz nie weiter reichen könne, als das Moralgesetz — nie! wie jenes auch immer aus der Mitte des Staatskörpers und aus den nächsten noch so edlen Zwecken der bürgerlichen Gesetzgebung hervorgehn möge. Sonst stände ja das positive Gesetz höher, als das Sittengesetz, und säße auf dem Throne, welchen dieses allein einnehmen und behaupten soll. Ist es diesem nicht untergeordnet, also auch nicht von seinem Geiste durchdrungen, nicht in seinem Geiste gedacht und verfaßt, so kann es nicht recht seyn, so liegt es im Widerstreite mit dem Heiligsten und Ehrwürdigsten und strebt im freien Reiche der Geister kühn nach dem Zepter, der dem Sittengesetze gebührt. „Es giebt, sagte einmal der französische Redner Royer-Collard, kein Recht, das Recht umzustoßen, d. h. eine Vernunft wider die Vernunft, indem das Recht nichts Anderes ist, als die Vernunft, und zwar die gewisseste Vernunft." Und eine andere Stimme erhob sich in der neuesten Zeit zu Paris, wo vor einigen Jahrzehenden Menschenblut in Strömen floß, und rief den Zeitgenossen ächt menschlich und ächt philosophisch und ächt christlich zu: „Gott hat verboten, sich selbst, oder Andern, unter welchem Vorwande es sey, das Leben zu nehmen; — die moralische Theorie der Gesetzgebung steht höher, als der Wille des menschlichen Gesetzes."

Unter diesen Umständen kann nun nicht von einem Rechte, am Leben zu strafen, und eben so wenig davon die Rede seyn, daß die Mitglieder des Staats, also die einzelnen Individuen, ihren Vertretern ein solches Recht übertragen haben, da sie diese nicht bevollmächtigen, ihnen also nicht Rechte übertragen können, welche sie selbst nicht haben. So klar dieser Satz ist, so hat man ihn nichts desto weniger durch Einwendungen anzufechten gesucht, auf welche ich später noch einmal zurückzuweisen Gelegenheit finden werde. Sonderbar genug, daß man vom Uebertragen eines Rechts jemals sprechen konnte, welches gar nicht da ist! Sonderbar, daß man sich die Willkühr verhehlen konnte, eine Ausnahme vom Pflichtgebote zu machen! Denke Dir das allgemeine Gebot: „Du sollst nicht tödten," mit der Beschränkung: „wenn das positive Gesetz nicht eine Ausnahme machen und tödten will," so ist die unbedingte, alle sittliche, freie Wesen verbindende Autorität des Pflichtgebots in ihrer absoluten Gültigkeit und Allgemeinheit verletzt und aufgehoben, es hat den wahren Charakter des Sittengesetzes verloren, nicht zu gedenken, daß auf diese Weise die schrecklichste Consequenz in Beziehung auf andere sittliche Gebote entstehn würde. Kann der Staat zu Gunsten eines oder einiger seiner Glieder, das allgemein gültige Moralgesetz Ein Mal beschränken und davon dispensiren, um einen seiner nächsten Zwecke zu erreichen, die doch dem höchsten Menschenzwecke untergeordnet sind; warum sollte er es nicht in jedem andern beliebigen Falle auch thun dürfen? Wie wenn er z. B. die allgemein gültigen sittlichen Aussprüche: Du sollst nicht lügen — Du sollst nicht stehlen — Du sollst nicht ehebrechen — dahin restringirte: Mit Ausnahme für diesen und jenen, in diesem und jenem Falle sollen die Bürger nicht lügen, nicht stehlen, nicht ehebrechen: was würde man denken? Und wenn bei solchen Dispensationen und Restrictionen noch so viele vermeintlich heilsame politische Absichten nachgewiesen würden — ich frage nochmals: was würde man denken? was sagen? Und hat denn die Pflicht der Lebenserhaltung weniger Werth, und das darauf bezügliche Gebot weniger Autorität, als die der Wahrheit, der Ehrlichkeit und der Keuschheit? Bleibt mithin, wenn das Pflichtgebot absolut und unbedingt gebietet, nicht jede Ausnahme unrecht und ein unerlaubtes Mittel, wäre die Absicht, zu welcher es angewendet würde, auch noch so gut, und ihre Erreichung für den Staat noch so wünschenswerth?

Allerdings hat der Staat seine eigenen Befugnisse, welche ihm, als solchem, zukommen, und welche dem Individuo, als solchem, nicht zukommen. Dies muß auch so seyn und wird daraus sehr erklärlich, daß der Staat, als ein Vereinigtes und Ganzes — doch ohne deswegen aufzuhören, dieselbe sittliche Natur in der Vereinigung mit den Individuen zu bewahren, welche diesen zukommt — Zwecke hat, welche der Einzelne nicht haben kann — z. B. allgemeine Sicherheit, wo bei dem Individuo nur von persönlicher Sicherstellung die Rede ist — und weil ihm daher auch Mittel zu Gebote stehn müssen, die für den Einzelnen theils nicht möglich, theils unnütz seyn würden. Die einzelnen Mitglieder lassen sich daher von ihm gefallen, theils fordern und erwarten sie von ihm, was sie von dem Einzelnen weder dulden — noch fordern würden, und ihm kann daher in Hinsicht auf den Einzelnen erlaubt seyn, was diesem, als solchen, nicht erlaubt ist. **Was aber** — und dies ist wohl zu merken! — **was an sich schlechthin verboten und unrecht ist**, das kann er niemals als Vorrecht in Anspruch nehmen, oder seinen Befugnissen zuzählen. So wie es nämlich für den Einzelnen nur **sittlich erlaubte** Befugnisse giebt, so auch für den Staat nur **solche**, welche das Sittengesetz billigt. Er wird auch in seinen Bestimmungen darüber nicht irren, so bald er, wie es immer geschehen soll, seinen **höchsten** Zweck von seinem **nächsten** Zwecke gehörig unterscheidet und jenen eben darin sucht, worin das Individuum den seinigen suchen soll. Mithin kann eine Befugniß des Staats nur so weit reichen, als sie jenem Zwecke nicht feindselig entgegentritt, sondern ihm vielmehr gemäß ist, grade so wie das Individuum in manchen Fällen und in manchen Verhältnissen, z. B. in dem Verhältnisse als Vater, als Hausherr u. s. w., etwas thun darf, was das andere, in anderem Verhältnisse, z. B. als Sohn, als Diener u. s. w., nicht thun darf. So wie nun ferner ein Individuum dem andern gewisse Befugnisse zugestehn und übertragen kann, so können auch viele zu einem gemeinschaftlichen Ganzen vereinigte Individuen einigen unter sich, ihren Repräsentanten, Führern, Herrschern, gewisse Befugnisse zur Förderung des allgemeinen Besten überlassen, sich also des Selbstgebrauchs derselben enthalten, sie der Staatsgewalt anvertrauen, an den Staat, also an die Gesammtheit, übertragen und in den Alleingebrauch, den der Staat davon machen soll, einwilligen, immer aber nur in so fern und so weit, als das Uebertragen und Gebrauchen solcher Befugnisse nach dem Moralgesetze möglich ist, und also unter derselben unerlaßlichen Bedingung, unter welcher der Einzelne sich **außer** oder auch in der bürgerlichen Gesellschaft seiner Befugnisse bedienen oder sie einem Andern überlassen kann, um irgend einen erlaubten Zweck zu erreichen und durch Erreichung desselben dem höchsten Zwecke näher zu kommen. Ganz an diese Stelle passen die Worte aus der Schrift: „Die Theilung des Herzogthums Gotha" — Altenburg 1825 — wo es S. 1 und 12 heißt: „Der Staat ist eine „moralische und dann eine juridische Person. Die erste ist dem „Sittengesetze, die zweite dem Rechtsgesetze unterworfen, und da

„nun jenes höher als dieses ist, so muß es vor ihm beachtet „werden. — Das Volk kann und darf nicht seine Einwilligung „zu einer Handlung geben, welche nicht allgemein und also recht„lich seyn kann (sollte wohl heißen: recht?).“ — So kann also der Staat allerdings Freiheits-, auch wohl in dringenden Fällen Ehrenstrafen verhängen, weil das Pflichtgebot nicht bloß sagt: Beleidige den Andern nicht, laß ihm seine Freiheit u. s. w., sondern weil es auch gebietet, daß das Individuum seine Freiheit und Ehre gegen gemachte Angriffe vertheidige, der ungerechten Gewalt des Drängers — auch selbst um dessen eigener moralischer Erziehung willen, widerstehe und die eigene Persönlichkeit und das Eigenthum nicht Preis gebe; es gebietet Selbstvertheidigung, weil es Selbstachtung fordert. Solche abgenöthigte Beschränkungen eines fremden Individuums heben aber die nothwendige Bedingung, unter welcher es seinem Ziele entgegenstreben und seinen höchsten Zweck erreichen soll und kann, nicht auf, sondern können diesen Bestrebungen vielmehr förderlich werden und sind Verzichtleistungen, zu welchen sich der Schuldige selbst bestimmen, darf oder sogar soll. Die Strafe, die er sich selbst dictiren kann, und die nicht ein unverletzliches Recht gegen seine Person verletzt, sondern durch Beschränkung oder Entziehung seiner disponiblen Güter seine Willkühr zähmt und unter die Autorität des Gesetzes beugt — die ist's, welche er als eine gerechte anerkennen muß. Der Verleumder soll und kann sich zur Abbitte und Ehrenerklärung; der Dieb zur Herausgabe des Gestohlenen und zum Schadenersatze bestimmen; der, welcher fürchtet, daß er der bürgerlichen Gesellschaft schädlich werden möchte, z. B. der Wahnsinnige — wenn wir bei ihm lichte Augenblicke annehmen, die ihm eine Selbstbestimmung möglich machen — der durch lange Wollustsünden zum Drange des Schändlichen selbst physisch Genöthigte, der moralisch Schwache, welcher sich noch zu wenig zutrauen darf — kann und darf unter gewissen Umständen seiner äußern Freiheit sich begeben. — In New-York bat ein Kaufmann bei dem Gerichte um sechsmonatliche Einsperrung, während welcher Zeit er sich zu bessern hoffte. Man willfahrte ihm. — Der Landesverräther ist durch innere Gründe genöthigt, die ihm auferlegte Beschränkung seiner Freiheit zu billigen. Dabei behält er sein inneres freies Aufstreben zu dem, worauf er nicht Verzicht leisten kann. Auch gefesselt bleibt ihm, dem sittlich freien Menschen, seine Selbstthätigkeit zum Behufe des höchsten Zwecks und der Gebrauch der Gegenwart zur Uebung auf die Zukunft. Das was er als Selbstzweck seyn und werden soll, verhindern Kerker und Fesseln nicht, und um so weniger, je mehr der Staat, auch in seinen Strafanstalten, der treue Pfleger des Heiligen und Wahren ist. Es geht dies Alles gut und in Ordnung, so lange das Moralgesetz die oberste regulirende Norm für jeden Gebrauch der dem Staate zukommenden Befugnisse und für jedes positive Gesetz ist. Aber eben deswegen, weil ein nicht zu beseitigender Conflict zwischen dem Pflichtgebote und dem Verhängen der Todesstrafen statt findet, so kann der bürgerliche Verein nicht bis zu diesen in seinen Strafmitteln fortschreiten und darf sie nicht mit erlaubten Befugnissen verwechseln. Freiheit und Leben lassen sich nicht so ohne Weiteres unter Eine Kategorie bringen. Der Staat kann hierin nicht weiter gehn, als das Individuum gegen sich selbst, und dies kann mit dem Leben nicht ein Gut weggeben, durch dessen Verlust sein Daseyn und Wirken in der gegenwärtigen Ordnung der Dinge, welcher es angehört, unterbrochen und verhindert, und seine Stellung, welche es als moralisches Geschöpf eben in dieser Stellung behaupten, und in welcher es die Aufgabe der Vernunft zu realisiren suchen soll, aufgehoben wird. Das Höchste, was es rücksichtlich des Lebens vermag, und wozu es daher auch der Staat verpflichten kann, ist das, daß es dasselbe der Gefahr aussetzt, in Fällen, wo das Ausweichen der Gefahr ohne Pflichtverletzung nicht möglich ist. In dem schon angeführten Werke des Herrn Vicepräsidenten v. Ammon über die christliche Sittenlehre 1. Bd. S. 392 heißt es: „Wo in der einen Wagschaale nur die Möglichkeit oder Wahrscheinlichkeit meines Todes, in der andern aber die Gewißheit des Unterganges meines Nächsten liegt, da muß eine mittelbare Verbindlichkeit gegen mich selbst der unmittelbaren Nächstenpflicht weichen." In der Möglichkeit liegt hier das eigentliche Moment — in der Wahrscheinlichkeit nur so lange, als sie nicht auch zur Gewißheit meines Unterganges gesteigert werden kann — wo sie dann für die Selbsterhaltung entscheiden würde. Der alte, abgelebte, fast erblindete Greis, der vom Schwimmen kaum eine Vorstellung hat, ist ein Selbstmörder, wenn er sich in den Fluß stürzt, um ein Kind zu retten, das am jenseitigen Ufer mit den Wellen kämpft, die es mit ihm zugleich verschlingen werden, so bald er sich ihnen zu nähern wagt. Der kräftige, im Schwimmen geübte Jüngling, der noch daß Aeußerste zur Rettung des Kindes unternimmt, ist ein Held, der die Bürgerkrone verdient. Dies ist auch Lehre des Christenthums. Wir sollen, sagt der Apostel, auch das Leben für die Brüder lassen. Hier wird offenbar nur ein entschlossenes Entgegentreten bei drohender Gefahr verlangt; weiter geht weder die Forderung der Vernunft, noch die Forderung der christlichen Religion. Es bleibt dabei immer die Hoffnung möglicher Erhaltung des Lebens übrig. Dagegen bleibt entschlossenes Wegwerfen desselben ein freiwilliges Sich tödten lassen — Selbstmord, unter welchem Scheine der Seelengröße, der Tapferkeit, der Liebe es auch gepriesen werden mag; und wir wissen es recht wohl, dies sittliche Ungeheuer, das die Fehler in der Cultur so leicht erzeugen und nähren, der Selbstmord, werde von der Vernunft als die grauseste Frevelthat verdammt. Die Achtung vor dem höchsten Zwecke ist mit Gleichgültigkeit gegen die Bedingung, unter welcher er hier — und an das Hier ist der Mensch mit seiner gegenwärtigen Pflichterfüllung gewiesen — erreicht werden kann, durchaus nicht vereinbar. Der Staat kann's daher auch nicht annehmen, wenn sich der Verbrecher dem Tode weihen und auf diese Art eine Sühne seiner Missethat veranstalten, oder wenigstens dem bürgerlichen Gesetze seine Achtung beweisen wollte, weil dem Verbrecher dazu kein Recht zusteht, und weil es für ihn zwar die Pflicht, sich zu bessern, aber keine Pflicht, sich tödten zu lassen, giebt, und weil der Staat die Verbindlichkeit auf sich hat, das Unrecht zu hindern und zu bestrafen und die Besserung zu fördern, nicht aber Befugniß, sie dem Individuo durch Entziehung der Bedingung des

Besserwerdens, also durch Verlust des Lebens, in der gegenwärtigen Ordnung des Seyns unmöglich zu machen. Das Antasten dessen, was nicht angetastet werden soll, und das Schalten und Walten mit dem, worüber wir nicht nach bloßem Gutbefinden bestimmen können, kann nie groß und edel seyn. Man folgere auch aus dem Gesagten ja nicht, daß von uns das Leben des Menschen an und für sich als höchster Zweck angenommen werde. Ich habe mich über diesen hinlänglich erklärt. Eine solche Folgerung, wollte man sie dennoch geltend machen, würde ein Vorwurf seyn, den ich nicht verdiene, und der sich aus den oben aufgestellten Grundsätzen von selbst widerlegt. Ich bleibe fest bei diesen, aber auch fest bei der Behauptung, daß das Leben für die Gegenwart nothwendige Bedingung zum Streben nach dem Höchsten sey. Wir müssen leben, wenn wir die Wahrheit erkennen, wenn wir wohlthätig nach Außen wirken, wenn wir unsere Pflichten erfüllen und uns auf einen höhern Beruf in einer andern Welt vorbereiten sollen, welche der wohl begründete Glaube fest und freudig ergreift, und welche die Vernunft und das Gewissen und die Religion verbürgen. Wir haben jetzt und kennen jetzt keine andern Mittel und keine andern Gelegenheiten und keine andern Kraftübungen, als diejenigen, welche die Gegenwart bietet. Diese also sollen wir nützen, und dies ist nur unter der Bedingung des physischen Lebens möglich. Wann die Zeit sey, wo wir sie lange genug benutzt haben; wann wir ihrer entbehren können; wann wir fähig geworden sind, diejenige Laufbahn zu beginnen, auf welche das Leben und Wirken auf Erden nur vorüben soll — darüber zu bestimmen, das ist eine Aufgabe, die wir nicht lösen können, und die weit über den Gesichtskreis der Sterblichen hinaus liegt; nur der große, ewige, allgemeine Hausvater — Gott allein, der den ganzen Zusammenhang der Dinge und seine heilige Ordnung vollkommen überschaut, der allein weiß dies, der allein kann es bestimmen, der allein kennt die Stunde, wo wir einen andern Platz einnehmen sollen, und der allein hat das Recht, die Menschen sterben zu lassen und zu sprechen: Kommt wieder Menschenkinder! Man hat die Meinung gehegt, daß dem Menschen ein Recht gegeben sey, unter gewissen Bedingungen über sein Leben zu verfügen, und die Selbsttödtung in Schutz genommen, wenn sie aus edlen Beweggungsgründen hervorgeht. Welch ein Irrwahn! -Nie kann, was unrecht ist, recht seyn, wie glänzend und täuschend auch seine Außenseite erscheinen mag, und der Selbstmord bleibt der Culminationspunkt der Pflicht- und Selbstverachtung. Bewahre uns Gott vor einer Sittenlehre, welche das Laster zur Tugend stempelt und den Verbrecher lehrt, seine Missethat mit der Bemerkung zu beschönigen, er habe gute und edle Beweggründe dazu gehabt!

Ich schließe mit der festen, unerschütterlichen Ueberzeugung, daß Alles, was man von einem Rechte über das Leben und von dem Uebertragen und Ueberlassen dieses Rechts an einen Andern sich jemals vorträumte, wirklich nichts als Traumbild sey, so bald wir das Leben und seine Bestimmung im Lichte des höchsten Gesetzes würdigen, welches in uns gebietet. Doch man sucht sich noch auf andere Art mit der gesetzlichen Tödtung zu befreunden. Darüber mehr in meinem nächsten Briefe!

Zehnter Brief.

Wenn wir mit einer würdigen Ansicht von dem Menschenleben jede Hinrichtung unvereinbar finden, so suchen die Vertheidiger derselben die Meinung geltend zu machen, daß sie den höchsten Zweck des Menschen nicht gefährde; daß dieser nach dem Tode auch noch erreicht und wohl besser erreicht werden könne, als hier. Es langweilt beinahe, einen solchen, aus dem Glauben an das Uebersinnliche hergenommenen Grund, den man doch sonst auf dem Rechtsgebiete nicht würde gelten lassen, abzuweisen, da er offenbar nur zur Beschwichtigung des Gewissens herbeigeholt wird. Ist nicht das von Gott gegebene und erhaltene Leben der Beweis, daß der Mensch noch auf dieser Erde und unter diesen Kämpfen und Uebungen bleiben soll? Würde er ihn nicht von diesem Schauplatze haben abtreten lassen, wenn derselbe nicht weiter für ihn nöthig wäre? Kann es jemals recht seyn, daß der Mensch mit dem Herrn und Richter der Welt also spreche: Ich sehe zwar, daß dieser gesunde, rüstige Verbrecher noch lange leben könnte, daß er — wahrscheinlich noch lange leben würde, wenn das Richtschwert nicht seinen Kopf vom Rumpfe trennte. Aber er ist mir auf dem Platze, wohin du, o Gott, ihn gestellt hast, nachtheilig und beschwerlich, für meine irdischen Zwecke hinderlich und nach meinem positiven, von mir gegebenen Gesetze des Todes schuldig; ich schicke ihn daher dir zu, in eine andere Welt, damit ich seiner los und ledig werde, damit ich mein Gesetz — und die von mir gemachte bürgerliche Ordnung nach meinem Gesetze aufrecht erhalte. Leite und bilde du ihn nur in der Ewigkeit weiter; ich kann und mag mich damit nicht befassen, und wenn er wider die Ordnung der Natur früher ankommt, als du ihn gerufen hättest, so wirst du schon Mittel und Wege haben, ihn zu erziehen! Wenn das nicht heißt, in die Ordnung Gottes greifen, so weiß ich nicht, was man so nennen soll. Es waren gewichtige Worte, welche wir in der von dem Herrn Vice-Präsidenten Dr. v. Ammon nach der Hinrichtung des Raubmörders Kaltofen gehaltenen Predigt lasen: „Auch der Unglückliche (Kaltofen) hatte in seinen letzten Stunden keinen andern Trost, als „Gottes erbarmende Gnade; aber leider suchte er sie erst spät. „Diesen Uebergang des Schreckens in die Ewigkeit wende Gott „von uns Allen, nach seiner väterlichen Huld und Liebe ab, er „entferne jede zerstörende Gewalt der Natur von „dem zarten Gewebe unseres hinfälligen Daseyns, er führe uns „in sanfter Ruhe und unter dem heilsamen Wechsel der Furcht „und Hoffnung jener friedlichen Stunde entgegen, wo eine neue „Wiedergeburt unseres Seyns und Lebens beginnen wird. Aber „in dieser Zuversicht wollen wir ihn auch um die himmlische „Wiedergeburt unseres Geistes und Gemüths anflehen; in diesem „Vertrauen wollen wir auch die Gefahren einer späten Besserung „unseres Sinnes und Herzens erwägen; in dieser Erwartung „wollen wir auch eilen, unser Gewissen zu reinigen von den todten Werken, jedes begangene Unrecht zu vergüten, jeden Vor-

„wurf der Unwürdigkeit durch eine fromme Erneuerung des Sin„nes aus unserer Brust zu verbannen." — Ja so ist's; ich sage Amen! — wir Alle sagen Amen! es geschehe also! Aber dazu eben gehört Zeit; dazu bedarf es des Lebens, um seine Mittel zu so großem Zwecke, seine Uebungen, seine Wechsel von Furcht und Hoffnung gebrauchen zu können — und darum sollen wir leben und leben lassen. Es ist mehr, weit mehr, als strafbarer Leichtsinn, einen Menschen dem Tode weihen wollen, auf die Möglichkeit hin, daß diese Unterbrechung der gegenwärtigen Form seines Daseyns ihn in der Erstrebung des Höchsten nicht beeinträchtigen werde. Dies ist der ärgste Mißbrauch, der sich von dem Glauben an Unsterblichkeit machen läßt! Armer blinder Mensch! der die Gegenwart nicht einmal ganz kennt und sich anmaßt, über eine Zukunft zu urtheilen, von welcher ihm jede Erfahrung fehlt, und über den Zusammenhang zwischen Zeit und Ewigkeit mit einer Bestimmtheit abzusprechen, als hätte er die Ordnung des Weltregenten bis in alle ihre Fäden durchschaut! Was bietet er nicht Alles auf, um sich selbst zu beschwichtigen, damit er mit Ruhe könne köpfen und hängen sehn! — —

Also aufs Ungewisse hin, aufs Gerathewohl sollte man in der wichtigsten Angelegenheit verfahren? — Grade bei gewaltsamen Hinrichtungen läßt sich die Sache von einer andern Seite auffassen. Wir glauben mit freudigem Herzen an einen ewigen Fortschritt, aber — an einen naturgemäßen. Weißt du, Mensch, weißt du denn, wann das Kommende sich an das Gegenwärtige anschließen soll? Gott wählt allemal das Beste; und wäre jetzt der Tod besser für den Verbrecher als das Leben - er würde sterben. Wer aber hat dich, Mensch, zum Ausführer eines Gottesrathes gesetzt, von dem dir nichts offenbart ist, und den du dir erträumst, und bei dem du dir mit einem armseligen: Vielleicht durchzuhelfen wähnst? Ich erinnere mich einer gelehrten Abhandlung, in der sogar die unerhörte Behauptung aufgestellt ward, daß Mancher nicht anders als durch Todesstrafe, gebessert werden könne! Welch ein Gedanke! Also, was dem Menschen alle Mittel und die ganze äußere Bedingung der Besserung raubt, das allein soll ihn bessern! Nun so schließe fort: Was ihm den Verstand raubt, soll ihn verständig, was ihm die Gesundheit nimmt, soll ihn gesund, was ihm die Freiheit entzieht, soll ihn frei — was ihm das Leben entreißt, soll ihn lebendig machen! — Ich wünschte, lieber Ferdinand, Du hättest gleich das Werk: Ueber den Einfluß der Sitten auf die Gesetze und der Gesetze auf die Sitten von J. Matter, aus dem Französischen übersetzt, mit Anmerkungen von Dr. Buß — zur Hand und könntest auf der Stelle die Anmerkung S. 371 nachlesen!

Freilich sucht man die Gegenrede fortzuspinnen. „So wäre ja, spricht man, Gott abhängig von des Menschen Thun und Treiben und verlöre, wenn das eben Behauptete wahr ist, seinen Zweck an dem, welcher durch einen gewaltsamen Tod früher zu sterben gezwungen wird, als es vermöge des gewöhnlichen Ganges der Natur geschehen seyn würde; der Mensch bekomme dadurch gleichsam göttliche Rechte, trete der Macht des Ewigen zu nahe und mache seine Gerechtigkeit zu Schanden; es vertrage sich aber nicht mit der ewigen Weisheit und Güte, daß das Heil eines Menschen der Willkühr des Sterblichen Preis gegeben sey; nicht zu gedenken, daß das ganze Argument zu viel beweise, indem ja wohl Niemand das Lebensziel erreicht, welches er erreichen könnte, mithin auch die Reife für den Uebergang in die Ewigkeit nicht, die er erreichen sollte, weil mehr oder weniger den Tod beschleunigende Einflüsse sich aus des Menschen freiem Handeln, aus seinen Verhältnissen mit Andern und aus dem Betragen derselben gegen ihn entwickeln, wodurch er in Erreichung seiner wahren Bestimmung aufgehalten wird." — Ich erinnere mich, noch in nicht längst verflossener Zeit, und zwar in der allgemeinen Lit. Zeit. 14. St. (1831), eine Bemerkung gefunden zu haben, die denselben Einwand wiederholt. Es heißt dort: Die Idee, daß der Staat in den Plan der Vorsehung eingreise, wenn er einen Menschen, der für das Jenseits noch nicht reif sey, tödtet, gehöre zu den rein anthropomorphistischen (anthropopatischen?) Ideen. Sollte, heißt es dort (bezüglich auf das Werk von Lucas), der Mensch wirklich im Stande seyn, die göttlichen Pläne selbst über dieses Leben hinaus zu vernichten, und die Gottheit nicht Mittel genug haben, das etwaige Unrecht, welches der Staat dem Körper zufügte, an der Seele wieder gut zu machen? — Würdevoller und religiöser drückt sich hierüber v. Arnim (Bruchst. über Verbrechen und Strafen Th. 1. S. 137) aus, indem er sagt: „Der mit dem Tode bestrafte Verbrecher hört ganz auf für die Ordnung der Dinge in der bürgerlichen Gesellschaft zu leben, und lebt er dann in einer höhern Ordnung fort, so kann und muß man es der Natur vertrauen, daß ihre weitern Zwecke eben so wenig durch den Tod auf dem Schaffot, als durch andere gewaltsame Todesarten, wodurch so viele Menschen sterben, gestört werden können. Ein heiliges Dunkel verhüllt hier die Bühne, und der Gesetzgeber, sowohl als der speculative Philosoph können nichts Besseres thun, als ehrfurchtsvoll schweigen. Endlich straft der Staat nicht deshalb mit dem Tode, weil er den Delinquenten für unverbesserlich hält, sondern deshalb, weil er die Todesstrafe für das wirksamste Mittel zur Verhütung der schweren Verbrechen und zugleich für dasjenige Uebel hält, welches der innern Schwere derselben am mehrsten entspricht." — Ich sage über die letztere Aeußerung jetzt nichts, die ohne alles Gewicht vor dem Tribunale der Vernunft ist, welche das wahre Recht ausmittelt und Alles, was diesem entgegen ist, abweist, möge es dem Staate noch so nützlich für seine Zwecke scheinen; ich sage nichts davon, daß ich das Gutmachen doch nicht von dem Gange und Zwange — „der Natur" — sondern von ihrem weisen gütigen Urheber erwarten möchte, an dessen Stelle man in unserer Zeit so gern etwas Anderes zu setzen und zu nennen pflegt — ich erinnere nicht, daß die Sache zu wichtig sey, um — „ehrfurchtsvoll zu schweigen" — damit man fernerhin ruhig fortköpfen könne, sondern daß man recht laut sprechen solle, damit es anders werde: allein, theuerster Freund, das kann ich nicht unbemerkt lassen, wie schmerzlich es sey, durch solche schimmernde und gleißende Wendungen die Wahrheit verdunkelt zu sehn. Laß uns doch bedenken, daß wir den Zusammenhang des freien Wirkens von Seiten der Menschen mit dem ewigen Weltplane der Vorsehung zwar nicht vollständig begreifen, wohl aber angewiesen sind, unser Handeln diesem Plane gemäß einzurichten, so weit uns Erkenntniß davon möglich ist; daß von einer Abhängigkeit Gottes von dem Thun des Geschöpfs, ohne die äußerste Absurdität, gar keine Rede seyn — daß aber dagegen auch das freie Geschöpf nie aufhören könne, verantwortlich für das zu bleiben, was es dem im Lichte des Moralgesetzes angeschauten Weltplane gemäß, oder ihm entgegen begonnen, oder unterlassen hat. Daran allein können wir uns halten, sind aber nicht befugt, kühn den fruchtlosen Versuch zu machen, in den Gang der göttlichen Regierung einzudringen, die für uns unerforschlich bleibt. Der Glaube, daß Gott Alles wohl machen werde, soll zwar beruhigen und zum Guten stärken, aber nicht die Pflichtverletzung rechtfertigen und eben so wenig dem unseligen Drange zu Hülfe kommen, die Autorität des positiven Gesetzes über die des Moralgesetzes zu erheben, um jenes in einem gegebenen Falle gültig zu erhalten und dies zum Schweigen zu bringen. Können wir uns überdies nur die Alternative setzen: entweder ist, was wir thun, folglos — oder nicht, und müssen wir bei dem Zusammenhange, in welchem das Universum gedacht wird, vernünftigerweise zugestehen, daß unser jetziges Seyn nicht ohne Folgen für die Zukunft bleiben könne — können diese aber wiederum nur ihrer Ursache entsprechen und dann also nur wohlthätig seyn, wenn unser Wirken gut war, und müssen sie dagegen als nachtheilig von uns gedacht werden, wenn es böse war: so fallen uns die Folgen jeder der heiligen Ordnung Gottes zuwiderlaufenden Thätigkeit zur Last und müssen uns angerechnet werden, mag sie immerhin nachher die göttliche Weisheit zum Besten, also ihrem heiligen Zwecke gemäß leiten. Wenn Feinde mein Haus anzünden, und ich durch Unterstützung meiner Wohlthäter mir ein bequemeres und besseres aufbauen kann, so sage ich den Feinden, was einst Joseph seinen Brüdern sagte: „Ihr gedachtet es böse zu machen, aber Gott hat es gut gemacht" — aber jene sind darum nicht gerechtfertigt. Durchaus nicht danach können und dürfen wir fragen, wie der Weltregent seine heilige Ordnung bei unsern Sünden aufrecht erhalten werde; — sondern darauf allein sollen wir sehen, daß wir dieser Ordnung nicht entgegen handeln, denn wir werden sonst schuldig und können nur schädliche Folgen von der Sünde fürchten (wobei dem einzelnen Subjecte allemal sein Recht widerfährt), also im vorliegenden Falle dem, der tödtet, die strafende Folge seines Thuns, — dem, der getödtet wird, die strafende Folge, welche aus dem fehlerhaften Zustande hervorgeht, in welchem er, als er starb, durch seine Schuld sich befand. Daher blicken wir dem, der in einer bedenklichen, vielleicht offenbar schlechten sittlichen Verfassung in die Ewigkeit geht, mit trüben Ahnungen für sein Schicksal nach — wie sie sich, um nur daran zu erinnern, bei dem Gedanken an die Unglücklichen regen, die im Zweikampfe fielen, also in einer — mit unglaublicher Schonung behandelten Gräuelthat, die immer Menschenmord und Selbstmord zugleich und nicht möglich ist, ohne vorher die Achtung vor dem Sittengesetze einem kindischen — bis zum Wahnsinne tollen Vorurtheile, oder egoistischen Zwecken, oder einer stürmenden Leidenschaft aufzuopfern, wenn wir gleich zugeben, daß die moralische Würdigkeit oder Unwürdigkeit nicht nach Einem Momente im Leben zu messen sey. Uns — und dies muß hier genügen — berechtigt nichts, den stufenweisen Fortschritt des Geistes nach der Trennung vom Körper, ganz der Analogie mit dem gegenwärtigen Leben zuwider, als unterbrochen anzusehn und einen Sprung anzunehmen, der des naturgemäßen Emporsteigens überhebt; uns aber verpflichtet das Gesetz dieser stufenweisen Entwicklung, daß wir sie als warnend oder ermuthigend, als Grund einer heilsamen Furcht oder einer erhebenden Hoffnung zum standhaften Rechthandeln benutzen. Sehr wahr bemerkt Buß zu dem Werke Matters in der oben schon angedeuteten Stelle: „Was läßt sich nicht Alles in das dunkle Jenseits hinein vermuthen, und was hat der Staat diesen Vermuthungen entgegen zu halten?" — Urtheilen wir nicht, um ein Beispiel zur Erläuterung anzuführen, bei jeder Verführung eben so? Behaupten wir nicht, daß der von bösen Eltern vernachlässigte, in Verwilderung und Laster aufgewachsene, in Bosheit und Verbrechen zu seinem Richter übergegangene Sohn unmöglich das Schicksal haben könne, welches der frommen und bewährten Tugend verheißen ist? Wünschen wir daher nicht so sehnlich, daß die Erziehung weise sey und wohl gerathe? Und schreiben wir mithin im Glauben an eine heilige und gerechte Weltregierung der Sünde, d. h. dem Anrichten einer sittlichen Unordnung in dem sittlichen Reiche, dem wir angehören, nicht die traurigsten Wirkungen und Folgen zu, ohne an der unendlichen Macht und Liebe und Weisheit des Regierers zu zweifeln, der überall den Geistern Bahnen zu ihrer Vollendung öffnen kann? Müssen wir das nicht thun, wenn wir nicht einseitig urtheilen und nicht vergessen wollen, er sey heilig, gerecht und unveränderlich? Müssen so nicht selbst diejenigen urtheilen, welche die Sünde für ein Phänomen halten, das in dem Entwicklungsgange sinnlich-vernünftiger Geschöpfe, wie es die Menschen auf Erden sind, nicht fehlen kann? — Wenn ich durch meine Thätigkeit Folgen herbeiführe, welche sich weit hinaus in die Zukunft, wohl gar in die Ewigkeit erstrecken: so wirke ich ja deswegen nicht mit Allmachtskräften, ich habe diese Folgen nicht in meiner Gewalt, sie stehn unter den Gesetzen, welche Gott nach einem ewigen weisen Rathschlusse entwarf und vorzeichnete; allerdings aber sind sie dennoch Wirkungen m e i n e r Thätigkeit, da ich in der Reihe wirkender Wesen stehe und sich keine Wirkung ohne Folge denken läßt. Erlaube mir noch einmal auf den Verführer hinzuweisen. Er gewinnt ein schuldloses Herz; unter seinem Gifthauche wird es verpestet und ein Tummelplatz niedriger Leidenschaften; er entwöhnt es von dem weisen Gebrauche der Besserungsmittel und macht es kalt gegen die Religion und verhärtet es gegen die Mahnungen des Gewissens. Nun kommt der Tod, der Verführte geht zu seiner Vergeltung; er war immer freier Urheber seiner Handlungen, denn er s o l l t e nicht den Verführer hören. Aber — dieser — ist er darum straflos und ohne Schuld? Klebt nicht an seiner Hand das Blut des Verirrten? Wirkt seine Schlangenlist, mit welcher er der Unschuld einst das Kleinod der Tugend und des Himmels Frieden entriß, nicht lange noch, vielleicht noch lange nach dem Tode dessen verderbend fort, der in seine Schlingen fiel? Kann man aber deswegen behaupten, der Verführer habe Gottes Gerechtigkeit zu Schanden gemacht? — Der Verführte büßt nur für e i g e n e Schuld, die fremde wird ihm nicht von dem gerechten Richter aufgebürdet; aber der Verführer gab Gelegenheit zur Schuld und Strafe desselben. So wird der Getödtete nur für seine Schuld leiden, aber das Gesetz, das seinen Tod herbeiführte, entriß ihm mit dem Leben die von Gott gegebene Gelegenheit zur Besserung und sündigt desto mehr an ihm. Wie sollen wir es vertheidigen? Können wir über die Wirkungen der gewaltsamen Lebensberaubung, die es verlangt, anders urtheilen? Entzieht es nicht wirklich mit Einem Schlage alle Mittel des Werdens und Strebens nach dem Höchsten? Wollen wir wähnen, daß Gott von seiner heiligen Ordnung bei dem gerichteten Verbrecher um des positiven Gesetzes willen eine Ausnahme machen werde? Ich sehe, wohin das führt — auf dieselbe Rede des Leichtsinns und der Sicherheit, auf die ich schon einmal aufmerksam machte. Kann Gott, so wird man folgern, und wird Gott dem Bösewicht, der unter der Hand des Henkers stirbt, gnädig seyn, und wird sein höheres Heil dadurch nicht gefährdet, daß ihm die Zeit zu seiner Buße und Bekehrung, die ihm noch übrig gewesen wäre, verkürzt wird und mit allen ihren Heilsmitteln verloren geht: so kann und wird Gott, der von einem Auto da Fe der Menschen und von ihrem: von Rechtswegen, nicht abhängt — auch jeden andern Sünder eben so behandeln können; so ist der Eifer in der Tugend ein Possenspiel; so ist die Vorstellung von Himmel und Hölle und Gericht und Vergeltung ein Hirngespinnst und eine leere Gaukelei, so ist die schändlichste Verführung zum Laster, wodurch ja auch das Leben verkürzt und die Tugendmittel und die Tugendübung in Vergessenheit gebracht und außer Gebrauch gesetzt werden, das Gleichgültigste in Hinsicht auf die Zukunft; — und so hat denn die Sicherheit des verstocktesten Sünders einen Schutzredner gefunden, der ihr tausend Mal willkommen ist, und das Laster steigt frech auf den Thron und sündigt auf Gnade hin. — Oder nenne mit einem großen Sittenlehrer unserer Zeit das Weltgericht „eine fortgehende Entwicklung der moralischen Ordnung der Dinge, die von unserm Bewußtseyn ausgeht und den Lauf unserer Schicksale regelt.“ Du findest immer wieder dasselbe Resultat. Je strenger wir jene Entwicklung, und je lebendiger und klarer wir dies Bewußtseyn denken, desto nothwendiger muß es gefunden werden. Daher paßt auch die angeführte Vergleichung mit der Verführung gar wohl, und ich glaube, daß ihr — also dem größten Unheile, welches der Mensch über den Menschen bringen kann, und wogegen jeder andere an leiblichen Gütern zugefügte Schade für Kleinigkeit zu achten ist — nichts in seinen möglichen — wahrscheinlichen — fast gewissen Folgen so nahe stehe, als die Lebensberaubung, und daß darin ein sehr einleuchtender Beweis für ihre Verwerflichkeit liege. — Der Einwurf, daß wohl Niemand die volle Reife für die Ewigkeit erlange, kann das, was ich bisher beigebracht habe, nicht entkräften. Ich gebe Dir ihn zu; er spricht die alte Klage aus, die nie verhallen wird: Wir sind allzumal Sünder und mangeln des Ruhms, den wir an Gott haben sollten. Was der Mensch, und namentlich der Christ, bei diesem Zustande der Dinge zu thun und zu lassen habe, das wissen wir wohl; nur gehört das Nähere darüber nicht hierher, sondern würde uns weit ab auf ein ganz anderes Feld der Untersuchung führen. So viel aber leuchtet auf der Stelle ein, daß Alles, was wir menschliche Vollkommenheit zu nennen pflegen, nichts sey, als ein reges Aufstreben zu ihr, zu dem Ideale, welches Allen vorgehalten wird; daß wir uns ihm immer mehr nähern, und daß wir eben deswegen weder uns, noch Andern die Mittel, Gelegenheit und Zeit, die zu solchem Streben verliehen sind, verkürzen und verkümmern, sondern sie treu und gewissenhaft benutzen sollen. Bedauern werden wir solche Verkürzungen, wenn sie Irrthum, Thorheit, Leidenschaft herbeiführten; aber sie wissentlich und mit Vorsatz veranstalten — das Leben also mit Absicht rauben wollen, das ist ein Entschluß, vor welchem das Herz bei dem Glauben an den Zusammenhang dieser und der künftigen Welt erbebt.

Je mangelhafter der moralische Zustand des Menschen selbst bei den eifrigsten Bestrebungen und bei der sorgfältigsten Entwicklung seiner Kräfte bleibt, desto zweckwidriger und schädlicher, desto ungerechter und härter erscheint Alles, was ihn durch Menschenschuld um Zeit und Mittel bringt, jene Mängel wenigstens so weit zu vermindern, als er es noch vermag. Obiger Einwurf würde also weit mehr für mich, als gegen mich beweisen. Die Erwartung eines Vergeltungszustandes und eines heiligen, gerechten Gerichts ist Gegenstand des religiösen und vernünftigen Glaubens, und der Grad der Freudigkeit desselben hängt allerdings von dem Grade der Moralität ab, welche die Fähigkeit und Empfänglichkeit für ein künftiges Heil bedingt. Es würde daher nichts als Mißbrauch und Mißdeutung meiner Behauptung seyn, wenn jemand die Folgerung aus derselben herleiten wollte, daß man unter diesen Umständen selbst an der Seligkeit des Edeln zweifeln müsse, dem ein Bösewicht das Leben raubt, — oder der es sogar im Dienste der Pflicht und um der Pflicht willen verliert. Das sey ferne! Der letztere Fall paßt überhaupt gar nicht hierher, weil, wenn der Tod unvermeidlich und nicht Folge der Unvorsichtigkeit und Thorheit des Handelnden war, eben darum, daß dieser in der Pflichtübung, die ihm von Gott befohlen ward, stirbt, auch sein Tod, als von Gott hypothetisch bestimmt, angesehen werden muß. — Auch ist ja eben dies das hohe Glück der Tugend, daß sie bei steter Uebung im Guten auch in steter Fähigkeit sich erhält, das Höhere und Größere zu übernehmen und das Herrlichere zu genießen, was die Ewigkeit darbieten wird. Es geht ihr wie dem gründlich gebildeten Jüngling, der früher, als es gewöhnlich ist, durch ein eigenes, günstiges Zusammentreffen der Umstände, in ein ihm noch fremdes wichtiges Verhältniß tritt, auf welches er sich noch lange vorbereiten wollte — in welches er sich aber dennoch sehr bald findet, eben darum, weil er schon viel geübt ist. Und wie oft mögen selbst die sittlichen Läuterungen, Kämpfe und Anstrengungen der letzten Augenblicke des Guten, der als Opfer der Bosheit fällt, die Uebungen ganzer Jahre aufwiegen und eine Kraft, eine Seelenstärke, einen Muth, einen Glauben entwickeln, die gerade in den letzten Auftritten des Lebens noch schnell ihre schönste Reife erhalten! Mich mahnt bei diesem Gedanken die Erinnerung an Huß, an Calas, an Ludwig XVI. — So sehr dies aber dem Moralisten Gelegenheit giebt, den hohen Werth der Tugend und einer fortwährenden guten, sittlichen Verfassung zu empfehlen, und so fest wir den Glauben halten müssen, daß Gott das Unglück des Frommen, wie hier im Leben, so nach dem Tode ihm zum Segen leiten werde:

so kann uns, die wir mit unserm Wirken bloß an die Gegenwart und an fortgesetzte Vorbereitung auf die Zukunft gewiesen sind, dies alles kein Recht geben, den Menschen zu tödten, oder die Mahnungen des Gewissens durch einen gemißbrauchten — also zum Aberglauben entwürdigten Glauben — zu beschwichtigen, Mahnungen und Vorwürfe, die doch wohl laut genug werden sollten, wenn man vollends Verbrecher hinrichten, also durch den Verlust des Lebens um die Bedingung ihres Besserwerdens bringen sieht, deren sittliche Verfassung entweder augenscheinlich schlecht, oder deren Besserung nur gemuthmaßt und vorausgesetzt, vielleicht nur durch Todesangst erpreßt und von allen Beweisen einer strengen Pflichtübung — wozu offenbar Zeit gehört — entblößt, und die endlich — von uns (wie schon bemerkt) nie ganz zu würdigen und mit Gewißheit zu bestimmen ist. Es ist und bleibt schauderhaft, daß sich der Mensch auf solche Hoffnung hin zum Executor einer Gottesleitung aufzuwerfen wagt!

Man ist jetzt auf diese Idee so aufmerksam geworden, daß man wohl ihre Wichtigkeit sattsam fühlen muß. Im Hesperus Nr. 225. vom Jahre 1825 z. B. findest Du einen lesenswerthen Aufsatz, der, weil Fortdauer nach dem Tode Gegenstand des Glaubens und zwar eines nothwendigen Vernunftglaubens ist, nicht aber auf positiven Gründen ruht, die Todesstrafen bestreitet, indem der Staat nicht die höchste Realität des Menschen (nämlich sein Leben) nehmen dürfe, die er nicht wieder ersetzen kann. Und in der That der Glaube an Fortdauer muß, wenn er richtig gewürdigt wird, von der Vollstreckung des Todesurtheils um so mehr abhalten, je gewisser er ist, und je mehr Hochachtung er eben daher vor der höchsten Realität des Menschen gebietet. Uebrigens weißt Du, daß sich Dr. Günther in der Zeitschrift für Staatsarzneikunde von Henke, 5. Jahrg. 1825, 1. Vierteljahrheft S. 189, gradehin gegen die Todesstrafe erklärt, weil ihre Folgen über die Grenzen der Zeit hinausgehn.

So viel leuchtet Allen ein, Meinungen und Ansichten über die Ewigkeit und über das, was alle Erfahrung in der Gegenwart übersteigt, und was dem Uebersinnlichen angehört, reichen nicht aus, wenn wir die Frage über Recht und Unrecht beantworten sollen, und können bei dieser Untersuchung nicht entscheiden — wohl aber kann der Blick auf das Dunkel der Zukunft, und er soll uns zur Behutsamkeit leiten und desto treuer in der Benutzung der Gegenwart machen; wodurch wir allein für jenes Leben uns würdig vorbereiten können. Kürzer und treffender läßt sich die Sache wohl nicht aus einander setzen, als durch die gewichtige Frage und durch die runde, bestimmte Antwort, welche ein großer Apostel des Herrn uns in den Mund legt: „Sollen wir Uebels thun, auf daß Gutes daraus komme? Das sey ferne!" Und welch eine furchtbare consequente Inconsequenz — wenn ich so sagen darf — würde da hervorgehen, wo wir den Werth der Handlung auf mögliche gute Folgen, die sie vielleicht begleiten können — gründen, oder wenigstens ihre Zweideutigkeit und den Zweifel an ihrer Rechtmäßigkeit zu beschönigen und zu beschwichtigen anfangen, so bald sich eine nützliche Folge vermuthen läßt. — So müßten wir am Ende gar den bekümmerten Vater, der die steigende Verwilderung seines ungerathenen Sohnes mit Jammer und Herzeleid sieht, noch loben, wenn er dem Buben, der seine Zucht verachtet, den Dolch ins Herz stößt, in dem Glauben, daß er jenseits, der Versuchung der Welt entrissen, eine Leitung finden werde, die ihn zurückbringt zu Gott und zu der Pflicht? Läßt sich die seligste Hoffnung, die ein Menschenherz erfüllen kann, schlimmer mißbrauchen, als so? Möchten die Menschen Alles von einer unendlichen Barmherzigkeit erwarten lernen, damit sie muthig kämpfen und kräftig handeln; aber möchte es ewig ferne von ihnen seyn, den hohen Glauben auf solche Art anzuwenden, um durch denselben ihrem Eigenwillen Vorschub zu thun, ihre Pflichtübung sich nur möglichst bequem zu machen und Gott zu überlassen, was sie zu thun nicht Lust haben. Möchten sie nicht vergessen, daß wir, wir selbst handeln — nicht aber das, was uns obliegt, und was wir zu thun angewiesen sind, auf Gott zurückweisen sollen, damit der vollende, was wir zu beginnen und fortzusetzen zu träge waren. Wende dies auf unseren Gegenstand an. Wir haben kein Recht, den Verbrecher in die höhere Schule der Ewigkeit zu schicken, wohl aber die Pflicht, ihn in die Schule der Gegenwart zu nehmen, die uns die Vorsehung geöffnet hat, und da die verwilderte Pflanze zu warten, in der Hoffnung, daß Gott sein Gedeihen geben werde zu dem, was wir treulich pflegen und begießen. Die Menschenhand darf sich nicht über die Grenzen der Zeit hinaus an den großen, ewigen Zusammenhang der Dinge legen wollen. Dies ist ein schreckliches Beginnen! Hoffen und Handeln — diese doppelte Aktivität müssen wir sorgfältig unterscheiden. Wo es auf ein Menschenleben ankommt — also — immer laß uns daß wiederholen — auf die Bedingung unseres Werdens, Wirkens und Strebens, da müssen die festesten Principien uns leiten, auf daß wir nicht irren; da müssen wir uns sagen: es gebe keinen Sprung in der Natur — auch nicht in der moralischen Ordnung der Dinge, damit wir feste Schritte thun; da müssen wir das gleichmäßige, dem Gesetze des Denk- und Willens-Vermögens der Menschen angemessene Fortschreiten vom Kleinen zum Großen, vom Niedern zum Höhern nicht übersehn; da müssen wir der alten Wahrheit gedenken, die, wenn irgend wo, grade hier ihren rechten Platz und ihre Stelle findet: „Wie der Baum fällt — heißt es — so bleibt er liegen." — Also denn: wo wir hier aufhören, da fangen wir dort an! —

Denke Dir nun den Gerichteten! — Auch er wird dort nur so anfangen können, wie er hier endete. — Möge auch immerhin die Entfesselung vom Leibe und das Heraustreten aus den Schranken der Sinnlichkeit eine gewaltige Veränderung in der zum neuen Leben erwachten Seele bewirken: eine neue, augenblickliche Schöpfung, ein wundervolles Austilgen aller hier genährten und gepflegten Neigungen, Wünsche und Bestrebungen ist nicht zu erwarten. Mit dem Aufhören unserer Verbindung mit der Sinnenwelt, vermittelst des Körpers, hören zwar die Objecte in derselben auch auf, unmittelbare Gegenstände des Begehrungsvermögens und Reizmittel des Willens zu seyn: allein das sittlich Gute, oder das sittlich Böse, was sich der Geist in jener Verbindung aneignete, und die Richtung, welche er dabei genommen hat, müssen doch nothwendig bleiben und seine Brauchbarkeit für das neue Verhältniß bestimmen, wenn das gegenwärtige

Leben Vorübung und als solche nicht verloren — und wenn das künftige Leben Fortsetzung und Vergeltung seyn soll. Auch die Puppe bedarf einer bestimmten Zeit, um als Schmetterling zu erscheinen. Störe sie — und ihre möglichst vollendete Ausbildung erfolgt nie. An dem möglichen guten Erfolge unserer Bemühungen, den Sünder zu bessern, dürfen wir aber nie und unter keinen Umständen verzagen. Die Verbesserlichkeit des Menschen bezweifeln, ist unvernünftig, ist ein Hohnsprechen der Erfahrung und Lästerung Gottes und der Menschennatur und Ausgeburt eines eigenen, im Laster und Schlechtheit befangenen Herzens. Daher hinkt auch der für Manchen vielleicht blendende Vergleich auf jeder Seite, welchen man zur Rechtfertigung der Todesstrafe von einem kranken Gliede entlehnt, das vom Körper getrennt wird, um diesen zu erhalten. Nicht das kranke, der Heilung noch fähige, sondern das total verdorbene, aller Empfänglichkeit für Ernährung und Heilung unfähige Glied löst der verständige Arzt ab. Ist der Mensch das geworden — gut! dann schaffe ihn weg. Aber weißt Du, was er dann geworden ist? — Ein Teufel. Er hat mit der Verbesserlichkeit seiner Natur die Menschennatur ausgezogen. Ist dem aber so? Siehst Du denn nicht, daß er ein Mensch ist, wie Du? Kann er aufhören es zu seyn? — Du denkst ihn als unverbesserlich und als Teufel, um ihn tödten zu können, und seinen vernünftigen Geist wie einen brandigen Fuß am Körper, um Dir unter seinem Hochgerichte ein Liedlein vorzusingen, das Deinem Gewissen ein X für U machen soll. Doch sage man auch, was man wolle, und denke man, wie man wolle — es ist, wenn ich sehr gelinde sprechen soll, wenigstens die äußerste Gefahr vorhanden, daß die Todesstrafe von unendlichem Einflusse sey und mithin rücksichtlich ihrer Einflüsse auf den künftigen Zustand — zu einer ewigen Strafe werden könne. Von dem moralisch-religiösen Standpunkte, von welchem aus wir dieselbe betrachten, läßt sich fast kein anderes Resultat gewinnen, was man auch noch dagegen erinnern möchte. Mit Materialisten, so wie mit denen, die von einer Rückkehr und von einem die Persönlichkeit im strengen Sinne offenbar vernichtenden Uebergange ins unermeßliche All sprechen, haben wir es hier nicht zu thun, und hätten wir es, so müßten auch sie wenigstens jene Gefahr zugestehn, denn die Todten kommen nicht wieder, und was sie selbst uns nach ihrer Ansicht von der Ewigkeit sagen, kann uns doch für nichts Anderes, als eben — für ihre Ansicht gelten. Auch mag ich ein Argument, das tief in metaphysische Speculationen einführen und auf das Feld des Uebersinnlichen leiten würde, hier nicht urgiren, wo es uns an andern klaren, entscheidenden Gründen nicht fehlt. Aber so viel ist gewiß, daß obige Vorstellung, selbst dann, wenn die Realität ihres Inhalts nur als möglich gedacht würde, das zarte Gewissen nothwendig von dem Verhängen der Todesstrafe abschrekken müsse, und diese Möglichkeit — muß jeder zugeben, der nicht über Dinge absprechen will, welche über alle Erfahrung hinaus liegen. Kann aber unter solchen Umständen eine Strafe entsetzlicher und verwerflicher seyn, als die, bei der eine innere Stimme ahnungsvoll an unzuberechnende Folgen mahnt? Daß man die Sache von dieser Seite wirklich auffaßt, beweisen auch die von mir schon früher erwähnten Todesvorbereitungen der Delinquenten, durch welche man offenbar den möglich nachtheiligen Wirkungen vorzubeugen sucht, welche die gewaltsame Lebensunterbrechung auf die Seele äußern könnte. Man ahnt Gefahr für diese und fühlt, was dem Sünder noth thut. So dachte man nicht etwa nur in Zeiten, wo der Aberglaube eine lichtere Erkenntniß verdunkelt hatte, und wo man wähnte, durch ein äußeres Werk den Himmel wohlfeilen Preises erkaufen zu können; man urtheilt noch immer so, weil man der Vernunft und Schrift gemäß nicht anders urtheilen kann. — Und dennoch erbaut man Blutgerüste? — Ohne den Glauben an die Verbesserlichkeit der menschlichen Natur und an Vergeltung nach dem Tode wären jene Vorbereitungen sehr werthlos. Haben wir aber diesen Glauben, so ist ihre Unterbrechung, die Willkühr, die sie auf eine gewisse Zeit beschränkt und gleichsam portionenweise zumißt, eine grausende Härte, welche an den Arzt erinnert, der von der Möglichkeit der Genesung eines Kranken und von der Kraft eines Heilmittels überzeugt ist, ihm auch davon reichen läßt, aber, anstatt den Gebrauch des Mittels fortzusetzen, bis die Genesung erfolgt, auf ein Mal dem Kranken Gift giebt und sich so der Mühe zu heilen und zu retten überhebt. Wie paßt eine solche Bekehrung mit dem Urtheile, das sonst über Bekehrungen der Art gefällt wird? Wie paßt mit der anerkannten Nothwendigkeit einer wahren Besserung die so oft gemachte Aeußerung, der Delinquent sey ohne Reue und ohne Zeichen der Bekehrung, mit den entschiedensten Merkmalen vorherrschender Lasterliebe gestorben? Also ließ man ihn doch gehn! Vielleicht, weil man müde ward, sich länger mit ihm zu befassen, oder weil das subordinirte bürgerliche Gesetz keine längere Frist verstatten und nicht warten wollte, auf die Anforderungen des absoluten, nothwendigen, heiligen Moralgesetzes? Und also mußte der höchste Menschenzweck dem politischen Zwecke weichen? Sollte das Nachahmung des Weltregenten seyn, der seine Hände ausstreckt den ganzen Tag zu einem Volke, das ihm nicht sagen läßt und widerspricht? Dieser Gott sollte uns wirklich und wahrhaftig kein Mittel sehen und finden lassen, so zu strafen, daß wir noch strafend ihm in seiner Heiligkeit und Güte ähnlich seyen? — Wie läßt sich das gesetzliche Bearbeiten des Herzens eines Delinquenten und zugleich das gesetzliche Entziehen aller Besserungsmittel vereinigen? Ist Besserung eine Sache, die sich nach dem Kalender bestimmen läßt? Giebt es einen Criminalcodex, der den terminum gratiae peremtorium, wie ihn alte Dogmatiker benennen, ausfündig gemacht hat? Ist solch ein Halbwerk an dem Herzen des Delinquenten, verbunden mit seinem Hinopfern, nicht mehr als anstößig, da, wenn es von einer Seite noch so gut gemeint, und das Einzige ist, was der, welcher das Gesetz nicht umstoßen kann, für den Unglücklichen noch zu thun vermag, von der andern Seite diejenigen empört, die darin eine Verspottung der Sorge für das Seelenheil finden, die man aufgiebt, und um die man sich nicht weiter kümmert, sobald die Trommel und das Arme-Sünderglöckchen sich hören lassen? Oder wie? — eilt man darum vielleicht mit Unterricht, Trost und Ermahnung zum Missethäter, weil man wohl fühlt, was man ihm schuldig sey, und weil man in den letzten ihm geleisteten Stunden geschwind noch etwas von dieser Schuld abtragen will, ohne ernsten Willen zu haben die ganze Schuld zu berichtigen? — Doch der Fragen genug! Es wird mir sehr weh um's Herz, wenn ich unsere Schaffote und Galgen mit solchen Betrachtungen anschaue. Aber sie liegen so nahe und sind so wichtig, daß ich wünschen muß, tief eingehn in sie möge Jeder, der den Blutgerüsten noch das Wort redet. Laß mich für heute schließen. Nur noch den Gruß treuer Liebe!

Eilfter Brief.

Je weniger der freudige fromme Glaube an Unsterblichkeit, an persönliche Fortdauer und Vergeltung mit der Todesstrafe vereinbar ist, desto einleuchtender muß es jedem Unbefangenen seyn, daß zwischen ihr und dem Verbrechen, unter welchen gravirenden Umständen es auch begangen ward, nie und nirgends ein richtiges Verhältniß statt finde. Die Bestrafung der Sünde, die vollkommene Ausgleichung der moralischen Unwürdigkeit mit dem Schicksale des schuldigen Subjects eben so, wie die vollkommene Ausgleichung der Glückseligkeit mit der moralischen Würdigkeit gehört vor Gott; für sittliche Schuld büßt das Gewissen; für äußere Strafmittel kann das menschliche Auge keinen vollkommenen Maaßstab finden. Der bürgerliche, menschliche Richter hat es bloß mit Verletzungen äußerer Rechte zu thun. So wie sich aber die Rechtsverletzung nur in den durch Zeit und Raum bedingten Verhältnissen der Menschen zeigt, so soll auch nur in diesen Grenzen die Strafe mit ihren Wirkungen sich halten, nicht aber, wie dies bei der Tödtung der Fall ist, über dieselben hinausgehn, wodurch sie dem Verbrechen unangemessen werden muß und die Regel der Gerechtigkeit überschreitet, welche schon Cicero empfohlen hat: Sunt autem quaedam officia etiam adversus eos servanda, a quibus injuriam acceperis; est enim ulciscendi et puniendi modus. — Außer dem Leben giebt es kein Gut, dessen Verlust, wie ich schon öfter bemerkt habe, die einzig mögliche Bedingung gradehin entzieht, dem höchsten Menschenzwecke entgegen zu streben — selbst auf den Verlust des freien Verstandesgebrauchs darf sich hier Niemand berufen. — Der Verbrecher, worin auch seine That bestand, nahm, als er fremdes Recht verletzte, Etwas, was dem Beleidigten bisher Mittel seiner Bildung und Uebung war — Gesundheit, Ehre, Vermögen, Freiheit — aber immer nahm er nur einen Theil dieser Mittel: die Todesstrafe nimmt Alles — die ganze Bedingung aller sittlichen Uebung. — Der Verbrecher nimmt das Ersetzbare — Ehre, Geld, Wohnung, — die Todesstrafe nimmt das Unersetzbare. — Der Verbrecher, wenn er nicht gemordet hat, raubte das zum Streben nach dem Höchsten und absolut Nothwendigen nicht unbedingt Nothwendige; auch nach der Beraubung bleibt dem Beleidigten die moralische Uebung — nur die Form derselben hat sich geändert. Einst öffnete Reichthum — nun die Armuth, einst Gesundheit — nun Krankheit, einst Freude — nun der Schmerz das Feld der sittlichen Uebung. Dagegen entzieht die Todesstrafe das zum gegenwärtigen sittlichen Streben schlechthin Nöthige. Der Verbrecher raubt das Zeitliche — die Todesstrafe zieht sich hinüber in das Ewige — ein Zugeständniß, das wir nach den gegebenen Erläuterungen selbst von dem fordern müssen, dessen Urtheile die Farbe des Leichtsinns tragen; kann er doch wenigstens die Gefahr unabsehbarer Folgen nicht leugnen. Sage man mir jetzt, wo das richtige Verhältniß zwischen Verbrechen und einer solchen Strafe nachzuweisen sey? Wenn Du den Besitzer einer Million, welcher einen Pfennig gestohlen hat, mit dem Verluste seiner ganzen Million gestraft sähest: so würdest Du und alle Welt über Ungerechtigkeit und über Gewaltthätigkeit schreien. Mit Recht! Und dennoch bliebe auch in in diesem unerhörten Falle die Strafe noch in den Grenzen des Ersetzbaren. Was ist eine Million Thaler gegen das Leben? Was das Recht auf jene gegen das unverletzliche Unrecht auf dieses? Es wäre noch kein Eingriff in die nothwendige Bedingung des Strebens nach dem höchsten Menschenzwecke geschehen. Dies aber ist die Todesstrafe, und darum kann die Vernunft sie nun und nimmermehr recht heißen. — Hier scheint sich indessen ein Ausweg für ihre Vertheidiger zu öffnen. Sie meinen, daß doch zwischen jener und dem Verbrechen des Mordes wenigstens ein wahres und richtiges Verhältniß eintrete, daß es gar billig sey, daß derjenige, welcher einem Andern Unrecht zugefügt hat, eine diesem Unrecht angemessene Strafe leide, daß es aber für das durch den Mord zugefügte Unrecht keine andere angemessene Strafe gebe, als die Vollziehung des Todesurtheils an dem Mörder. Allein so scheinbar dies auf den ersten Blick seyn mag, so schnell verliert der ganze Einwurf Kraft und Gewicht, wenn wir ihn unbefangen beleuchten. Die Frage ist die: ob es überhaupt recht sey, ein Menschenleben unterbrechen und verkürzen zu wollen, — um den Willen handelt es sich hier! — Nein! antwortet die Vernunft, im klaren Bewußtseyn des in ihr gebietenden Gesetzes. Und nun — wie soll und kann das je recht werden, was sie als unrecht unbedingt verwirft? Unbedingt! — merke das ja! Wie in aller Welt kann es recht werden durch ein positives Gesetz, das doch dem Moralgesetze untergeordnet, local und temporell und nur ein Kind der Zeit und der Sitte ist? Wie kann eine Strafe, die in einem schlechthin verbotenen, dem Moralgesetze zuwiderlaufenden Akte besteht, wie kann sie durch die juridische Form geheiligt werden? Und wollte der Mörder dem Gemordeten, oder seiner Familie, oder dem Staate, oder dem positiven Gesetze sein Leben zur Sühne bieten — wir haben schon gesehen, sie könne nicht angenommen werden, da der Verbrecher über sein Leben nicht disponiren, es nicht veräußern und die Pflicht es zu erhalten nicht aufgeben — und der Staat nicht zulassen — noch weniger fordern kann, daß er an sich selbst Unrecht durch Unrecht strafen lasse. Man sagt, der Mörder gehe auf Vernichtung alles Rechts aus, darum müsse er sterben. Allein auch bei dieser Wendung, welche genommen wird, um die Hinrichtung zu rechtfertigen, gewinnt das positive Gesetz nichts, das ja eben darum in dem Verbrecher nicht auch alle Rechte vernichten soll, weil es selbst diese Vernichtung verdammen muß, und weil es darauf ankommt, daß er auf dem Wege anderweiter gerechter Strafe sich die Aufgabe stellen möge, zur Achtung von ihm verletzter

Rechte zurückzukehren. Da nun überdies der Zweck niemals das an und für sich schlechte und verwerfliche Mittel heiligen kann — in welcher Gestalt es auch angewendet werde — so sind Hinrichtungen auch bei begangenem Morde — und wäre er unter den abscheulichsten der abscheulichste — nicht zulässig, sonst würde man, die Sache vom Standpunkte der Moral betrachtet, dem Verbrecher thun, was er dem Gemordeten that — nämlich Unrecht. Hierbei dringt sich mir die Bemerkung auf, wie oft die, welche bei Rechtsfragen nur das Factum und die Verletzung der äußern Rechtssphäre im Auge behalten und dabei die Stimme der Moral und der Religion zum Schweigen verweisen wollen, dennoch - freilich sehr inconsequent! — zu Gunsten der Hochgerichte uns gern auf den äußersten Grad sittlicher Verderbtheit eines Missethäters hinweisen und gleichsam triumphirend uns fragen, was ein solcher Bösewicht Anderes, als — wär' es möglich — einen zehnfachen Tod verdient habe? Ein ekelhaftes Geschwätz für den ruhigen Forscher; und — wenn die, welche sich so vernehmen lassen, die moralischen Zustände des Verbrechers ganz zu würdigen vermöchten, würden sie dann leugnen können, daß sie ungeheure Blößen geben und nichts für ihre Meinung gewinnen? Es lassen sich nur zwei sittliche Zustände des Verbrechers annehmen; entweder er ist jetzt, nach seiner That, gebessert, oder er ist es nicht. Laß sie uns beide betrachten, lieber Ferdinand, und dann unparteiisch und unbefangen urtheilen. Uns ist die Sache von hoher Bedeutung, wie gleichgültig sie auch denen erscheint, welche die positive Gesetzgebung der Aufsicht des unbedingt nothwendigen Moralgesetzes entziehen und daher von dem letzten und höchsten Zwecke der Strafe — von der Besserung nichts hören wollen. Ist der Verbrecher gebessert — worüber jedoch der einzelne Mensch so wenig, als der Staat, sich ein entscheidendes Urtheil anmaßen kann — oder kann wenigstens aus triftigen Gründen präsumirt werden, daß er sich gebessert habe: — so würde die Hinrichtung eine alle Beschreibung übersteigende Härte seyn. Der Staat soll dem Staatsbürger behülflich werden, das Höchste zu ergreifen, und darum die Willkühr zügeln und beschränken, damit sie durch Vernichtung des äußern Rechtszustandes die Entwicklung des sittlichen Lebens nicht störe. Soll er denn nun aufhören, zu seyn, was er seyn soll, der Pfleger und Beförderer des Heiligen — Statthalter Gottes auf Erden — indem er einem Systeme, einem politischen Zwecke, einem Herkommen, einem einmal bestehenden Gesetze zu Gefallen am Leben straft und also vernichtet, was er nicht angreifen, sondern in Jedem schützen soll? Soll er das Werk, dessen Förderung ihm obliegt, gewaltsam unterbrechen und in seinen eigenen Eingeweiden wühlen? Soll er ein Mitglied des Staatsvereins zu einer Zeit aus der Gesellschaft der Bürger stoßen, wo es angefangen hat, einen ehrenvollen Platz unter denselben einzunehmen? Soll er dem Gärtner gleichen, welcher den kranken Baum stehen ließ und ihn dann, wenn der Schade, den er erlitt, geheilt ist, und wenn er herrliche Blüthen treibt und kostbare Früchte verspricht, abhaut, darum — weil er früher ein Mal krank war? Sein Herr wird es ihm wahrhaftig nicht danken! Nun würde es vielmehr ganz offenbar die Pflicht des Staates seyn, Alles beizutragen, was Menschen möglich ist, und was in Menschenkraft steht, damit das angefangene gute Werk gedeihe, und das einst schädliche und verbrecherische Mitglied als ein wohlthätiges und ehrwürdiges im Staatsvereine lebe, wirke und nütze. Wollte man noch erinnern, daß alsdann, wenn auch der Verbrecher sich gebessert habe und in seiner Moralität die sicherste Garantie für die Zukunft und für die Ueberzeugung gebe, daß der Staat rücksichtlich der äußern Sicherheit nichts von ihm zu fürchten, wohl aber das Beste zu hoffen habe, seine Hinrichtung doch erfolgen müsse, um dem Gesetze, das sie verlangt, Genüge zu leisten, das Ansehen desselben aufrecht zu erhalten, die Heiligkeit desselben darzustellen, seinen Drohungen Nachdruck zu verschaffen und das Recht zu sichern — so fällt dieser Einwurf in sich selbst zusammen, da wir ja eben bewiesen haben, beweisen und noch beweisen wollen, daß ein Gesetz, welches die Todesstrafe verhängt — nicht vom juridischen Standpunkte aus, das sage ich nicht, denn es hat da seine volle Begründung seit Alters her und ist allerdings Rechtens — aber von unserm Standpunkte aus —, nicht existiren, also für sich und seine Drohung und seine Autorität keine Genugthuung fordern solle, weil es etwas mit dem Moralgesetze Unvereinbares verlangt, und weil sein Ansehn also moralisch ungültig und vernichtet ist, und zu obigen, an und für sich sehr nöthigen, nützlichen und weisen Zwecken andere Mittel und andere Strafen angewendet werden müssen. Laß uns aber, Freund, jetzt den andern Fall annehmen — denn auf jenen Einwurf komme ich später noch ein Mal zurück — laß uns annehmen, der Verbrecher sey, nach allen Gründen, die hier gelten können, fortwährend ungebessert, so ist die Hinrichtung noch tausendfach schrecklicher, wenn hier anders eine Stufenleiter angenommen werden kann. Ach, mit den unverkennbarsten Merkmalen der Bosheit und des Frevels hat man ja oft genug dem Schaffote seine Opfer zugeschleppt! Welche Aeußerungen frecher Wildheit, welcher Trotz, welcher Groll und Haß, welche Verspottung alles Heiligen — welche Verzweiflung hat oft den Verurtheilten zur Todesstätte begleitet! Man sah das, man hörte das — aber das bürgerliche Gesetz überschrie das Gebot des Weltrichters, einer Seele vom Tode zu helfen und, wo wir können, die Menge der Sünden zu decken — und der Kopf des Frevlers, des Spötters, des Verzweifelnden flog auf die Erde; in seinen Sünden ward der Elende hinüber geschickt, von wannen keine Rückkehr ist. Dr. Gall erzählt von einem Verbrecher, der aus vollem Halse lachte, als er zum Richtplatze geführt ward, weil er nach seiner Aussage an das saure Gesicht dachte, das eins seiner Schlachtopfer gemacht habe, welchem er geschmolzenes Blei in den Hals gegossen hatte. — So ließ man diesen sterben!! — Die ungeheuern, unmenschlichen Martern, mit welchen man sonst die Verurtheilten zu Tode quälte; das Gefühl, verlassen von allen Menschen zu seyn; die Schrecken der Gegenwart, mit den Schrecken der Zukunft gepaart, mußten noch ganz vorzüglich geeignet seyn, solchen Zustand zu begünstigen und das Herz gegen die Menschen so zu empören, daß es zu nichts unvorbereiteter, als zum Tode, seyn konnte. Führt die Hinrichtung einer vergeltenden Ewigkeit entgegen, so schaudert man vor dem bloßen Gedanken zurück, einen Menschen in einer Verfassung getödtet zu wissen, bei der ihm

Vernunft und Schrift nur Trauriges weissagen können. Oder wie? ist die Seele des rohen Verbrechers weniger werth, als die des ungerathenen Kindes, für dessen Rückkehr zur Tugend die treue Elternliebe arbeitet und sorgt und denkt und betet? Soll an ihm nicht geschehen, was der Staat für Andere durch polizeiliche Anstalten, durch bessere Schuleinrichtungen, durch den Schutz der Kirche bezweckt? Soll er bei ihm nicht Elternstelle vertreten? — Grade der boshafteste Mensch sollte mit der größten Sorgfalt bearbeitet und erhalten werden; er ist der kränkste und bedarf der Hülfe am meisten. So paradox es auch klingen mag, so richtig ist die Behauptung in dem Buche: Friedrich Styndall oder das verhängnißvolle Jahr von Keratry, aus dem Französischen von Storch, wo auch über Todesstrafen viel Wahres gesagt wird. „Es giebt nichts Entsetzlicheres, als mit kaltem Blute grausam „seyn. Es ist grausamer, einen Bösewicht, als einen tugendhaf„ten Mann, weit grausamer, einen Anytus, als einen Sokrates, „zu tödten. Ja im Sinne der Gerechtigkeit der Jahrhunderte „wäre das Unrecht, einen Alba, oder Jeffryes aufs Schaffot zu „bringen, weit größer gewesen, als einen Don Carlos, oder un„sern würdigen Algernon." Daher auch das sehr verschiedene Gefühl, mit welchem wir von der Hinrichtung des Tugendhelden und von der Tödtung des Bösewichts hören. Für beide regt sich unser Mitleid; aber es mischt sich bei jenem mit großen Hoffnungen einer nahen Herrlichkeit, bei diesem mit düstern Ahnungen einer dunkeln Zukunft. Ich kann mich nicht enthalten, die inhaltschweren Worte Jesu niederzuschreiben, die er einst aussprach, als Haß und Vorurtheil ihn anklagten, daß er Menschen, die man für schlecht hielt, nicht den Zutritt zu sich versage: Die Gesunden, sprach der Herr, bedürfen des Arztes nicht, sondern die Kranken. — In seinem Sinne kann's nicht gehandelt seyn, wenn man die gottlosen Verbrecher brevi manu expedirt. Mußte man es doch fühlen, es sey mit dem vernünftigen Menschen etwas ganz Anderes, als mit dem schädlichen Thiere, das man todt schießt, um sich gegen seine Angriffe zu schützen!

Zwölfter Brief.

„Die Basis wahrer Sittlichkeit ist die Consequenz. Schiller im Wallenstein sagt: Es giebt kein anderes Unrecht, als den Widerspruch." Mit großer Freude las ich vor kurzem diese Worte in einer sehr bekannten Zeitschrift. Auch für die Gesetzgebung, auch für das Urtheil über Todesstrafen sind sie goldne Worte. Es ist mir immer sonderbar vorgekommen, daß selbst sehr entschiedene und gewichtige Gegner derselben doch — in einzelnen, wenn auch noch so speciellen Fällen — eine Ausnahme zulassen. Eine einzige Ausnahme zu Gunsten dessen, was unrecht ist, wenn sie als statthaft nachgegeben wird, zernichtet alle Consequenz der Beweisführung und droht, Alles umzustürzen, was für die Autorität des Sittengebots gesagt war, das sich nun einmal von seiner allgemeinen Gültigkeit nichts abdingen und abhandeln läßt, da es auch allgemein gelten soll. Wer dies übersieht, geräth leicht auf den Gedanken, daß der Hochverrath mehr noch, als selbst der Mord, eine solche Ausnahme rechtfertige. Er ist abscheulich, bis zum äußersten Grade, gleichsam Inbegriff aller verbrecherischen Thaten des Bürgers, der sich zu jeder Gesetzesverletzung fähig erklärt, indem er sich, darf ich so sagen, an den Schlußstein des ganzen Staatsgebäudes in niederträchtiger Treulosigkeit vergreift. Allein wenn das größere Uebel auch die strengsten Maaßregeln fordert, und der Staat, der Pflichten gegen sich selbst hat, diesen Pflichten durch die ihm um derselben willen zustehende Strafgewalt, durch das energische Einschreiten begegnen wird: so führt doch das consequente Festhalten an richtigen Principien bei der Bestrafung des Rebellen, des Majestätsverbrechers, des Landesverräthers nur wieder auf dasselbe Urtheil. Er kann einen Bürger nicht frei in dem Vereine leben lassen, der gegen ihn gleichsam in abgedrungener Nothwehr steht, und dessen geheiligte Ordnung jener mit Füßen tritt; aber er ist als Institut, dessen Erhaltung die Vernunft selbst fordert und heiligt, zu übermächtig, als daß es ihm an Mitteln fehlen könnte, sein

Bestehn zu sichern — was auch der Erfahrung völlig gemäß ist, da so oft die eigentlichen Urheber des Frevels leben blieben, unterdessen nur ihre Helfershelfer und die blinden Werkzeuge ihrer Missethat bluteten.

Wenn, woran ich hier erinnern muß, der Verf. der Schrift vom Justizmorde das Leben einem bloß irdischen Zwecke niemals geopfert wissen will, sondern nur da, wo eine Nothwendigkeit der Vernunft die Aufopferung fordert, sie pflichtmäßig findet (S. 66), so ist wohl zu bemerken, daß die Vernunft die Realisirung ihrer Zwecke nie an Bedingungen, die ihr entgegen sind, knüpfen kann, weil sie sonst im Zwiespalte mit sich selbst wäre. Auch verlangt sie nur, daß wir um der Pflicht willen die unvermeidliche Todesgefahr nicht scheuen und den Tod ertragen, wenn er uns von Außen so aufgedrungen wird, daß wir ihm ohne Pflichtverletzung nicht entgehen können. — Nun hält aber der Verfasser — unbegreiflich ist es und unvereinbar mit der hohen, ehrwürdigen Stellung des Staatsoberhauptes — er hält die Machthaber sogar für verbunden — um der Stimme des Volks zu genügen — der öffentlichen Meinung einen Verbrecher aufzuopfern (S. 72) und also — gegen das Gewissen zu handeln, — ganz wie jener römische Prätor, der ja auch von der Meinung abhing, als er den Heiligen Gottes verdammte — und statuirt (S. 57) bei gewissen Verbrechen eine absolute Nothwendigkeit der Todesstrafe. Schade, Jammer und Schade, daß der gelehrte und scharfsinnige Mann seinem Werke die schönste Perle aus der Krone gerissen und es um die hohe Ehre der Darstellung einer unbedingten sittlichen Verwerflichkeit der Todesstrafen gebracht hat! Eine absolute Nothwendigkeit des absolut Unrechten ist absolut das Undenkbarste unter dem Undenkbaren vom sittlichen Standpunkte aus, und ein Moralgesetz, das Ausnahmen gestattet, hört auf zu seyn, was es seyn soll. Er beruft sich (S. 62) auf menschliche Autoritäten — und scheint bei einzelnen Fällen in der Todesstrafe ein Opfer zu erblicken, welches der Pflicht gebracht wird, oder — was noch schlimmer ist — er giebt dem Drange der Umstände nach. Bei einer Untersuchung aber, welche bloß danach fragt, was Recht sey, kann gar nicht die Rede von den nächsten, äußern Folgen seyn, welche das Rechtthun haben wird; die sind Sache dessen, der uns zum Rechtthun berufen hat. In Zeiten der Revolution — denn bei ruhigem gesetzlichem Aendern der Staatsverfassung können Handlungen der Gewalt nicht vorkommen — mag den Häuptern der sich constituirenden Partei wohl daran gelegen seyn, daß das Haupt der Gegenpartei falle; das mag auch nützlich für ihre Zwecke seyn, aber darum ist es doch in aller Ewigkeit noch nicht recht. Es mag seyn, daß ein Parteihaupt, welches — „die Söhne des Brutus nicht hinrichtet, sich nur kurze Zeit erhält" (S. 58), aber Brutus — verzeihe mir der gelehrte Verfasser um der Wahrheit willen, die er hochschätzt! — erscheint hier sehr klein vor dem Richterstuhle der Moral im Lichte des Christenthums und einer erleuchteten Vernunft und nach dem Maaßstabe, den wir anlegen, wenn auch noch so groß, beurtheilt nach den Ansichten seiner Zeit und nach der Meinung seines Volks. Ihn bewundert der nur, welcher, wie er, keinen andern Gott hat, als die bürgerliche Constitution. Es ist und bleibt eine nicht zu verkennende Inconsequenz, wenn man das Rechtthun, das auf innern Gründen ruht, nach der Größe, oder nach der Unbedeutenheit äußerer Erscheinungen bestimmt. Wer noch den Willen hat, um politischer Zwecke willen zu tödten — der wird, wenn wir ihm das Richteramt überlassen, uns bald genug demonstriren, daß immer der Fall, in welchem er jetzt richten soll — nothwendig Blut fordere. — Wenn das Standrecht, das ja nicht nothwendig eine Hinrichtung, sondern nur eine sofortige Vollstreckung eines Urtheils seyn soll — in einzelnen Fällen dringend nothwendig werden kann: so sind hier, wenn irgendwo, auch die dringendsten Gründe vorhanden, daß das Urtheil sich nur in dem Bereiche des Ersetzbaren hält und keine Strafe verhängt, welche eine restitutio in integrum unmöglich macht. Ein schauderhaftes Beispiel wird in der Leipziger Zeitung (Nr. 236. 1827) erzählt. Vielleicht hast Du es übersehn; hier im Kurzem die entsetzliche That: Auf der Ebene von Grenelle ward in fünf Stunden das Todesurtheil über einen jungen Mann, Namens Brüllmann, aus dem Canton Thurgau, der im siebenten Garderegimente, einem

Schweizer-Regimente, sechs Jahre musterhaft und tadellos gedient hatte, ausgesprochen und vollzogen, weil er auf einem Posten des Carrousselplatzes einem Betrunkenen, der sich ihm nahete, die Uhr geraubt hatte, welche er unter dem Schilderhause verbarg. Das Zeugniß des Betrunkenen blieb unbeachtet. Die einzigen gültigen Zeugen, die man anerkannte, waren zwei Damen, die, eben über den Platz gefahren, das Geschrei: „Diebe!“ gehört und die Schildwacht sich bücken gesehn hatten, die sodann etwas unter das Schilderhaus warf. Hier fand man die Uhr. Der Unglückliche ward erschossen. — O, edler Sellen, möge deine Stimme mit der Stimme deiner Geistesverwandten bald gehört werden! — Gott gebe ihr Kraft und erlöse die Welt von dem Uebel! — Ich schweige davon, daß grade das Standrecht die furchtbarste Aussicht auf Schreckensscenen der Uebereilung und der Willkühr öffne. Hat die Vorzeit noch nicht genug gelehrt, und steht in den Jahrbüchern der Geschichte nicht mit blutigen Zügen geschrieben, wohin es dann erst kommen könne, wenn in weniger Menschen Hand, vielleicht in der Hand eines Einzigen und in wenigen Augenblicken der Zeit, die Wagschaale sich bewegt, in welcher über das theuerste Eigenthum des Menschen abgewogen wird? In der Dresdner Morgenzeitung Nr. 103. v. J. 1827 lesen wir, wie Herzog Alba die schändliche Blutsentenz über die Grafen Egmont und Hoorne fällen ließ, und wie er sich selbst rühmte, daß er während seiner Regentschaft über die Niederlande 18000 — schreibe achtzehntausend — Menschen der Hand des Henkers überliefert habe. — Das war oder hieß ja damals — auch „von Rechtswegen!“ — Allerdings wird jeder, der das Standrecht übt, auf eine Regel seines Handelns und auf das Legale desselben hinweisen, das ist wahr. Aber diese Regel ist genau nach dem Moralgesetze zu bestimmen, damit man nicht mit Entsetzen auf die Regel und auf ihre Befolgung blicken müsse. Schnelle Gerechtigkeitspflege ist eine große Wohlthat — aber, ich denke an Schillers Ausspruch in seinem Wallenstein:

„Ein Wort nimmt sich, ein Leben nie zurück!“

— Es ist ohne Weiteres entschieden, daß, wenn in einem einzelnen Falle zu Gunsten irgend eines Privatzwecks — und auch

Staatszwecke, mögen sie in die Zeiten des Friedens, oder des Krieges fallen, sind Privatzwecke im Gegensatze gegen den allgemeinen höchsten Menschenzweck — eine Ausnahme von der allgemeinen nothwendigen Regel des Moralgesetzes statuirt wird, so hat man schon mit ihm gebrochen und ihm die schuldige Achtung aufgesagt und den Weg gebahnt, dasselbe in hundert und aber hundert andern Fällen auch zu thun. Wehe dem Staate, wo der Rebell ungeahndet seinen Frevel begeht! Aber auch die Ahndung des schwärzesten Verbrechens findet im Sittengesetze ihr höchstes leitendes Princip; der Bösewicht soll gestraft werden, doch daraus folgt die Nothwendigkeit nicht, ihn als sittliche Person in der Erscheinungswelt zu vernichten. Daß übrigens der Staat über nicht abzuwendende Gefahren, — gegen welche laut der Erfahrung aller Jahrhunderte auch die Todesstrafe nicht sichert — nicht verantwortlich sey, das bedarf keines Beweises, doch werden wir späterhin noch etwas darüber sagen. Nur muthe ihm das Gesetz nicht zu, ein Hülfsmittel zu ergreifen, welches vor dem Richterstuhle der Moral keine noch so geübte, kluge und scharfsichtige Politik und selbst der glücklichste Erfolg nicht rechtfertigen wird. Auf den Krieg, auf den ich noch ein Mal zurückkomme, darf man sich am wenigsten berufen. Er ist Zustand der Gewalt, und aus diesem lassen sich nicht die innern Gründe des Rechts ableiten. Jetzt nur noch eine Frage, deren Beantwortung — oder vielmehr deren Unbeantwortlichkeit das Mißverhältniß zwischen dem Verbrechen und der Todesstrafe, wo nicht beweisen — doch das richtige Verhältniß sehr zweifelhaft machen kann.

Man pflegt zuweilen von einer leichten Todesstrafe zu reden. Weiß man denn, lieber Ferdinand, weiß man davon so sicher zu reden? Weiß man wirklich, wie wenig — oder wie viel der Verurtheilte leiden muß? Weiß man, wie der Organismus des Einzelnen afficirt wird? Hat man Begriffe von der Qual, die man ihm zufügt und von dem Schmerze, den man ihn fühlen läßt? Kann man die Dauer desselben mit Sicherheit bestimmen? Ist das Leiden, was sich äußerlich und eine Zeit lang erkennen läßt, nicht vielleicht das geringste? Ist es gewiß, daß die Marter vorüber sey, wenn der Henker den letzten Stoß gegeben, wenn der Scharfrichter den blutigen Streich geführt hat, wenn der Kopf auf der Erde liegt? Sind einzelne Urtheile von der — sogenannten — Leichtigkeit mancher gewaltsamen Todesarten hinreichend, um ein allgemeines Urtheil darauf zu bauen? Sollten wir uns nicht auf den Organismus und seine zum Theil so unerklärliche Aktivität und auf das innere Wesen des Menschen zurückweisen lassen, das der dunkeln Partien so viele für uns hat? Wie manche traurige, furchtbare Ahnung möchte uns von dorther kommen, welche das Schauderhafte der Hinrichtungen und zugleich den Mangel eines richtigen Verhältnisses zwischen dem Verbrechen und einer solchen Strafe desto klarer und das Gefühl ihrer Abscheulichkeit und Verabscheuungswürdigkeit desto lebendiger machen, es berichtigen und verstärken muß! Da öffnet sich dem Forscher ein weites Feld! Der Richter aus der Vorzeit, mit nichts ausgerüstet, als mit seiner Gesetzsammlung, mit seinen Compendien alter und neuer Lehrer, mit seinen Fiktionen von Naturstand, Naturgesetz und Gesellschaftsvertrag, mit seinem legalen: „von Rechtswegen“ — er mochte daran nicht denken; aber der menschliche, vielseitig gebildete, denkende Richter, der tiefer zu blicken gewohnt ist, er, der Mensch — der Christ — der denkt daran. Gott sey gepriesen, an solchen Richtern fehlt es unserer Zeit nicht! Darum aber sind auch Stimmen genug laut geworden gegen den gewaltsamen Tod, wo sonst tausend Stimmen: Blut! riefen, und immer wieder: Blut! Urtheilen und strafen kann und will und soll der Richter — was würde, fragt man mit vollem Grunde der Wahrheit, was würde aus dem Staate werden, wenn die Verbrecher dem positiven Gesetze durch Berufen auf mehr oder minder sichere Resultate anthropologischer und psychologischer Untersuchungen entschlüpfen könnten? Der Mann, welcher das Gesetz handhabt, soll der ruhigste Beobachter, unbefangen, unverweichlicht seyn — das wissen wir. Aber auch nur der Möglichkeit sich hingeben, daß er eine Hölle baue für den Andern — das kann, das will, das soll er niemals. Die weit geförderte Wissenschaft sichert seine Schritte auf dem gesetzlichen Gange; in seine Seele kann der leichtsinnige Gedanke gemeiner Menschen nicht einziehen, daß aus den Leiden eines Schurken nicht viel zu machen sey, da es Gute und Fromme genug gebe, die unter quälenden Schmerzen auf ihren Siechbetten der Erlösungsstunde Jahre lang entgegen harren.

Auch Buß in seinen Anmerkungen zu Matters Werke S. 371 spricht hierüber ein sehr ernstes Wort. „Der Staat, sagt er, weiß, wie die Physiologie zeigt, nicht ein Mal das Maaß der Schmerzen, das er dem Leibe zufügt, wie viel weniger das der Leiden der Seele. Sollte die Stummheit der Leichen entschuldigen oder beruhigen?“ Wem nicht größere Werke zu Gebote stehn, der wird in dem Aufsatze in der Sachsenzeitung N. 262. v. J. 1833 — „Die Guillotine,“ wo von den Leiden des Hingerichteten noch nach der Hinrichtung die Rede ist, vielen Stoff zum Nachdenken finden!

Man hat freilich die unmenschlichen Gräuel der brutalsten Grausamkeit, welche die Marter künstlich auf ganze Tage zu verlängern, oder im glücklichern Falle sie wenigstens Stunden lang auszudehnen wußte, und für welche die Sprache kein Wort hat, sie in ihrer Verworfenheit darzustellen, aus allen gebildeten Staaten verbannt. Das zeigt, wie sehr man empfinde, das alte, morsche Gebäude einer barbarischen Strafart könne nicht mehr bestehn. „Man hat, um die Worte des unvergeßlichen Reinhard auf den vorliegenden Fall anzuwenden — man hat mit Recht gegen das Verdacht geschöpft, was dem unverdorbenen Wahrheitsgefühle und den allgemein gebilligten Grundsätzen der Vernunft, die wir im gemeinen Leben befolgen, zuwider scheint.“ Möchte man aber dem alten Baue nur nicht hie und dort noch Stützen untersetzen, gegen welche der bessere Zeitgeist sich längst gesträubt hat! Möchte man mit kluger Behutsamkeit, aber dennoch mit frommem Muthe ohne Anstand wegräumen, was dem Untergange verfallen ist.

Wer übrigens auf Punkte der Art gar nicht eingeht und uns immer wieder sein gewohntes Lied von weichlicher Humanität und von nothwendigem Uebel vorsingt, der dürfte wohl zu denen gehören, die, um Alles bei dem Alten zu lassen und von dem bequemen Polster eingesogener und wohl genährter Vorurtheile nicht aufzustehn, lieber köpfen, als unter Anstrengungen und Aufopferungen bessern wollen. Ihnen ist alles dies eine Predigt vor tauben Ohren; sie machen uns eine mitleidig-stolze Miene, murmeln etwas von zusammengeflickter Stubengelehrsamkeit und gehn an ihr Geschäft, oder zu ihren Vergnügungen. „Was geschah, ist recht, ruft die Afterphilosophie des Lebens und der Schule; die Stabilität wird krebsartig kanonisirt und zur geschichtlichen Vernunft erhoben" — eine Stelle aus dem neuesten Werke des Herrn Vice-Präsidenten Dr. v. Ammon, die Dir im frischen Andenken ist und uns jene Menschen aufs Treffendste zeichnet.

Zwar suchen edle Fürsten durch Anwendung des Begnadigungsrechts, dessen sie sich so gern bedienen, dem Vernunftrechte den Sieg über das positive, ein Menschenleben fordernde Gesetz in einzelnen Fällen zu verschaffen. Aber dies Begnadigungsrecht selbst beweiset, wie oft das Mißverhältniß zwischen Verbrechen und Todesstrafen zu stark hervortrat, als daß es übersehn werden konnte. Ich würde daher noch einen Augenblick bei ihm verweilen, wenn ich nicht fürchten müßte, Dich zu lange aufzuhalten. Also im nächsten Briefe mehr darüber!

Dreizehnter Brief.

Man hat das Begnadigungsrecht oft — aber gewiß mit Unrecht, getadelt. Ist es freilich Folge und Beweis der Unvollkommenheit menschlicher Gesetze überhaupt, so müssen wir es doch, da diese Unvollkommenheit nicht zu vermeiden ist, und unmöglich jede eigenthümliche Modifikation der verschiedenartigsten einzelnen Fälle unter Ein Gesetz gebracht werden kann, auch abgesehn von der Todesstrafe stets in Ehren und aufrecht erhalten, so gewiß wir wünschen müssen, daß lieber hundert Schuldige ungestraft bleiben, als daß Ein Unschuldiger gestraft werde. Sehr wahr heißt es in Vollgraff's vermischten Abhandlungen: „Das Begna-

„digungsrecht muß als ein unveränderliches Souveränitätsrecht „eben so fortbestehen, wie die gesetzgebende Gewalt selbst, weil „kein vollkommenes Strafgesetzbuch existirt“ — und ich möchte nimmermehr die Behauptung noch ein Mal hören, die einst von einem unserer Bekannten aufgestellt ward, das Begnadigungsrecht sey nichts als eine willkührliche, gesetzlose Aufhebung der Gesetze, also Unrecht von Rechtswegen. Bei Verurtheilungen zum Tode ist nun aber dies Recht für hochherzige und edle Fürsten, die mit Widerwillen und Abscheu auf solche Urtheile sehen, wenn sie ihrer Unterschrift zur Bestätigung vorgelegt werden, noch ein, wenn gleich seltener, doch immer, wo sie davon Gebrauch machen können, unendlich erquickender Trost, den ihnen kein guter Bürger rauben möchte, und wie vielem Unglück ist dadurch schon vorgebeugt! Wie viele Elende sind dadurch gerettet! Wie oft ist so der Beweis gegeben, daß der begnadigte Missethäter ein guter Bürger und ein dankbarer, treuer Diener seines Fürsten ward, unterdessen das Hinopfern eines Schuldigen nicht verhinderte, daß zehn andere Verbrecher in seine Fußstapfen traten und dem Gesetze Hohn sprachen. Allein das ist traurig, daß das Begnadigungsrecht durch das Fortbestehen der auf den Tod erkennenden Gesetze überhaupt noch nöthig ist. Unnöthig in dieser Hinsicht sollte es seyn — und es wird unnöthig, so bald jene Gesetze nach den Forderungen des unbestochenen Gefühls, des Vernunftgebots, des Gewissens und der Religion außer Kraft treten. Man sieht aber zugleich, wie es denjenigen, die uns die Todesstrafe, besonders bei begangenen Mordthaten, als Naturgesetz — in ihrem Sinne — und also als nothwendig anpreisen, sehr schwer werden müsse, in der Praxis mit sich consequent zu bleiben, wenn sie jenes wohlthätige Recht nicht gradehin verwerfen. Ist ihre Theorie richtig, so muß ihnen die Ausübung desselben rücksichtlich des vorsätzlichen Mörders allerdings als ein Vergehn des Fürsten gegen den Unterthan und gegen das Gesetz erscheinen. Nun gab es freilich solche consequente Rigoristen, und ich zweifle gar nicht, daß es noch Menschen geben möge, welche eben so urtheilen, und welche deswegen dem weisen und frommen Regenten gern das Recht zu begnadigen aus den Händen winden würden, wenn nicht glücklicher Weise ihnen das Vermögen dazu fehlte; aber das ist nicht zu übersehen, daß auch in dieser Rücksicht das grade, richtige, natürliche Gefühl sicherer leite und fester begründet sey, als die Spitzfindigkeit künstlich aufgeführter Systeme, deren Urheber, um das Ansehn ihrer Prinzipien zu retten, von Gnade nichts hören und sehen wollen. Herrlich spricht es sich in der Bemerkung aus, welche der Verfasser des Walladmor (B. 3. S. 270) bei der Scene macht, wo der alte Vater zwischen den Forderungen des Gesetzes und der Liebe in seinem Verhalten gegen einen verbrecherischen Sohn schwankt — „grade „im Kampfe mit dem menschlichen Rechte und menschlicher „Schwachheit lag der letztern das göttliche Recht zum Grun„de." Freilich sagen sie, die Begnadigung mache den Verbrecher nur kühner, aber ich antworte, daß selbst in diesem Falle die Schuld nicht auf die Begnadigung — einen Act des wahren Rechts, das vor Gott gilt — sondern auf das Gesetz komme, welches Forderungen macht, die kein Menschengesetz machen soll. — Was dagegen unsere Aufmerksamkeit ganz verdient, ist die unverkennbare Erfahrung, daß die Billigung des in Anwendung gebrachten Begnadigungsrechts und mithin die Abneigung der Regenten und der Spruchkollegien gegen die Todesurtheile — in den freien, unbefangenen Urtheilen gebildeter und gelehrter Männer und denkender Rechtskenner, so wie aller wahrhaft edlen Bürger, eine freudige Anerkennung ihres Werths finde. Wir sehen darin eben so, wie in der Verminderung der Hinrichtungen und in der Sorgfalt der Untersuchungen, in der Zulassung aller möglichen Vertheidigungs-, Rechts-, Rettungs- und Hülfsmittel bei Fällen, wo auf den Tod erkannt werden soll, in der oft unverkennbar peinlichen Bangigkeit, die zu jeder Anstrengung aufruft, dem Gesetze ein Opfer zu entreißen — wir sehen in dem Allen den Beweis, daß sich mehr und mehr die Ueberzeugung aufdrang, es finde zwischen dem Verbrechen und der gesetzlichen Tödtung keineswegs ein Verhältniß statt, dessen Richtigkeit so sicher ausgemittelt ist, wie man sonst wohl zu glauben geneigt war. Hier aber finden wir auch die Spuren eines glücklichen Fortschritts zum Bessern und weissagen uns in froher Hoffnung eine Zukunft, die durch Trägheit im Denken und starres Festhalten an veralteten Institutionen nie wieder die Stumpfheit Wurzel schlagen läßt, die ein so schreiendes Mißverhältniß gar nicht einmal empfand, und die allein es erklärlich macht, daß man, um unter der großen Menge trauriger Beispiele nur dies zu erwähnen, im Jahre 1507, wie Baur in seinem historischen Raritätenkabinet erzählt, zu Navarra auf die Aussage zweier Kinder 150 Zauberinnen verurtheilte; daß man, wie der verehrungswürdige v. Schubert in seiner Reise durch das südliche Frankreich und durch Italien berichtet, unter Ludwig XIV. gegen 10000 Menschen, nach Aufhebung des Edicts von Nantes, gerädert, gehängt, lebendig verbrannt hat; daß man es ertragen konnte, wie die verübte Grausamkeit sogar in einem christlichen Tempel verewigt ward, wo Gerechtigkeit und Liebe gepredigt werden soll — in Lübeck ließ man über dem Kirchstuhle, in welchem einst ein Senator ermordet ward, die eiserne Walze einmauern, mit welcher dem Mörder die Eingeweide aus dem Leibe herausgehaspelt waren. Welch eine Verruchtheit — die sich damals mit der Ehre der Gerechtigkeit gebläht und die Frechheit gehabt haben mag, dem Vater im Himmel zu sagen: „das habe ich in deinem Namen gethan!" Nein, Ferdinand, einen solchen Rückfall wollen wir nicht fürchten; wir wollen uns den tröstenden Gedanken bewahren, solch ein Scheusal für unsere Mitwelt das Spießen, Verbrennen, Viertheilen ist, so unerträglich werde ihr und der Nachwelt das Hängen, Erschießen und Köpfen werden und bleiben; es müsse das Todesurtheil die Todesstrafe selbst treffen; es müsse endlich dahin kommen, wo die Regenten nicht mehr auf Begnadigung in einzelnen Fällen beschränkt sind, wo vielmehr das eiserne, verrostete Blutgesetz sich überall unter dem heiligen Gebote der Pflicht beugt und sich von ihm den Abschied geben läßt. Freilich, dann wird man erstaunen, daß die Zeit so lange dauern konnte, wo man, ohne zu tödten, den Staat nicht sichern und ihn nicht aufrecht erhalten zu können glaubte. Diesem starren Wahne allein sind, wie einem blutdürstigen Götzen, unzählige Opfer gefallen! Leider kann, wie Buß S. 464 sagt, ein verfassungsmäßig fixirter geschichtlicher Moment die ganze Zukunft eines Volks mit seiner Cultur und seinen Kräften tyrannisiren. Aber sie sind Menschenwerke, jene Gesetze — aus finstern Jahrhunderten geboren und in lichtern Jahrhunderten von der Macht der Gewohnheit, der kleinlichen Furcht, der Ueberschätzung des Alten und vom Vorurtheile gepflegt und genährt. Gebe Gott, daß die Wahrheit das Werk der Finsterniß, das sie schon in seinen Grundfesten erschüttert hat, bald, recht bald und ganz und auf immer zerstöre!

O, passi graviora, dabit Deus his quoque finem!

Ich umarme und grüße Dich.

Vierzehnter Brief.

Sogar die Sicherheit des Individuums im Staatsvereine hört offenbar auf hinlänglich geschützt zu seyn, wenn das zum höchsten Zwecke, als Bedingung seiner Erreichung, unentbehrlichste Gut, das Leben, in den Händen des Geschöpfs ruht und also wirklich nicht mehr unter allen Bedingungen auf den Schutz rechnen kann, welcher für ein unveräußerliches Gut gefordert werden muß. Sonderbar! Man will Sicherheit für die unentbehrliche Bedingung des menschlichen Strebens durch Ausnahmen erzielen, welche diese Sicherheit unsicher machen. Nicht also! Kann ein Gesetz unter gewissen Bedingungen ein Gut nehmen, welches unveräußerlich ist, so ist dies Gut gefährdet; so muß das Individuum die Sicherstellung des Unveräußerlichen an positive — also arbiträre Bedingungen geknüpft sehn und sich einem Gesetze fügen, das nicht bedingungsweise, sondern unbedingt — also sittlich verwerflich ist; so muß es die durch die Todesstrafe gar noch nicht einmal gesicherte Hoffnung, sein Leben gegen die Anfälle anderer Individuen geschützt zu wissen, um einen Preis erkaufen, auf welchen

Niemand eingehn darf. Jedes positive Gesetz ist im Gegensatze gegen das Sittengesetz ein arbiträres — nicht, als wäre es das Ergebniß einer flüchtigen Laune, sondern so fern es von subjectiven Ansichten, von Bedürfnissen des Orts und der Zeit ausgeht und daher auch Veränderungen unterworfen ist, das Sittengesetz dagegen als allgemein gebietend und allgemein gültig, unveränderlich und in einem absoluten Ansehn erscheint. Wenn hier der Diebstahl mit dem Strange, dort mit Gefängniß bestraft wird; wenn eine Nation und ein Zeitalter ein großes Auto da Fe, und zwar von Rechtswegen, als heilsame Strafe, beiläufig auch als einen Akt zu Gottes Ehre erkennt, und wenn eine andere Nation und ein anderes Zeitalter darin nichts als ein Scheusal erblickt, das der Wahn aberwitziger Zeloten und die Machinationen der Herrschsucht und des Ehrgeizes hervorriefen; wenn man hier räderte, dort verbrannte, hier nur viertheilte, wo man dort zur gesetzlichen Zugabe mit glühenden Zangen zwickte, hier kunstmäßig den Kopf abschneidet, dort ertränkt, oder todtschießt, so ist dies Alles willkührliche Bestimmung. In Frankreich wurden Falschmünzer sonst mit dem Tode bestraft, jetzt, so viel ich weiß, nicht mehr. Es gab eine Zeit, wo den Hugenotten die Haut abgeschunden, der rohe Körper mit Schwefel eingerieben und an eisernen Ketten über glühende Kohlen angehängt ward — und eine Zeit, wo man die Todesstrafe mit Geld abkaufen konnte und von ihr frei gesprochen ward, hatte man nur — lesen gelernt! In Hamburg ward zu Ausgang des sechszehnten Jahrhunderts ein vierzehnjähriger Knabe geköpft, weil er einem Rathsherrn die Fenstern eingeworfen hatte; in Spanien war es bei Todesstrafe verboten, die Königin anzurühren, selbst wenn sie selbst nur auf diese Art aus einer Todesgefahr gerettet werden konnte. Buß erzählt in Beziehung auf Ordonnanzen französischer Könige, daß sonst mehr als 115 Vergehn mit dem Leben gebüßt werden mußten — der Buchhändler oder Buchdrucker, der ein Buch ohne vorgängige Erlaubniß verkauft, ein Bürgerlicher, welcher gejagt hatte — er war dem Tode verfallen. — Bei dieser Feststellung des Begriffs der Willkühr kann ich behaupten, das Leben ruhe, wo auf den Tod erkannt wird, in der Hand des Menschen; er bestimme, wann und unter welchen Bedingungen ein Individuum zu tödten sey. Die Bemerkung, der Staat oder die Gesammtheit der Bürger habe es so beschlossen, ändert hier, wie ich schon früher bemerkte, nichts und ist eine Redeformel. Es giebt in jedem Staate und muß in jedem Staate, in welchem Ordnung herrschen soll, einen legislativen Körper geben; von ihm gehn die Gesetze aus. Aber wenn er dabei noch so umsichtig und selbstdenkend verfährt und noch so ernstlich das Beste sucht: so kann er doch nur seinen Einsichten folgen, die darum noch nicht die Ueberzeugung Aller vermitteln, und nimmt er andere Gesetzsammlungen zu Hülfe, so trifft er auch nur auf subjective Ansichten, wie groß auch die Autorität des Alterthums und der Gelehrsamkeit ist, die sie für sich haben. Daher kann auch die bürgerliche Gesetzgebung nicht bloß verbessert werden, sondern sie ist wirklich oft und vielfältig verbessert, wogegen Verbesserlichkeit und Veränderung des Moralgesetzes, in dessen Anerkennung Alle zusammentreffen, ein bloßer, purer Unsinn ist. Das, was bleibend in dem positiven Gesetze ist, können gewisse allgemeine Principien des Rechts seyn, welche die Vernunft als allgemein gültige aufstellt, und wobei der Gesetzgeber dann nur darauf zu sehen hat, daß er in der Anwendung derselben auf einzelne Fälle keinen Mißgriff thue. Diese Prinzipien, wie sich schon früher zeigte, begründen auch eigentlich das, was im positiven Gesetze unverletzlich und heilig ist; die übrigen, ihnen zwar entsprechenden, wenigstens nicht widersprechenden lokalen und temporellen Bestimmungen desselben können nur nach ihrer Zweckmäßigkeit und Brauchbarkeit gewürdigt und beurtheilt werden. Da indessen der Gesetzgeber ein Mensch, also eingeschränkt ist und irre gehen kann: so ist es allerdings möglich, daß der Bürger auch bei dem anscheinend noch so zweckmäßigen und weise berechneten Gesetze beeinträchtigt werden könne. Dies muß er sich aber und wird es sich als Folge der Unvollkommenheit und Mangelhaftigkeit aller menschlichen Ordnungen und Einrichtungen gefallen lassen. Es giebt keinen vollkommenen Staat in der Erscheinung und kann und wird keinen auf der Erde geben. In so fern muß der Bürger also, will er die Vortheile des Staatsvereines genießen, einen Theil seiner Freiheit und seiner Rechte, seiner Bequemlichkeit, seiner Vortheile und seiner persönlichen Interessen aufopfern und sie dem Urtheile und der Bestimmung (d. h. nach obiger Erklärung der Willkühr) eines Andern überlassen, doch nur so weit, als es sich um Rechte handelt, die er an Andere übertragen **kann**, weil die Erreichung seines obersten und höchsten Zwecks damit besteht, wohl gar dadurch erleichtert wird. Sieht er sich aber Gesetzen unterworfen, die, weil die Vernunft dagegen entscheidet, und weil sie die Entwicklung seines innern Lebens aufheben, indem sie ihm die äußere Bedingung dazu entziehn, welches offenbar bei denen, die auf den Tod erkennen, der Fall ist: so kann er zwar unter gewissen Umständen in die Lage kommen, wo er, durch äußere Gewalt **gezwungen**, sich die Vollziehung eines solchen Gesetzes gefallen lassen **muß** — denn jeder Gerichtete ist einem äußern Zwange anheim gegeben — aber als moralisches Wesen kann er nicht darein willigen, daß sein Leben, als unveräußerliches Gut, mit andern Gütern, über welche der Mensch disponiren kann, und deren Verlust, oder Beschränkung, oder Verminderung das jetzige Streben nach dem Höchsten nicht nothwendig unterbrechen, in Eine Masse geworfen werde, und kann es für keinen Fall irgend einem Menschengebote verpfänden. Darüber nun, daß die **Sicherheit des Lebens zu den unverletzlichen Rechten der Natur gehöre**, kann kein Zweifel obwalten, denn ein solcher würde durch die innersten, entscheidendsten Aussprüche des Gemüths bald zurückgewiesen werden. Gott hat die Unverletzlichkeit jenes Rechts sogar den Thieren gelehrt, die instinktmäßig ihr Leben vertheidigen und es nur der Uebermacht aufopfern. Ist nun der Staat eine Anstalt **zunächst** zum Behufe der öffentlichen Sicherheit, und ist, wie Hr. Dr. Krug in seiner Rechtslehre sagt — Schutz — nämlich Schutz des Rechts — das Erste, was er zu leisten hat (S. 270): so muß sich doch dieser Schutz namentlich und vor allen Dingen auf die Sicherstellung **desjenigen** Guts beziehen, ohne welches alle übrigen für das Individuum keine Bedeutung haben können, und muß daher ein **unbedingter** Schutz für Jeden seyn. Keiner kann die Anwartschaft und das Recht darauf aufgeben und verlieren — Keinem kann es verweigert, nie kann es von willkührlichen Bedingungen abhängig gemacht werden. Auch ist es offenbar widersprechend, darin ein Schutzmittel des Unveräußerlichen finden zu wollen, was grade auf Vernichtung dieses Unveräußerlichen ausgeht.

Die Frage, wie der Staat das Leben schützen solle, pflegen die Vertheidiger der Todesstrafe bei diesem Punkte gar zu gern einzumischen, weil sie aus einer ihnen nicht genügenden Antwort Vortheile für die Sache zu gewinnen hoffen, die sie nicht aufgeben wollen. Ich berühre sie, um den Verdacht zu vermeiden, als wünsche ich, sie zu umgehn; aber ich muß bemerken, daß sie so wenig, als eine besondere Erörterung derselben, zu unserer Untersuchung gehöre, von der sie die Aufmerksamkeit nur auf einen ganz andern Gegenstand ableitet. Wenn der Moralist lehrt: Du sollst nicht lügen! so folgt nicht nothwendig, daß er sich grade jetzt mit dem Lügner und auf seine verwegene Frage einlassen müsse, wie man ohne Lüge durch die Welt kommen solle. Wenn ein Arzt das von einem andern Arzte verordnete Medikament aus guten Gründen verwirft, so folgt daraus noch nicht, daß er es sey, von welchem die Anordnung eines bessern Heilverfahrens ausgehn soll. Es ist etwas Anderes, die Gründe einer Behauptung prüfen und erhärten — und etwas Anderes, die Mittel nachweisen, durch welche ein Zweck erreicht werden soll. An sich betrachtet ist das Ausmitteln der zweckmäßigsten Sicherungsmittel, welche der Staat anzuwenden hat, eine der gewichtigsten Aufgaben, mit deren Lösung sich Theoretiker und Praktiker beschäftigen. Wollen *wir* aber nicht durch tieferes Eingehn in dieselbe auf ein fremdes Feld gerathen, so genügt uns die Bemerkung, daß zu jenen Mitteln die Todesstrafe nie gehören solle, weil sie an sich verwerflich ist. Daß es dem Staate an ausreichenden Mitteln, Schutz und Sicherheit zu verschaffen, nicht fehlen *könne*, das erhellt schon aus seiner Nothwendigkeit. Er ist von der Vernunft gefordert, er *soll* seyn und muß daher auch bestehn und die Zwecke, welche die Vernunft durch ihn erreichen will, auf eine den Prinzipien der Vernunft gemäße Art wirklich erreichen *können*, da dieselbe nicht sich selbst widersprechen und nicht ihren Zwecken durch unheilige Mittel nachzustreben gebieten kann. Wir können daher auch mit vollem Rechte sagen, daß, so gewiß es eine sittliche Weltordnung giebt, so gewiß ist es, daß die Todesstrafe zur Sicherung des Staatsbürgers nie nothwendig seyn könne.

Du weißt, mein Ferdinand, wie dies selbst durch die Geschichte nachgewiesen ist, daß wir die Erfahrung getrost als Zeugin für unsere Behauptung aufrufen dürfen. Solche Nachweisungen, wie Staaten Jahre lang sicher und ruhig ohne Todesstrafe bestanden, sind ungemein erfreulich und belehrend; aber ich übergehe, was Dir hinlänglich bekannt ist, was schon Beccaria und der freisinnige, menschenfreundliche Hommel und viele Andere nach ihnen von den Regierungsperioden der Kaiserinnen Elisabeth und Catharina rühmen, was außerdem Lucas in seinem Werke nach der Samhoberschen Uebersetzung S. 392 anführt — die Beispiele, welche der Hr. Verf. der Schrift vom Justizmord S. 51, und alle die Beispiele, welche der Hr. Prof. Grohmann in seinem Werke über das Prinzip des Staatsrechts S. 65 beibringt. Die Mittheilung aus dem „Philomatic Journal" sind so wichtig, daß sie auch den hitzigsten Vertheidiger der Todesstrafe in seinen Behauptungen ihrer Unentbehrlichkeit schwankend machen sollten. Aber auch ohne solche geschichtliche Erläuterungen bleibt die Wahrheit des Satzes: Was seyn soll, das kann seyn. War übrigens die Abschaffung derselben in Zeiten möglich, wo die Civilisation noch bedeutend zurück stand, und konnte sie lange Jahre hindurch den Zwecken des Staatsvereins entsprechen, wenn sie auch nur factisch bestand — schon Bokchoris und Sabako in Aegypten gingen denen, welche das Blutgesetz verabschiedeten, als ehrenwerthe Muster im grauen Alterthume voran — so sollte, was damals möglich war, in Zeiten der vielseitigsten Cultur nicht möglich und nicht thunlich seyn und sich mit den Einrichtungen der gebildetsten Völker nicht vertragen? Man bemerkt zwar, daß die Todesstrafe, wo sie abgeschafft war, von Andern wieder eingeführt ward; aber man hüte sich, daraus die Unausführbarkeit der Abschaffung derselben zu folgern, und zeige uns, daß nicht Mangel an consequentem Festhalten des bessern Entschlusses, Fehler in seiner Ausführung und das Einwirken anderer subjectiver Ansichten und Vorurtheile, welche jede Veränderung fürchten und sich mit liberalern Ideen nicht verschmelzen können — daß diese das Alte nicht zurückgerufen haben, wo das Neue sich schon durch die Erfahrung bewährte. Auch wäre es sehr übereilt, das wahrhaft Gute und seine wohlthätigsten Wirkungen wegen einer mit ihm gleichzeitig erfolgten, aus andern Gründen zu erklärenden Verschlechterung anzuklagen. Solche Erscheinungen haben sich bei den weisesten Reformen machen lassen und erneuern sich täglich. Vergesse man nur nie, wie viele Fehler in Verbesserung des Fehlerhaften oft genug begangen werden, und man wird das: hinc istae lacrymae! bald verstehen. Konnte man überdies die Hinrichtungen so sehr vermindern, daß sie nun — auch dafür sey Gott gepriesen! — gegen die ungeheuern Schlachtopfer, die man einst dem Gesetze brachte, wie eine Seltenheit erscheinen: wie? — so sollte man nicht den letzten Schritt thun können und sie auf immer verschwinden lassen? „Die Todesstrafe sollte aus allen Gesetzbüchern vertilgt seyn, ant„wortete ein freisinniger Gouverneur dem Obersten Viella. Man „verdammt den Mord und übt ihn doch selbst durch das Gesetz „aus. Ist es recht, einem Menschen das mit Gewalt zu entrei„ßen, was die Gesetze ihm nicht wiedergeben können!" — Ich entlehne diese Anekdote aus Zschokke's Erheiterungen 2. B. S. 79 v. J. 1822. Ueber seine Darstellung mag der Gouverneur sich vertheidigen, wenn seine Rede zu sehr das Gepräge des Kraftmanns trägt; aber sein Rechtsgefühl ist wahr und achtungswürdig. Eben so urtheilt Buß in seinen Anmerkungen zu Matter, wenn er S. 376 bei Erwähnung des Wahns von Zauberei und Gottesurtheilen schreibt: Wir — lachen vornehm über diese Vorurtheile, fühlen aber *die* nicht, welche uns gefangen halten. Man denke nur an die Todesstrafe, an die Vernachläßigung des somatischen Moments bei der Beurtheilung der verbrecherischen Schuld! Wie werden wir vor dem Richterstuhle der Nachwelt stehn!" *Die Gewalt einer Idee, welche lange geherrscht hat, ist ungemein groß*, sie bemächtigt sich nur zu leicht des freien Denkens und spiegelt uns dann das Gegentheil von dem, was bisher geschehen ist, als eine Unmöglichkeit vor. Ist die Idee aufgegeben, und geschieht nun in der folgenden Zeit, was man früher als unthunlich und unstatthaft abwies, so begreifen die Enkel kaum, wie die Väter da Schwierigkeiten finden konnten, wo doch Alles, bei andern Ansichten, so thunlich und passend erscheint und einen ungehinderten Fortgang hat. Wie Vieles, was jetzt geschieht, wäre vor Jahrhunderten als Luftschloß eines Schwindelkopfs verlacht worden. Wie ein Hirngespinnst wäre damals sicher der schöne Antrag des Repräsentantenrathes zu Genf wegen Abschaffung der Todesstrafen erschienen, und der nicht genug zu beachtende Vorschlag, der in einer Sitzung der Stände in Darmstadt gethan ward, alle zum Tode Verurtheilte nach Australien zu exportiren und zu dem Zwecke eine Uebereinkunft zwischen England und den deutschen Staaten zu ermitteln: er wäre nicht begriffen! Man kannte eine Zeit noch nicht, wo selbst im Old-Baileigericht zwei Geschworne ihre Entlassung forderten, weil sie kein Urtheil fällen wollten, welches die Todesstrafe, „die abzuschaffen sey," zur Folge haben könnte — Ehrenmänner, die wie der hochherzige Gregoire dachten, als er verlangte — qu'on supprimat la peine de mort, que ce reste de barbarie disparût de notre code! und ahnte noch nicht, daß selbst ein ehemaliger Herrscher, dem doch an der Sicherheit seines damaligen Throns Alles gelegen seyn mußte, unverholen gestehn konnte: „Was ich im funfzehnten Jahre dachte, denke ich noch; der Krieg und die Todesstrafen, deren Recht die Gesellschaft sich zuschreibt, sind nichts als die organisirte Barbarei, als ein Erbtheil des Zustandes der Wildheit, bemäntelt oder ausgeschmückt durch sinnliche Institutionen oder eine falsche Beredsamkeit." Immer mußte die Vorstellung von der **Nothwendigkeit** des bestehenden Fehlerhaften erst verschwinden, ehe man ernstlich Hand an die Verbesserung legte. Denke doch an die Gräuel der Tortur. Man nahm sie in Schutz, so lange man sie für nöthig hielt. Jetzt erscheint sie uns als ein Brandmal in der alten Gerichtspflege, nachdem wir die Wahrheit menschlich von Menschen erforschen, und da der jugendlichste Actuar die alten grauköpfigen Inquisitoren belächelt, die da meinten, ohne Beihülfe des Henkers lasse sich keinem Gauner etwas abfragen, und so die Gerichtsstätte zu einer Mördergrube einer ungerechten Gerechtigkeit herabwürdigten. Ist das Phantom von der Unentbehrlichkeit des Fehlerhaften entschwunden, und das Gute mit Entschlossenheit und Muth und kluger Umsicht durchgeführt, so erstaunt man am Ende bei dem Gedanken, wie jenes sich so lange halten, und wie man den Werth der bessern Mittel zum Zwecke so lange verkennen konnte. Glaube mein Freund, wenn nur erst der Wahn von der Unentbehrlichkeit der Todesstrafe sich allgemeiner noch verliert — es wird sich bald genug eine andere Strafe, welche an ihre Stelle tritt, finden, und von welcher sich auch die Vorstellung, daß sie die schwerste sey — eine Vorstellung, die ungemeinen Werth für die Gesetzgebung hat — leicht erwecken läßt. Man gewöhne das Volk zu dieser veränderten Ansicht — und das Surrogat für die Blutgerüste ist ohne Widerrede gewonnen. Wie viel von der Vorstellung abhängt, und wie sehr sich nach dieser das Urtheil über die empfindlichsten Uebel verändere, daran erinnerte schon ein Philosoph des vorigen Jahrhunderts. Steineccius in seinen elementis philosophiae rationalis et moralis macht S. 338 die Bemerkung: „Wie es nicht gleich ist, wenn Zwei dasselbe thun, so „werden auch Zwei nicht auf gleiche Art beschwert, wenn sie dasselbe leiden. Dem Lasterhaften scheint es unerträglich zu seyn, „auch nur auf zwei Tage zu öffentlichen Arbeiten, oder zu den „Galeeren verurtheilt zu werden. Und dennoch verrichten Andere „für Lohn dieselben Arbeiten ohne sonderliche Beschwerde viele „Jahre hindurch. Selbst der Feuertod, der den Schuldigen allerdings fürchterlich ist, erschien den Märtyrern nicht so. Es ist „daher ein großer Unterschied, ob Du, was Du duldest, verdient „hast, oder ob das Gewissen Dich frei spricht." — Die Idee spielt hier eine weit größere Rolle, als man gewöhnlich glaubt.

Ich will zugeben, daß vielleicht in einzelnen Fällen eine nicht bloß lebenslängliche, sondern auch schwere Haft nöthig seyn könnte. Traurig für den, der sie tragen muß; aber er hat sich über Keinen, als über sich selbst zu beklagen; durch den Tod kann ihn der Staat nicht befreien. Umsonst bemerkt man dagegen, es werde auf diese Art die schnelle Todesstrafe nur in eine langsame verwandelt. Nachtheilige Einflüsse der Gefangenschaft auf

Gesundheit und Leben sind — nicht nothwendige, überdies durch zweckmäßige Einrichtungen der Strafanstalten, durch weise Wahl der Beschäftigung und der Zucht der Verbrecher sehr zu vermindernde, oft zu vermeidende — aber doch mögliche Folge — das ist wahr. Allein hier findet zufällige — nicht eine beabsichtigte Lebensverkürzung statt, daher sie der Staatsverwaltung nicht zur Last fällt, die Alles aufbietet, sie zu verhindern, und die, wenn sie leistet, was sie kann, immer viel leisten wird. Ueber Folgen, die nicht in ihrer Macht stehn, ist sie außer Verantwortung und Schuld, wie der Arzt wegen einer geschickt vollendeten und unter ungünstigen Einflüssen, über die er nicht gebieten konnte, dennoch unglücklich abgelaufenen Operation außer Schuld ist.

Ist es entschieden, daß das Leben jedes Menschen — ganz abgesehn von seiner moralischen Beschaffenheit — im Staatsverbande gesichert seyn soll, und daß diese Sicherung nicht an positive Bedingungen geknüpft werden darf, wodurch sie eben aufhört eine unbedingte Sicherung zu seyn, wie sie der Würde und dem höchsten Zwecke des Staats entspricht: so fürchte ich mit Recht, daß derjenige dem Ansehn desselben zu nahe tritt, der ihm sagt: Du kannst nicht anders sichern, ohne in deiner Verlegenheit und Hülflosigkeit deine Zuflucht zu einem Mittel zu nehmen, das dir moralisch nicht zu Gebote steht. Aber noch weniger möchte ich ihm sagen: Du willst nicht anders sichern. Dies darf nie gesagt, und ein solcher Wille darf dem Staate nie zugeschrieben werden — es wäre, nach meiner Ansicht, die höchste Beleidigung, und wer daher die Todesstrafe als Gesammtwillen der Bürger betrachtet, der macht die Sache, zu deren Vertheidiger er sich aufwirft, erst aufs Aeußerste schlimm. —

Das ganze Unheil liegt darin, daß das positive Todesgesetz einmal da ist und sich Ansehn erzwungen hat. Ihm allein messen wir den ungeheuern Gedanken zu, durch Versagung der Sicherheit die Sicherheit schützen und den Menschen — tödten zu wollen. Ein furchtbarer Schützer! Doch wir müssen ihm noch einige Male ins Auge blicken. Aber für heute genug!

Funfzehnter Brief.

„Ich will dir Sicherheit vor einem Verbrecher verbürgen — so spricht das Blutgesetz zum Staate — aber zu diesem Zwecke will ich auch den Tod des Verbrechers; ich muß mich in meinem Ansehn erhalten, wenn ich dir nützen soll, darum ist es mein Vorsatz, den Verbrecher zum Mittel der Aufrechthaltung meiner Autorität zu machen; ich fordere sein Leben, ich will ihn tödten!" — Personificire das Gesetz, mein Ferdinand, und Du fragst mit Recht, wie man sich mit einem Wesen von so sündiger Natur befreunden konnte? Seine Forderung wird, auf der Wagschaale des Sittengesetzes gewögen, eben darum verwerflich, weil es den bestimmten Willen zu tödten ausspricht, weil es den Vorsatz hat, zu thun, was das Moralgesetz untersagt, weil es dies sogar mit der kältesten Ueberlegung zu thun sucht, weil es jeden mildernden Vorwand des Irrthums und der Uebereilung stolz von sich ablehnt und nichts von dem für sich anführen will, das der Gestrafte, wenigstens als Grund der Entschuldigung für sich in den bei weitem meisten Fällen, vorzubringen hat, und worauf der weise und edle Richter um so mehr achtet, je mehr er seinen Pflichten als Mensch und Christ zu genügen sucht. Die Verbrecher, welche die Strafe verwirkten, klagen wohl über die Gewalt der Leidenschaft, welche die freie Thätigkeit der Vernunft hemmte, als sie die Missethat begingen. Auch ist sie gewöhnlich die Frucht des aufgeregten Affekts — einer stürmischen Begierde, in der Regel selbst da, wo langgenährter Groll oder irgend etwas Anderes, was das sittliche Gleichgewicht störte, vorherging, und wo sie mit anscheinend ruhiger Ueberlegung vollbracht ward. Der alte Haß, die Eifersucht, die Herrschsucht, die Habsucht, die Wollust, der Ehrgeiz — sie sind die Ketten, die der freie Geist zu tragen sich entwürdigte, und sie fesseln ihn gewaltiger in dem Augenblicke, wo die böse That vollzogen wird. Freilich liegt darin keine Rechtfertigung des Verbrechens, und das, was es vorbereitete, haftet als Schuld auf dem Gewissen des Thäters, wie der Mangel der Selbstbeherrschung im Momente der That. Wenn aber, nach allgemeinem Urtheile über den moralischen Werth oder Unwerth einer Handlung, das Strafbare noch strafbarer, das Böse noch böser erscheint, sobald eine solche Verblendung der Leidenschaft und des Affekts nicht Statt findet, so läßt sich nicht absehn, wie das positive Gesetz bei seinem entschlossenen Widerstreben gegen das höchste Gesetz eine Ausnahme von dieser Beurtheilung seiner Natur, seiner Forderung und seines Wirkens machen könne? Es dringt darauf, daß bei Erkenntnissen auf den Tod nach seinen Satzungen alles Leidenschaftliche zum Schweigen gebracht werden soll; Alles soll, wie gesagt, das Werk der kalten Prüfung und der ruhigsten Ueberlegung seyn; es glaubt, dadurch sich höher zu stellen und sein Urtheil zu heiligen. Allerdings ist das genaue Ermitteln des Thatbestandes, das Vergleichen desselben mit dem Gesetze, das Bemühen, eine möglichst vollendete Gesetzmäßigkeit zu vermitteln, höchst ehrenvoll; ehrenvoll das Bemühen, dem Thäter nicht Unrecht nach dem positiven Gesetze zu thun. Diese Ehre gebührt dem Untersuchungsrichter — was ist aber dadurch für jenes Gesetz gewonnen? Gar nichts! Denke es nur immer als handelnde Person, und Du schauderst vor ihm zurück! Es beginnt und vollendet mit dem klaren Bewußtseyn: Ich will tödten — trotz dem Gebote, das über mir steht, dessen Diener ich nur seyn soll, und das mir sagt: Tödten sollst du nicht! Daß also die Lebensberaubung, nach der freiesten, überlegtesten und sorgfältigsten Prüfung beschlossen und ausgeführt, am allerstrengsten von dem Pflichtgebote gerichtet werden müsse, das liegt am Tage. Man würde sich einen sonderbaren Begriff von dem „nach Urthel und Recht" — machen, wollte man darin eine Apologie der Moralität des Gesetzes finden. Es ist zwar das Kennzeichen, daß den Forderungen desselben genügt (also Alles legal und Rechtens), nicht aber, daß das Gesetz in sich gut sey. Das erkennen auch alle edle, denkende Urtheilsverfasser an, die vom Gesetze gar sehr zu unterscheiden sind, und Alle, denen es obliegt, die Vollstreckung des Gesetzes anzuordnen. So lange es da ist, legt es ihnen freilich eine drückende

Last auf die Schultern. Wer wird diese Last von ihnen nehmen? Wer? — Doch was frage ich? Der christlich-weise Staat selbst, der sich nie der Mühe überheben will, eine Erörterung über sich selbst in jedem Falle anzustellen, wo ein Mensch dem Gesetze verfiel, das Blut zu fordern nicht aufhört, so lange es noch athmen und sich regen darf; und je mehr es sich zeigt, daß der Mensch unter den tausendfachen Verschlingungen verderbender Verhältnisse, die der Wachsamkeit des Staats noch entschlüpften, und unter Mängeln der bestehenden Einrichtung, die der Verbesserung noch bedürfen, tiefer und tiefer bis zum Verbrecher gesunken sey: desto schrecklicher erscheint es ihm, diesen Unglücklichen dem tödtenden Gesetze Preis zu geben; er denkt nur an Verbesserung und verträgt sich daher übel mit einem Gesetze, das statt zu bessern — nur zu vernichten weiß. Daher kommt die Nachfrage an sich selbst, ob der Verbrecher, als moralischer Theil eines moralischen Ganzen, sich über keine Versäumnisse an ihm zu beschweren habe? Diese Verantwortlichkeit des Staats schildert Benjamin Constant (nach einem Artikel in der Leipziger Zeitung Nr. 164. v. J. 1828) also: „Wenn eine Staatsgewalt der Armuth die Mittel entzieht, so übernimmt sie die gesammte Haft für alle Missethaten, welche der Mangel an Bildung herbeiführt oder vervielfältigt, und der Verurtheilte, welcher auf seinem Wege zum Schaffote an der Wohnung der Machthaber vorbeikommt, darf sie mit Fug und Recht für sein Verbrechen und dessen Sühnung verantwortlich machen. Sein Blut kommt auf ihr Haupt, denn sie haben ihn verhindert zu wissen, was er that." Ein gewisser Burke in Edinburgh hatte 35 Menschen ums Leben gebracht, um ihre Leichname an die Anatomen zu liefern. Er soll sogar in Einem Jahre 35—40 solcher Leichen herbeigeschafft haben (ich beziehe mich auf Nachrichten der Leipziger Zeitung Nr. 13. und 14. (1829). Mag auch die Angabe nicht ganz richtig seyn — die Frage aber, die sich hier aufwerfen läßt, liegt ganz nahe. — Wenn die Berechnung wahr ist, welche in eben dieser Zeitung Nr. 288. v. J. 1827 sich findet, so leben in London nicht weniger als 15000 Knaben von 8 bis 12 Jahren vom Diebstahle! — Schreckende Erläuterungen über diesen Gegenstand findest Du in Röhr's Krit. Pred. Bibliothek 5. B. 2. H. 1824 im theol. Quartalblatte Nr. II. S. 360, wo die ungeheuern Lücken in der Polizei und in der Jugendbildung gerügt werden, die man in England wahrnimmt, welches an Beispielen von Hinrichtungen so reich ist. — So wird auch in der Bibliothek der neuesten Weltkunde, von Malten, 3ter Theil, 1829 S. 34, nachgewiesen, wie eine in manchen Gegenden Frankreichs herrschende unglaubliche Unwissenheit die Mutter der schändlichsten Gräuelthaten sey, die dort zum Ausbruche kommen, und wie die Sclavenhäuser — also Strafanstalten des Staats — nur dazu dienen, „recht abgefeimte und gegen jedes menschliche Gefühl gepanzerte Totalverbrecher zu bilden." Auch der beste, unter den weisesten Gesetzen blühende Staat weist solche Selbstprüfungen nicht ab, und grade dieser am wenigsten, je mehr er seinem hohen Ziele mit Ernst und Kraft entgegen strebt und dann — die Menschen betrachtet, welche das Gesetz zum Tode verurtheilt. Denn, mein Freund, welche sind denn diejenigen, die gewöhnlich hingerichtet werden? — Zuweilen wohl Menschen von großem Geiste und großem Herzen — aber in der Regel fallen rohe Verbrecher unter dem Schwerte. Liest man ihre Lebensgeschichte, so erstaunt man über den Grad der Vernachlässigung von Seiten derer, deren Pflege sie anvertraut waren; über die Verworrenheit ihrer sittlichen Begriffe, über den gänzlichen Mangel an Religionserkenntnissen, über die Schlechtheit der Umgebungen, unter welchen sie aufwuchsen und lebten, wo Beispiele des Unrechts jeder Art den letzten Schimmer des innern Lichts zu verdunkeln wußten. Man sieht, wie große Laster so oft nahe an große Talente und große sittliche Eigenschaften grenzen, und fragt mit Recht, wie viel, wie ungemein viel könnte aus diesem wilden Stamm geworden seyn und — bei der Verbesserlichkeit der menschlichen Natur — noch werden, wenn nur eine wohlthätige Hand sich zu seiner Veredlung ausstreckte, anstatt daß die Hand des Henkers sich aufhebt ihn zu zerhauen! So dachte die edle Herzogin Dorothea von Kurland, als sie auf ihre Frage an den berüchtigten Schinderhannes: was ihn zu seinen Thaten verleitet habe? die Antwort erhielt: „Noth und Gelegenheit!" Ich weiß nicht, schrieb sie darauf in ihr Tagebuch, ob der Staat das Recht hat, einen Menschen zu tödten, aber das weiß ich, daß es für die Gesetzgebung nicht ohne Nutzen seyn würde, wenn an diesem jungen Sünder ein Versuch gemacht würde, ihn zu bessern. Sein Tod kann nichts gut machen, sein Leben dagegen, wenn man dabei die Erinnerungen an seine Verbrechen gehörig benutzte, könnte doch vielleicht zum Besten seiner Mitmenschen verwendet werden. — Dir ist wohl dieser Ausspruch des reinen Wahrheitsgefühls aus den Schilderungen der vortrefflichen Fürstin von unserm Tiedge bekannt? —

Der Verein zur Erziehung sittlich verwahrloster Kinder in Berlin hat nach öffentlichen Nachrichten in seinem vierten Jahresbericht die erfreulichsten Mittheilungen gemacht. Bis zum 1sten Mai 1829 wurden 56 Zöglinge entlassen — 38 davon auf einen durchaus guten Weg gebracht — 9 gaben noch Ursache zu Beschwerden — 7 ließen wenig hoffen — 2 waren gestorben. Ohne solche Beihülfe wären die vielleicht tief gesunken, die nun nützliche Menschen seyn werden. Freilich mochte die Bildung jener acht und dreißig mehr Sorge, Mühe und Geld kosten, als der Aufbau von einigen Galgen; aber Ehre dem Staate, der sie gerettet hat, und Heil ihnen, die gerettet sind! — Edler Johannes Falk! das ist dein Geist, der in diesen und ähnlichen Anstalten noch waltet, und das wirkt, was in Gott gethan ist! Die meisten mit dem Tode bestraften Verbrecher waren gewöhnlich unselige Früchte unseliger äußerer Verhältnisse, die nur weise geändert werden dürfen, um ihnen alle Nahrung auf immer zu entziehen. Habe ich, sollte sich also der Staat fragen, habe ich wirklich nichts versäumt, was ich beitragen konnte, die Hindernisse des Guten unter den Staatsbürgern zu vermindern und bei jedem der sittlichen Freiheit den Sieg zu verschaffen? nichts versäumt, was Aufklärung, Moralität und Religiosität des Volkes fördern kann? Trage ich keine, gar keine Schuld an dem, was ein altes Gesetz an diesem wüsten, unwissenden, die Größe seiner Missethat zu beurtheilen und zu empfinden kaum fähigen Menschen so blutig zu ahnden gedenkt? keine an den Ursachen, die zu dem tiefen Verfalle dieses Missethäters beitrugen, über dessen Haupt es schon das Schwert geschwungen hat? Sollte ich noch einen Augenblick anstehn, das Versäumte nachzuholen, so gut es geht? Sollte ich jetzt schlummern? Sollte ich nicht eilen, diesem Elenden noch die Hülfe zu verschaffen, die er von mir erwarten darf, die er von mir zu fordern ein Recht hat, und die ihm so noth thut? Anstatt ihm zu helfen, sollte ich ihn durch das bestehende Gesetz vernichten lassen? Anstatt den todtkranken Baum zu heilen und um ihn zu graben und ihn zu warten, ob er noch Frucht bringe, sollte ich ihn abhauen lassen? — So kann der Staat nicht moralisiren — höre ich da von einer Seite her sprechen; er ist keine Erbauungs-, sondern eine Rechtsanstalt; das Gesetz, nach welchem am Leben gestraft werden soll, ist nun einmal noch da; auf die Moralität und die intellektuelle Kraft des Verbrechers und die Umstände, welche zu seiner Entschuldigung gereichen können, wird überdies die sorgfältigste Rücksicht genommen; dazu haben wir Defensoren und Gerichtshöfe. Ist das Factum aber völlig erwiesen, so unterliegt der Verbrecher dem Strafgesetze; dies ist die Ordnung. — Gut! Aber, frage ich, warum soll nun deswegen der Staat nicht mit sich selber Rücksprache halten? Wenn, wie ich zeigte, der juridische Standpunkt dem ethischen nachsteht, so muß auch der Staat es bei sich zur Selbstprüfung kommen lassen, damit er im steten Fortschritte der Selbstvollendung bleibe, und damit immer mehr die Gefahr verschwinde, daß irgend ein Mensch einer Strafe verfalle, die es ihm, dem Staate, selbst unmöglich macht, jede Schuld auch an den Verbrecher abzuzahlen. Ohne ein solches Moralisiren würde auch jede Verbesserung der Gesetze und bestehender Institutionen verhindert, und der grade Weg zur Willkühr gebahnt. Besteht der Staat aus lauter einzelnen Individuen, die alle so denken und so moralisiren sollen, so ist es nicht folgerecht, zu behaupten, daß einige, also etwa die Gesetzgeber, nicht so denken und nicht so moralisiren sollen. Sollen denn diese, auf deren Weisheit sich tausend vertrauensvolle Blicke wenden, nicht thun, was alle Gute thun und thun sollen? Es ist eine wunderseltsame Forderung, daß man das Pflichtgebot überall eingeschärft wissen will und dennoch eine Idee vom Staate fest hält, rücksichtlich welcher jene Forderung wie die Stimme eines Predigers in der Wüste verhallt. Vielleicht dürfte man in dieser Vorstellung bloße Unkunde des praktischen Lebens und einseitige Empfehlung der Maximen wittern, welche man von Doctrinären, nicht von Geschäftsmännern, zu hören gewohnt ist, welche die Erfahrung gebildet und zu andern Ansichten geführt hat. Möge man sich aber die Mühe ersparen, eine bekannte, nur hierher nicht passende Bemerkung anzubringen, und lieber daran denken, daß das Beste, was ins Leben trat, doch in der Regel die Frucht stiller Reflexionen gewesen sey, welche so lange als unanwendbare Phantasiegemälde der Stubengelehrsamkeit, als Ueberspannung und Träumerei der schwachen Unerfahrenheit und Gutmüthigkeit galten, bis es ihnen endlich gelang, ihre Brauchbarkeit zu rechtfertigen. Man beruft sich so gern auf die Alten; warum nicht auch ein Mal in diesem Punkte? War nicht M. Antonin in dieselbe Idee eines großen Denkers eingegangen? — „nisi aut philosophi civitatibus dominentur, aut qui nunc reges dicuntur ac potentes philosophentur, non erit civitatibus requies ulla a malis." Sehr wahr!

Auf diesem Wege ernster Rücksprache mit sich selbst muß nun freilich der Staat dem Todesgesetze immer mehr und mehr abhold werden, da es seinen würdigsten Bestrebungen und seinen heiligsten Interessen mit dem Nichtheile entgegentritt, und kann dessen Aufrechthaltung nicht wollen, weil grade diesem Gesetze das heilige Gebot der Pflicht, als Basis alles Rechts, nicht zum Grunde liegt, was er ja für alle anderen Gesetze und Institutionen verlangt, die eben, je mehr er über sie und über sich selbst philosophirt, immer gerechter, weiser und ehrwürdiger werden müssen, ohne deswegen das praktische Element zu verlieren. Die schönste Zeit, welche unserm Geschlechte aufgehn kann, ist sicher die, in welcher die Politik und Gesetzgebung sich stets in Ehrfurcht vor dem heiligen Sittengesetze beugen, und wo auch in Beziehung auf sie allgemein zugestanden wird, was man so oft bei den engherzigen Rücksichten auf Nationalvortheile, oder gar auf Vortheile der Person nicht einsehn und nicht zugeben wollte, daß die Gottseligkeit zu allen Dingen nütze sey und die Verheißung habe dieses und des zukünftigen Lebens. -- „Nie darf — sagte ein Mal bei einer öffentlichen Discussion ein großer Rechtskenner und eben so großer Praktiker — nie darf die Gesetzgebung die Politik vorwalten lassen.“ — So soll es seyn, darum kann es so seyn. Und ist es nicht wirklich so, in der Vergangenheit und in der Gegenwart oft genug so geschehen? So urtheilen und daher moralisiren auch so alle weise Oberhäupter des Staats und alle weise Gesetzverfasser. Daher erhebt sich aber auch nie die Stimme des pflichtgetreuen Unterthans gegen sie, aber sie spricht sich aus gegen die Opposition, welche ein positives Gesetz gegen das Vernunftgebot und gegen den höchsten Zweck des Staats behaupten will. Erleben wir in unsern Tagen noch Hinrichtungen, so fällt es doch wahrhaftig wohl einem guten Bürger nicht ein, zu denken, der Fürst als Individuum — wolle des Verbrechers Tod, oder der Urtheilsverfasser wolle die Vollstreckung des Gesetzes; sondern er erblickt darin nur die fürchterliche Wirkung des bestehenden positiven Gesetzes, dessen öffentliche Erklärung das Urtheil ist, und über welches nur das Begnadigungsrecht in einzelnen Fällen den Sieg davon trägt; er klagt nicht über den Staat, aber das Gesetz, das sich gegen sein Leben erhebt, betrachtet er mit Entsetzen. Und mit welchem Widerwillen wird man es dann noch betrachten, wenn es einst gefallen ist und nur noch, wie ein schreckendes Gespenst, in den Geschichtsbüchern lebt! Dann aber, wenn geschehen ist, worauf nun das Denken, Sprechen, Bitten, Streben so vieler Tausende ausgeht, dann wird es auch Keiner wieder aufrichten — Keiner! Ich umarme und grüße Dich, mein Ferdinand!

Sechzehnter Brief.

Du wunderst Dich, daß ich bisher noch nicht davon sprach, wie die hohe Idee, welche wir von einem Menschen mit Recht fassen, durch die Todesstrafe gleichsam vernichtet, die Achtung vor der Menschenwürde wie zertreten erscheine — und Du hast volle Ursache, zu behaupten, daß diese Strafe, grade von dieser Seite betrachtet, in ihrer gräßlichsten Gestalt hervortrete und ihre innere Unrechtmäßigkeit nicht mehr verbergen könne. Ja wohl! Wie schwer ist es, in dem positiven Gesetze die Achtung vor dem Menschen zu finden, wenn es ihn kalt und förmlich und kunstmäßig tödtet? Wie sollen wir da den großen Gedanken finden: Der Mensch ist Selbstzweck? Wie den Grundsatz der Vernunft: Behandle den Menschen nicht als bloße Sache und als bloßes Mittel? Zerrinnt diese Menschenachtung nicht bei unsern Schaffoten in ein leeres Phantom? — Wahrhaftig, Ferdinand, wenn das Recht am Leben zu strafen so einleuchtend wäre, als Dieser und Jener hier und dort — vielleicht jetzt noch — glaubt, man würde nicht nöthig gehabt haben, es bis auf unsere Zeit immer wieder so ängstlich und mühsam zu vertheidigen. Fühlt man doch gar zu sehr, wie viel uns der Mensch seyn soll, und wie wenig — wie gar nichts er uns seyn und werden müsse, wenn wir ihm den Kopf vom Rumpfe schneiden — ziemlich zufrieden, wenn er nicht mehr, wie einst, an verzehrenden Flammen gebraten, oder — er, welcher zu dem Bilde Gottes erschaffen ward, wie alle Andern — gerädert und hingehangen wird, damit die Vögel sich ein Mahl bereiten und einen Leckerbissen! — Wie sich doch da die Stimme der Natur empört! Dazu hat der Unglückliche nicht unter dem Mutterherzen gelegen, dazu hat ihm des Schöpfers Hand diesen herrlichen Leib nicht gebaut, dazu diese sittliche Natur ihm nicht beigesellt, dazu dies Geschöpf — für die Tugend und die Unsterblichkeit bestimmt — nicht ins Daseyn gerufen, dazu ist — setzt in Demuth anbetend der Christ hinzu — dazu ist das Blut der

Versöhnung nicht geflossen, welches der Heilige verblutete, der einst erschien, die Welt zu erlösen, dazu hat der Staat, hat die Kirche der Besserungs- und Bildungsmittel eine so große Menge nicht empfangen, daß der Wille eines positiven Gesetzes zerstöre und zernichte, was Gottes Wille ziehen, läutern, erhalten will! Darüber kein Wort, daß der Mensch als Selbstzweck betrachtet werden solle. Die Vernunft, die Religion, welche wir bekennen, in ihrem wahren Geiste aufgefaßt, unser Selbstbewußtseyn, unsere Freiheit und Persönlichkeit, die Vorstellung von unserer Bestimmung — alles spricht dafür, und unser inneres, innigstes Gefühl wiederholt in langen Nachklängen, was jene sprechen. Ich bin um meinetwillen da! spricht der sittlich freie Mensch im hohen Bewußtseyn seines Werthes, und er spricht wahr! Diesen Menschen nehmen und ihn zu einem Mittel der Abschreckung oder zum Strafobjecte eines in sich unhaltbaren positiven Gesetzes machen, ihn ausstellen, erniedrigt, tiefer, als sich's sagen läßt — wie eine Vogelscheuche auf den Erbsenfeldern! — das wäre Achtung vor dem Menschen? Diese abscheuliche Zerstückelung des Körpers, der als Hülle eines vernünftigen Geistes und als Werkzeug der edelsten Thätigkeit schon dem philosophischen Beobachter so werth ist, und der, in dem Lichte des Evangeliums betrachtet, in dem Glauben an den Heiligen Gottes und an die Entwicklung des Irdischen zu einem neuen Leben, in einem Vorzuge erscheint, welcher der Körperwelt sonst nicht gemein ist — wie, diese Zerstückelung, diese gewaltsame, empörende Unterdrückung reger Lebenskraft, diese Mißhandlung des Meisterwerkes in der sichtbaren Schöpfung — auch nur Eine Spur von Menschenachtung ließe sie zurück? Nicht als eine Sache, mit der man umgeht und handelt, je nachdem es zu irgend einer Absicht, die das positive Gesetz angiebt, eben zweckmäßig ist, erschiene da der Elende, der sich der äußern Gewalt verfallen sieht? — Sclavenhandel wird für Entehrung des Menschen gehalten, und das mit Recht. Abscheulich, daß er jemals war; lästerlich — bis zu einem Grade, daß man nicht Worte findet, solche Schmach auszusprechen, daß er im neunzehnten Jahrhundert noch seyn mag. Und dennoch bleibt dem Verkauften noch mit dem Leben die Bedingung seines sittlichen Wirkens; dennoch verliert er nur die Freiheit, er trägt Unwürdiges in einer schändlichen Behandlung, aber — er lebt und kann lebend, wenn auch in den traurigsten Verhältnissen, für seinen höchsten Zweck wirken. — Verstümmelungen des Menschenkörpers werden für schändlich und für ein Verbrechen gehalten, und das mit Recht. Und doch verletzen sie den Körper nur theilweise, ohne ihn ganz zu verderben, wie die Todesstrafe es thut; selbst der Verstümmelte rettet noch die letzte Bedingung seines Werdens — das Leben. Der Gerichtete verliert auf Ein Mal und unersetzlich Alles, was dies Leben ihm bieten kann; er ist aufs Tiefste entwürdigt. Warum wagt man die Verstümmelung zu verwerfen, wenn man die Tödtung entschuldigt? Ist der Fuß, ist die Hand, sind die Ohren, die man abschneidet, mehr werth, als der Kopf? Nur mit Mühe widerstehe ich dem Drange, Alles abzuschreiben, was Hr. Vice-Präsident Dr. v. Ammon im 3. Bande seiner Sittenlehre S. 39 und im 2. Bande 2. Abthl. S. 77 über die Würde des Menschen sagt. Es ist entscheidend und bringt jeden wissentlichen Angriff aufs Leben um alle Rechtfertigung, und wie sich früher schon Hommel in seinen Anmerkungen zu Beccaria darüber äußert (S. 75), das ist bekannt. Man hat dies Alles auch in unsern Tagen gar wohl gefühlt. Daher die menschlichere Behandlung der Delinquenten, die aber freilich, wie ich schon bemerkt habe, selbst wieder eine Anklage enthält, indem sie der Beweis ist, man empfinde sehr wohl, was der Mensch dem Menschen schuldig sey, aber man lasse sich deswegen doch nicht irren und abhalten, ihm anzuthun, was Keiner dem Andern thun darf.

Ich kann mich daher durchaus nicht in die Behauptung des Hrn. Dr. Krug finden, welche er in seiner Rechtslehre S. 337 und 342 aufstellt, wo er die schimpfliche Behandlung des Körpers eines Hingerichteten unter der Menschenwürde hält (was freilich sehr wahr ist!), aber dennoch das Köpfen als eine mit dieser Würde vereinbare Todesstrafe empfiehlt. Ist die schimpfliche Behandlung des Todten unrecht, wie kann die schimpfliche Behandlung des Lebenden recht seyn? Soll die Achtung vor dem Menschen ihre Stimme im minder Wichtigen erheben und in dem

Wichtigsten verhallen lassen? lauter reden für seinen Leichnam, als für seine Persönlichkeit? — Man hat ehrenvolle Begräbnisse nach der Hinrichtung gesehn, gleichsam zum Zeichen, daß das Gesetz, welches so nur als blutdürstiger Götze erscheint, versöhnt sey. Wie widersprechend! Wie empörend! Ist es unter der Menschenwürde, die todtgemarterten Glieder umher zu werfen, wie kann es dieser Würde gemäß seyn, den lebenden Menschen — wenn auch nicht mehr nach alter Sitte, wie ein Vieh, auf Häuten durch die Gassen zur Richtstätte zu schleppen — ihn doch wie ein Opferthier zur Richtstätte zu führen um ihn tödten zu lassen? Mildernde Worte helfen nichts, wo der Augenschein Alles, Alles lehrt. Ist die Hinrichtung ohne Entweihung des Menschen und ohne Verletzung der seiner vernünftigen Natur schuldigen Achtung gar nicht ausführbar: so liegt hierin ein entscheidender Grund ihrer Verwerflichkeit und die kräftigste Ermahnung zum Gehorsam gegen das heilige Gebot: Erhalte das Leben — und: Tödte nicht!

Wollte man dagegen den Einwurf erneuern, das Gesagte beweise zu viel, da es auch auf andere körperliche Strafen passe — so müssen wir die frühere Antwort geben. Es kommt Alles darauf an, daß körperliche Strafen der Achtung vor der sittlichen Natur des Menschen nicht zuwider sind. Mögen sie, ist dies der Fall, nie und nirgends angewendet — sondern verbessert werden! Wie? — diese Frage mag die Pädagogik, die Gesetzgebung und Polizei unter der Leitung der Menschenkunde und der Sittenlehre beantworten. Traurig genug, wenn es irgendwo noch eine Strafart giebt, der wir nichts nachrühmen können, als das allein, daß sie den Menschen mißhandelt und den Bösen noch böser macht. „In Europa — sagt der Verfasser des Aufsatzes: Die Galeerensclaven, in Maltens Bibliothek der neuesten Weltkunde — in Europa belastet man die Verbrecher, wie reißende Thiere, mit Ketten; Löwen und Tiger in den Menagerien werden besser behandelt. Die Zahl der Unverbesserlichen (deren es, setze ich hinzu, keinen einzigen auf Erden giebt und geben kann, so lange der Mensch ein Mensch, und ein heiliger Gott über uns Allen ist!) ist lange nicht so groß, als einige unbarmherzige Pönalisten behaupten. Stolz auf ihre unchristliche Strenge, treten sie als Vertheidiger der Fesseln, Galeeren, wie früher als Vertheidiger des Räderns, Lebendigverbrennens, auf; die Schamlosigkeit des Verbrechers ist nur ein Schleier, der den Abgrund der Verzweiflung bedeckt" u. s. w. Es steht schlimm, wo solche Klage mit Fug und Recht noch laut werden kann. Bei uns nicht! Wir haben weder Strips, noch Galeere, barbarische Militairstrafen aus der Vorzeit. Strafen, wie sie einst — selbst in der Kirche, in Klöstern, in Schulen vorkamen, hat der bessere Geist des Jahrhunderts längst verdrängt, und begnadigte Missethäter werden bei dem Eintritt ins Zuchthaus nicht mehr so bewillkommt werden, daß sie unter unmenschlichen Hieben das Leben aushauchen, das der Strang oder das Richtbeil verschont hatten.

Hier nun kann ich eine Wendung nicht umgehn, welche man der Darstellung des Unrechts aller Todesstrafen gegeben hat. Sie lag zu nahe, je mehr man diese im Widerstreite mit der Achtung vor der vernünftigen Natur des Menschen erkannte. Man verglich sie mit Menschenopfern. Unsere Gegner finden in diesem Vergleiche nichts, als einen Kunstgriff, ihre Ansicht zu verdächtigen und verhaßt zu machen, und nur den Ausbruch unrühmlicher Leidenschaftlichkeit, die sich in derben Ausdrücken Luft machen will. Ich habe diese Darstellung mehr als ein Mal durchdacht und — ich kann ihr diesen Vorwurf nicht machen. Sie ist nicht Beweis — aber wahres und nur zu treffendes Bild dessen, was die Beweisführung als unrecht verwarf und was grade in diesem Bilde in seiner ganzen Gräßlichkeit erscheint. Wir dürfen uns nicht von dem Anschauen desselben wegwenden, wenn wir die Wahrheit nicht scheuen. Was ist am Ende für ein Unterschied, ob der Mensch dem selbst gemachten Götzen, oder dem selbst gemachten Gesetze geopfert wird, so bald — denn darauf kommt alles an! — so bald dies die Vernunft eben so sehr als jener wider sich hat? — Willst Du daran erinnern, daß die gesetzliche Tödtung eigentlich keine Sühne für das Gesetz bezwecke; daß sie nur seine Autorität und somit allgemeine Sicherheit aufrecht erhalten solle, daß, nach einer Recension über von Gerlach's Grundriß der philosophischen Rechtslehre, das Strafgesetz die objective Darstellung des Tributs sey, welchen der Uebertreter des positiven Gesetzes dem durch seine That verletzten öffentlichen Rechte zu leisten hat, und daß Vollziehung jener Strafe nur Ausübung jener Rechtsforderung sey, — so ist ja eben davon die Rede, daß der Verbrecher diesen Tribut nicht leisten könne — daß dies Gesetz keine Autorität fordern solle — daß es, vom Standpunkte des Vernunftrechts gewürdigt, null und nichtig sey, und daher da, wo die Vernunft allein nach ihren ewigen Prinzipien, gebietet, so wenig existiren könne, als der Götze existiren kann, wo der Wahnglaube, der ihm Altäre baute, vor den heiligen Aussprüchen der Vernunft entflieht. Das positive, auf den Tod erkennende Gesetz ist und bleibt Menschengebot, das die Unkultur geboren hat, wenn ihm auch späterhin ein Mäntelchen umgehängt ward, dem es an dem Ausputze der Gelehrsamkeit nicht gebrach. Hat das positive Gesetz, von dem wir reden, keine höhere Autorität, als jedes andere Menschengesetz im Staate, das nach Umständen verändert und aufgehoben wird; hat es dies Schicksal auch erfahren müssen, ward es aufgehoben, wieder eingeführt, gemildert, geschärft, wie es eben zweckmäßig schien, und als das, was es ist, als positives, temporelles und locales Gesetz behandelt: so ist klar, daß nicht dem ewigen, allgemein gültigen Vernunftrechte, wie es sich im Sittengesetze ausspricht, sondern dem durch die individuelle Ansicht und Ueberzeugung eines Gesetzgebers — oder tausend Gesetzgeber der Vorzeit, das gilt hier gleich — aufgestellten Menschengebote das Leben des Delinquenten dargebracht wird. Die Meinung von der Nothwendigkeit, Unentbehrlichkeit und Rechtmäßigkeit der Todesstrafe hat es geschaffen, schon damals, als die Meinung sich ihre Götzen schuf — und diesen, wie jenen, fielen ihre Opfer. Mag nun immerhin diese Darstellung nichts weiter als eine Form seyn, unter welcher sich das innere Unrecht der Todesstrafe anschauen läßt: genug, es tritt auf diese Art so abschreckend hervor, daß man wünschen muß, sie mit allem Ernste zu beachten und um der guten Sache willen zu vergessen, daß der gereizte Unwille sie in einzelnen Fällen zu weit treiben mochte. Wirst Du aber auch den Berichterstatter tadeln, welcher in einer bekannten Zeitschrift unter derselben Darstellung erzählt: Menschenopfer brachte Frankreich, d. h. es ließ hinrichten: 1814—183; 1815—256; 1816—414; 1817—563!! — !! — Ohe, jam desine! Freunde der Wahrheit, der Liebe, der Gerechtigkeit thun was sie können, um solche Berechnungen für die Zukunft unmöglich zu machen. Darum —

Revocate animos, moestumque timorem
Mittite; forsan et haec olim meminisse juvabit!

Bald schreibe ich wieder!

Nachschrift.

Es findet sich eine Bemerkung über dieselbe Darstellungsart vom Hrn. Dr. Krug in der Leipz. Litt. Zeit. Intellig. Bl. Nr. 237. v. J. 1827. Erlaube mir sie abzuschreiben.

Verwirrung der Begriffe.

In einem öffentlichen Blatte (Zeitung für d. elegante Welt Nr. 171. S. 1368) wird die Hinrichtung eines zum Tode verurtheilten Verbrechers ein Menschenopfer genannt, und darauf die Frage begründet: ob die Karthaginenser, die Moabiten, die Mexicaner je so viel Menschen in einem Jahre geopfert haben, als die Christen in England, wo nämlich im Jahre 1825 angeblich 1200 Verbrecher zum Tode verurtheilt worden. Welche Verwirrung der Begriffe! Ist denn 1) eine Verurtheilung zum Tode und eine Hinrichtung einerlei? Es werden ja so viele von den Verurtheilten begnadigt (besonders in England, wo man viele derselben nach Botany Bay schickt), also nicht hingerichtet! Wenn sie aber auch alle wirklich hingerichtet, d. h. wenn alle Todesurtheile vollzogen würden, so würde man doch 2) dies kein Menschenopfer nennen dürfen, da ja hier von Verbrechern die Rede ist, die nach dem Gesetze, also nach Urthel und Recht, hingerichtet werden, nicht von Unschuldigen, die man aus religiösem Aberglauben der Gottheit zur Versöhnung darbrachte. Selbst dann, wenn die Todesstrafen überhaupt unzulässig, und einzelne Todesurtheile ungerecht wären, weil Gesetzgeber und Richter sich geirrt hätten, könnte man ohne Beleidigung des Staats eine Hinrichtung kein Menschenopfer nennen. Höchstens könnte man nur die Schlachtopfer der Inquisition so nennen, weil dabei doch religiöser Aberglaube obwaltet. Aber giebt es denn in England Inquisitionsgerichte?

Hierzu nur noch einige Worte! Daß der Hr. Dr. K. sagt, es würden viele begnadigt — dürfte darum zur Sache gar nichts thun, da ja eben von Todesurtheilen — also dann auch von Begnadigungen gar keine Rede mehr seyn kann, wenn wir von unserm Standpunkte aus urtheilen, und da es sich nicht um die Zahl der Hinzurichtenden, sondern darum handelt, daß Keiner, auch nicht Einer hingerichtet werden soll. Wenn er nun aber weiter bemerkt, daß nur da, wo religiöser Aberglaube obwaltet, von einem Menschenopfer gesprochen werden könne, so berufe ich mich auf das eben Gesagte. Aberglaube ist ein falscher Glaube. — Wie der falsche Glaube den Götzen gemacht hat, so hat ein falscher Glaube der Vorzeit das Todesgesetz gemacht. Es handelt sich dabei nicht darum, daß sich ganz gleiche Begriffe ergeben, sondern bloß darum, daß sich in beiden Fällen Merkmale finden, die einen passenden Vergleich zulassen. Der Ausdruck: Menschenopfer soll bloß auf diese Aehnlichkeit im Ursprunge und in der Wirkung einer aus falschen Ansichten hervorgehenden That hinweisen. Sollte es aber wohl Beleidigung für den Staat seyn, vorliegenden Gegenstand unter dieser schlagenden Vergleichung aufzufassen? Haben wir es denn mit dem Staate als gesetzlich constituirter Gesammtheit vernünftiger Individuen, oder mit irgend einem einzelnen Individuo im Staate zu thun? Sprechen wir nicht bloß und allein gegen ein arbiträres Gesetz und gegen die ihm favorisirende Ansicht? — Ist denn Staat und Gesetz einerlei? Besteht jener nicht, wenn der Ungrund dieses entdeckt, und wenn es geändert, oder abrogirt wird? Verliert jener an Würde, wenn dies verliert? Gewinnt er nicht vielmehr an Ansehn und Würde, je mehr unter den Fortschritten seiner Verwaltung jedes Gesetz immer zweckmäßiger modificirt und von Allem gereinigt wird, was mit seinem höchsten Zwecke sich nicht eint? Kann ein Werth darauf gelegt werden, daß nach dem bestehenden Gesetze auch der weiseste Richter noch sein Urthel sprechen muß? Ist der Urthelsspruch etwas Anderes, als die

Erklärung, daß nach dem und dem Gesetze das Leben verwirkt sey, ohne daß daraus folgt, daß er selbst dies Gesetz billige? Müssen wir nicht zugeben, das Todesgesetz sey die Geburt einer Zeit und hervorgegangen aus Ansichten, mit denen wir uns nicht mehr einigen können, und würde, wenn es nicht da wäre, von keinem Gesetzgeber unserer Zeit ins Leben gerufen werden? Und warum beleidigt es nicht, wenn wir von gelieferten Schlachten reden, oder in andern Fällen, z. B. im Kriege sagen: Der Staat hat Tausende geopfert? — Oder haben auch die edlen Fürsten, welche jene Strafe mißbilligten, den Staat beleidigt, an dessen Spitze sie standen? War diese Mißbilligung nicht das lauteste Bekenntniß ihrer Ueberzeugung von der Unhaltbarkeit der Gründe, die man für das Bluturtheil aufstellt? Daß übrigens Hr. Dr. Krug ein so großes Gewicht darauf legt, daß der Verurtheilte nach Urthel und Recht sterbe, das würde mich auf meine frühere Erklärung darüber zurückführen; ich muß es übergehn, um diese nicht zu wiederholen. So viel ist gewiß, der Vergleich drängte sich auf, weil er zu nahe liegt und selbst durch die Aeußerlichkeit der Hinrichtungen, die nur zu sehr an ein Opfer erinnert, noch auffallender an Aehnlichkeit gewinnt. „Ein moralisches Wesen, das sich stets vervollkommnen soll, schreibt Bergk 2. Th. S. 264, vor der Zeit vernichten und bei völliger Gesundheit durch eine öffentliche Feierlichkeit eine Beute des Todes werden sehn, gleicht zu sehr den Menschenopfern früherer Zeiten, die zwar die Unwissenheit und Barbarei der Völker einigermaßen entschuldigt, denen aber stets der Fluch der Menschheit und das Verdammungsurtheil der Vernunft folgt. — So erzählt das Morgenblatt Nr. 305. v. J. 1828 S. 1220 unter dem Artikel: London, von der entsetzlichen Hinrichtung des Joseph Hunton, eines Quäkers, Vaters von zehn Kindern, eines Mannes von unbescholtenem Rufe, der aber, da es ihm an einer zur Erhaltung seines Credits nöthigen Summe fehlte, ein Falsum begangen hatte. Der Kaufmannsstand, dem doch am meisten daran gelegen seyn muß, daß Fälschungen unterdrückt werden, verwendete sich mit großem Eifer für die Begnadigung des Unglücklichen, der, wie es sich aus allen Umständen ergab, die Absicht gehabt hatte, die

Wechsel zur Zeit, wann sie fällig seyn würden, zu decken, indem er Effecten genug dazu hatte. Die Verwendung war umsonst -- der Arme, fährt der Erzähler fort, ward am Altare des beleidigten Mammons geschlachtet — und bemerkt noch, daß sich das Publikum schon oft gegen solche Strenge erklärt habe, daß Zeitschriften diese Stimmung unterstützen, und daß man hoffe, die fürchterliche Strafe in wenigen Jahren abgeschafft zu sehn. — Also nach Jahren erst, fragst Du wehmüthig? Vielleicht hat der Referent dieselbe Frage mit gleicher Wehmuth gethan; sein überströmendes Gefühl aber drückt er auf eine Art aus, bei der offenbar die eben beurtheilte Vorstellung von Hinrichtungen seiner Seele vorschwebte. Mir kam es nur darauf an, zu zeigen, wie schlimm es mit einer Erscheinung aussehe, die eine solche Vergleichung aushält.

Siebzehnter Brief.

Nach allen bisher gegen die Todesstrafe aufgestellten Gründen ergiebt sich die Wahrheit des Satzes, auf welchen die Vernunft von dem moralisch-religiösen Standpunkte aus kommen muß, daß **Gott allein Herr über Leben und Tod, und daß jede gewaltsame und vorsätzliche Unterbrechung des physischen Lebens ein Eingriff in seine Majestäts-Rechte sey.** Da dieser Satz zugleich Resultat aus dem schon Gesagten und Erläuterten ist, so ist jeder weitere Beweis dafür überflüssig. Vielleicht erinnerst Du Dich auch an das, was ich vor einiger Zeit schon darüber schrieb *). Aber wünschen, herzlich wünschen muß ich, daß man den wichtigen Gegenstand grade in diesem Lichte betrachte, um ihn gehörig zu würdigen. Wollen wir Gott nicht aus den Händen winden, was er seiner Entscheidung vorbehielt, so hören die Todesstrafen auf. Ich bin über-

---

*) S. 72.

zeugt, der Schauder, welcher viele der edelsten Menschen vor dem Blutgerüste ergreift, hat grade bei ihnen — weil sie so gut und so edel sind — seinen Grund darin, daß sie, was man ihnen auch sagen möchte, doch die Tödtung des Menschen eben so wenig mit dem Glauben an Gott zu vereinigen wissen, wie sie ihn mit dem Glauben an Unsterblichkeit vereinigen können. Bei wilden Völkerstämmen, oder auch bei denen, welche, aller reinern Religionskenntniß entbehrend, einem abergläubischen Cultus hingegeben, unter den Einflüssen ihrer Nationalvorurtheile und einer despotischen Regierungsverfassung aufgewachsen sind, auch die Neigung zum Fanatismus schon mit der Muttermilch eingesogen haben — bei solchen im Geiste Gebundenen kann die Tödtung mit der Gleichgültigkeit betrachtet werden, mit welcher wir den alltäglichen Erscheinungen des Lebens zuschauen. *Sie wissen nicht, was sie thun*, und wir dürfen sie nicht mit dem Maaßstabe messen, den wir bei Christen anlegen, welche den Glauben an Gott und Unsterblichkeit tief ergriffen und ihn in seiner Wahrheit und Hoheit erkannt haben. Muß ihr Gewissen nicht in ein unerhörtes Gedränge kommen, wenn der Verstand es unternimmt, sich *für* die Todesstrafe zu erklären? — Du glaubst an Gott — und nimmst ein Leben, das er zu schützen und zu erhalten Dir befahl; Du glaubst an die Unsterblichkeit, und Du fühlst in diesem Glauben, was Du dem Nächsten schuldig bist, damit sie ihn einst freundlich aufnehme in ihren Schooß, wie Du wünschest, daß sie Dich aufnehme, und — Du nimmst dennoch das Leben, das ihm Gott, der Gott, an welchen Du glaubst, zur Vorbereitung auf sie geschenkt hat? Mußt Du den Gerichteten nicht mit dem entsetzlichen Gedanken in die Ewigkeit begleiten:

— es gehe, wie es gehe!
Wohl — oder ewig wehe!

Du *kannst* nicht anders denken, wenn Du auch *willst*, und darum schauderst Du vor einem Gesetze, dessen Autorität in dem offensten Streite mit Deinem frommen Herzensglauben ist, und darum hat Dein Gesetzbuch für Todesstrafen keinen Platz. In welche traurige Kämpfe mochten oft schon hochherzige, weise, fromme Männer verwickelt werden, wenn sie dies Gesetz sollten gelten lassen, das so das Heiligthum ihres Glaubens antastete. Und wenn aller Glanz der Erde, Würde und Herrlichkeit sie umgab — es mußte sie gespenstig angrinsen, und sie priesen den Armen in seiner Hütte glücklich, der ihren Herzensjammer nicht ermißt. Ach, und dies Alles — um eines Gesetzes willen, das man zu verabschieden zögert! Ich weiß sehr gut, daß Andere, eben so weise und eben so edel, anders fühlen, weil sie anders denken. Die gesetzliche Tödtung kann ihnen nie angenehm seyn, aber sie erscheint ihnen als Erfüllung einer zwar schweren, doch heiligen Pflicht. Den Kampf also fühlen sie nicht, von dem ich sprach; sie vereinigen, was jene nicht vereinigen können, und würden in dem nachgewiesenen Conflicte des positiven Gesetzes mit dem Glauben an Gott vielleicht nur Mißverständniß, Begriffsverwirrung und Weichlichkeit erblicken wollen, die vor dem Lichte verschwinden, in welchem sie auf ihrem Standpunkte den Gegenstand anschauen. Es liegt am Tage, daß sich zwei Parteien unter den ausgezeichnetsten Menschen entgegenstehn, und darin namentlich entdecke ich einen der Hauptgründe, aus welchen die Todesstrafe noch immer wieder festen Fuß fassen und ihr Ansehn sichern kann, so, daß es nur zu langsam gebrochen wird. Aber diese große Verschiedenheit der Ansichten fällt denen weniger auf, die durch andere Behauptungen in dem Reiche der Wissenschaft daran gewöhnt sind. Wer weiß, ob es nicht jetzt noch, wie einst, Staatsmänner, Richter und Rechtsgelehrte gebe, die sich sogar ein Gewissen daraus machen und den innern Kampf erst dann fühlen, wenn sie gegen die gesetzliche Tödtung auftreten sollten, wie wir uns ein Gewissen daraus machen würden, für sie auch nur ein Wort zu sprechen. Weil aber beide Parteien die Wahrheit ehren und suchen und sich nicht durch politische Gründe bestimmen lassen, so muß das gegenseitige Austauschen ihrer Ansichten und das ernste Forschen in so ernster Sache, wenn es ununterbrochen fortgesetzt wird, nur desto schneller zu Resultaten führen, die der langen Fehde ein Ende machen. Mit hoher Achtung betrachten wir den Wahrheitsfreund, wo er uns begegnet. Möge er seine Stimme immer wieder in einer der wichtigsten Angelegenheiten erheben, bis sie ganz durchgesprochen ist. Die Wahrheit wird siegen! Ueber Manches, was ich noch auf dem Herzen habe, ein anderes Mal!

Achtzehnter Brief.

Als ich neulich den bangen, trüben Blick ernst und sinnend auf den Gegenstand unserer gemeinschaftlichen Untersuchung und auf die Resultate warf, welche wir bisher gefunden haben, und

„überall — all' überall
„auf Wegen und auf Stegen,"

wo jemals nur über ein Menschenleben abgeurtheilt, und jemals ein Menschenleben dem positiven Gesetze geopfert ward, von dem höhern Standpunkte der Moral und der Religion aus nur Unvereinbarkeit mit dem Pflichtgebote wahrnahm, da, lieber Freund, kamen mir noch manche Gedanken ein, die zwar in der Hauptsache nicht entscheiden, aber doch als Collateralbeweise ihr Plätzchen behaupten werden und der Mittheilung nicht unwerth seyn dürften. So dachte ich z. B. an die große Gefahr zu irren, der sich die Behörden aussetzen, wenn sie ein Todesurtheil wagen — worüber sich auch der Verf. des Werks über den Justizmord, S. 52, ausgesprochen hat. Lucas führt S. 414 sogar ein Sündenregister von Irrthümern der Richter auf, und was Malten in der neuesten Weltkunde, 6. Th. S. 122, von dem unglücklichen Gravier erzählt, hast Du gelesen, der auch schon zum Tode verurtheilt war, aber unschuldig befunden und — zur Begnadigung — auf die Galeeren geschickt ward. Das Morgenblatt N. 92 v. J. 1832 liefert eine Geschichte, die ich gern wieder erzählte, wollte ich Deine Zeit nicht schonen. — Die Schriften über Fonks Criminalproceß bewahre ich als ein liebes Geschenk aus Deiner Hand. Die Schwierigkeit, das eigentliche Faktum und den Thatbestand auszumitteln, ist doch oft so groß, das eigene Geständniß so unsicher, die Beispiele von Justizmorden so ausgemacht und gewiß, daß es sich, selbst bei der größten Behutsamkeit kaum denken läßt, wie man zu einer Strafe entschlossen seyn könne, welche das Unersetzliche auf immer nimmt. Um, was das eigene Geständniß betrifft, unter vielen Beispielen nur an eins zu erinnern, bitte ich Dich an das Mädchen zu denken, welches wegen eingestandener Brandstiftung zum Zuchthause verdammt ward, und welche nach zehn Jahren das alibi bewies. Der Fall wird in Nr. 279. der Leipz. Lit. Zeit. 1828 angeführt und treffend bemerkt, daß sich der Verbrecher von einem Grunde des Verbrechens überreden könne, der nicht Statt fand. Wie nun — wenn jenes Mädchen hingerichtet worden wäre??— und würde dies nicht einige Jahrzehende früher geschehen seyn? — Die Unsicherheit aller Zeugnisse gesteht man auch zu, meint aber, daß sich der Verbrecher nicht zu beklagen habe, wenn er nach seinem eigenen, obgleich falschen Zeugnisse, also nach seinem Eingeständnisse condemnirt werde und also erleide, wessen er sich selbst für schuldig erklärt. Wende man dies aber ja nicht auf diejenigen Fälle an, wo es sich nach dem positiven Gesetze um's Leben handelt. Der Verbrecher kann sich zwar einer gerechten Strafe — nie aber der Todesstrafe schuldig erklären, wenn er nicht als Selbstmörder erscheinen will; und könnte denn sein eigenes Zeugniß ausreichen? Soll ich dem, der aus (freilich nicht bemerktem) Wahnsinne, aus (freilich verborgenem) Lebensüberdrusse gegen sich zeugt, willfahren, das Gesetz von ihm hänseln und ihm den Kopf abschneiden lassen, weil's ihm beliebt? Und hat es nicht Schwache gegeben, die sich zu Verbrechen bekannten, von welchen sie nicht einmal eine Ahnung hatten? Die Sache ist zu bedeutend, als daß man nicht vor der Sprache des Leichtsinns erschrecken sollte, der nur hängen und köpfen will, in der Nähe und Ferne, um, wie man meint, Ruhe vor den Bösen zu haben. Wenn denn auch die Ausmittlung der Wahrheit in einzelnen Fällen so klar wie die liebe Sonne am Himmel wäre, so ist doch die Menge der Hinrichtungen, die sich immer wiederholen, für unsere Zeit — noch furchtbar groß, ob wir gleich die Verminderung solcher Auftritte freudig anerkennen und Spaniens trüber Vergangenheit den entsetzlichen Vorzug gern überlassen, daß dort einst in drei Monaten 2600 — schreibe zweitausend sechshundert — zum Tode gebracht wurden. Es muß sich daher auch sehr oft — ich sage nicht der Irrthum — das sey ferne! — aber die Gefahr des Irrens erneuern. — Bedenke nur: Gefahr des Irrthums, wo es sich um ein Menschenleben handelt! Zwar können wegen Scheines und Truges auch Strafen anderer Art, selbst bei und nach der sorgfältigsten Untersuchung, eben auch ungerecht ausfallen; diese Möglichkeit bleibt und wird bleiben, so lange die Menschen eingeschränkte, dem Irrthume ausgesetzte Geschöpfe sind — und das werden die letzten seyn, wie die ersten es waren. Daraus aber folgt, wie wir gesehn haben, nothwendig das, daß man nicht solche Strafen verhänge, die eine Verbesserung des Irrthums gar nicht zulassen. Der Züchtling kann wieder frei gelassen werden; er kann seinen höchsten und letzten Zweck erreichen, er bleibt im Genusse seiner um seines Selbstzwecks willen unveräußerlichen Rechte, und die Beengung derselben ist für ihn ein Leiden, aber keine unersetzliche Beraubung, wie bei dem Tode. Ehrenerklärungen nach dem Tode, Einsetzung der Erben in confiscirte Güter, ehrliches Begräbniß, Denkmäler, Lobreden — soll das etwa ersetzen, was sich nicht ersetzen läßt? Als Zeichen der Reue und des Rechtsgefühls mag's gut seyn, — aber dem Hingerichteten selbst frommt es nicht. Die Todten kommen nicht wieder! Wer sich in Gefahr begiebt, der verdirbet darinnen! — sagt Sirach — auch denen hat er es gesagt, die einst Gesetze erdachten, welche auf den Tod erkennen und sie der Nachwelt als trauriges Erbe überließen. — Möchte die subjective Ueberzeugung des Richters noch so sehr für das Todesgesetz sich erklären, jene Gefahr des Irrthums muß ihm sein Geschäft gewaltig verleiden. Was der Herr Professor Clarus in seiner schon ein Mal berührten Schrift in Rücksicht der Zurechnungsfähigkeit sagt, kann uns sogleich als Beweis dienen, wie unsicher die Regeln sind, die sich der Verstand erdenkt, um das Gewissen zu überreden, daß bei der Execution des positiven Gesetzes kein Fehltritt gethan werde. Er leugnet die Zurechnungsfähigkeit: 1) wenn das Alter den vollständigen Gebrauch des Verstandes nicht zuläßt; 2) wenn die Entwickelungsperiode eintritt; 3) wenn bei erweislicher, ungewöhnlicher, individueller körperlicher oder geistiger Uebermacht die gewöhnlichen egoistischen Motive zu einer Handlung fehlen, z. B. bei dem Schwärmer, welcher mordet, um hingerichtet zu werden. In diesen Fällen sollen blinde Antriebe zum Verbrechen anzunehmen seyn. Aber die Verstandesentwickelung richtet sich nicht nach positiven Gesetzen, und kein Auge des Richters dringt so tief in das Innere des Menschen, um sicher zu sondern, was frei und was unfrei in der That ist. Das fällt dem allwissenden Richter anheim. Die Bestimmung anderweiter zweckmäßiger Strafen auf solche Verbrechen, welche man gewöhnlich mit Todesstrafen belegt, ist und bleibt daher eine wichtige Aufgabe der gesetzgebenden Behörde. Wie hoch sie sich oft belohnt sehn wird, wenn sie bessernd straft, anstatt durchs Schwert zu vernichten, davon erzählt Müchler eine lesenswerthe Thatsache im 114. St. der Abendzeitung vom Jahre 1824. Heute noch kann ich die Gründe nicht vergessen, die ich einst zum Behufe der Strafmilderung bei dem Kindesmorde angegeben fand. Es waren 1) Mitleid — das der Richter dem größten Bösewicht, die Sache vom sittlichen Standpunkte aus betrachtet, ganz vorzüglich bewahren wird, das ihm aber zu Gunsten der Kindesmörderin doch wohl nicht ausschließlich empfohlen werden soll? 2) Zweifelhafte Fähigkeit des Fortlebens der gemordeten Kinder (sonderbar! das Fortleben des auf den Tod kranken Greises ist auch zweifelhaft!). 3) Der mindere Werth, den man auf die Kinder legt (das ist zu viel! sind sie nicht Menschen? Wird man doch am Ende den Gemordeten, wie den Pferden, nach den Zähnen sehn müssen, um — ihren Preis und — die Strafe des Mörders zu bestimmen!). Ach, wie täuschend, wie unsicher, wie willkührlich sind die Sätze, mit welchen man dem positiven Menschengebote einmal ein Opfer abzudingen sucht — wie willkührlich die, unter denen man es ihm überläßt — wie groß ist die Gefahr zu irren — wie mahnt sie, einer Strafe zu entsagen, die Keiner vergüten kann. Man trifft überdies bei Verbrechern auf Bemerkungen, welche für den Psychologen und Anthropologen von der höchsten Bedeutung sind und dem Richter die Mißlichkeit seines Urtheils fühlbar machen. Man nimmt Fehler der Organisation, gestörtes Gleichgewicht der physischen Funktionen und daher entstehende Einwirkungen auf das Sittliche wahr, welche die größte Aufmerksamkeit verdienen, aber die schärfste Beobachtung zu Schanden machen können. Es sey erlaubt, an die so häufig gemachte Wahrnehmung zu erinnern, wie zu einer bestimmten Periode des Lebens der Drang zum Feueranlegen erstarkt, und wie oft hat man schon den unseligen Trieb zum Morden zur Sprache gebracht! Was Buzerini in seinen Untersuchungen über die körperlichen Bedingungen der verschiedenen Formen von Geisteskrankheit, über Brandstiftungstrieb, Zerstörungstrieb, Mordlust u. s. w. sagt, und welche Aufschlüsse und Andeutungen die wichtigen Forschungen auf dem Gebiete der Seelenkunde geben, das weißt Du, und diese schätzbaren Kenntnisse werden immer mehr das Eigenthum des Publikums, je mehr auch viel gelesene Zeitschriften sie zu verbreiten suchen. Ein interessantes Verzeichniß von Fehlern der Organisation, welche sich bei Verbrechern fanden, lieferten die Blätter aus der Gegenwart Nr. 92. 1831, und die jüngst bekannt gewordene Geschichte von der Mutter, welche ihre vier Kinder ermordet, weil sie in der Schwangerschaft geträumt hatte, diese Kinder würden einst Diebe werden, mehr noch die gräßliche Erscheinung der Giftmischerin in Bremen sind ganz geeignet, unsere Aufmerksamkeit auf jede Ausbeute zu richten, welche das Studium des Menschen und des Seelenlebens gewährt. Je schreckender und grauenhafter die Neigung zum Bösen hervortritt, desto mehr drängt sich der Gedanke an veranlassende Ursachen derselben auf, die in dem innersten, tiefsten Zusammenhange des Psychischen und Somatischen liegen — denn wohl ein Bösewicht, aber nicht ein Teufel kann der vernünftige Mensch werden. Gebe man daher zu, was zugegeben werden muß, daß auch der größte Scharfsinn ganzer medizinischer Fakultäten nicht immer — vielleicht nie im Stande sey, alle Gründe sicher aufzufinden, welche die Anwendung des positiven Gesetzes unstatthaft machen würden, sobald sie dargethan werden könnten, und daß der Missethäter am Ende nur für die Kurzsichtigkeit Anderer und für die Beschränktheit wissenschaftlicher Forschungen büßen müsse. Der Richter, der es bloß mit der That zu thun hat, spricht, wenn das Gesetz es fordert, und jene constatirt ist, auf den Tod. Aber wer dürfte noch, da die Dunkelheit, welche die Physiologie und Psychologie bei allen auf ihrem Gebiete angestellten Beobachtungen übrig ließen, nie gehörig zerstreut wird, und da der Grad der moralischen Freiheit im Handeln von keinem Menschen vollkommen gewürdigt werden kann, da überdies diese Freiheit bei dem Verbrecher nicht nur, sondern bei jedem Menschen eine Menge unbeantwortlicher Fragen übrig läßt — wer dürfte da auf menschliche Aussprüche über Zurechnungsfähigkeit ein so großes Gewicht legen? Die ruhige, vielseitige, unparteiische Prüfung ist ehrenvoll und nützlich, nur nicht ausreichend zu dem Zwecke, zu welchem sie das Todesgesetz verwenden will, wenn man auch die Weisung nicht beachten sollte, die ich aus einem kleinen, aber gehaltvollen Aufsatze hier einschalte, daß der Leidenschaftlose den Leidenschaftlichen am wenigsten richtig beurtheilen könne, weil ihm dazu der Maaßstab fehle. Diese Unvollkommenheit menschlicher Erkenntniß macht den Verbrecher nicht straflos — uns aber soll sie behutsam machen und vor solchen Strafen warnen, welche eine nachfolgende Modification gar nicht zulassen, und mithin auch keine, dem Gestraften zu Gute kommende Verbesserung des Mangelhaften, was jedem positiven Gesetze immer anhangen wird. In welch einem ganz andern Lichte würden große Verbrecher erscheinen, könnte man in die Geheimnisse der Menschennatur eindringen. Die Fäden, an welchen die Missethat mit den ersten, schuldlosen Regungen zusammenhängt, sind so fein, und das, was ein Herz oft so schnell umstrickt, verliert sich vor dem Blicke eben so oft in eine so große Tiefe, daß sie kein Menschenauge erreicht. Wo man im Ganzen doch nur auf der Oberfläche verweilen muß, und Irrthum unvermeidlich wird, da hilft es nichts, wenn man noch so sehr sich bemüht, seinem Urtheile das Ansehn zu geben, als sey es hinlänglich auch in Rücksicht dessen basirt, was in dem dunkeln Innern vorgeht. Weit entfernt von materialistischen Ansichten, und von ganzem Herzen es billigend, daß man sich vor jedem Mißbrauche einer psychologischen Rechtspflege hüte, bei welchem, wenn er nicht vermieden wird, zuletzt von Zurechnungsfähigkeit und Strafbarkeit gar keine Rede mehr seyn, und alles Regiment und alle Ordnung aufhören müßte, wie Hr. Hofr. Dr. Clarus in der angeführten Schrift S. 48 ff. bemerkt, kann ich doch und muß ich eben so sehr wünschen, daß man aufhöre in schwankenden Ergebnissen der Wissenschaft eine ausreichende Rechtfertigung des Todesurtheils nachzuweisen; daß man die gerechtesten Bedenken gegen jene nicht für nutzloses, leeres Gewäsch erkläre, und bescheiden zugestehe, daß die Vollziehung dieses Urtheils um so unstatthafter erscheine, je weniger von Untrüglichkeit in Beurtheilung menschlicher Seelenzustände die Rede seyn kann, und daß man von subjectiven, hier so, dort anders sich aussprechenden Ansichten nicht einen Erfolg abhängig mache, den keine Thräne der Reue vergüten kann. Ich muß dies Mal eher abbrechen, als ich glaubte. Was ich noch sagen wollte, sey Gegenstand des nächsten Briefes!

Neunzehnter Brief.

Sollte wohl überhaupt der Begriff der Strafe auf Hinrichtungen anzuwenden seyn? Halte mir die Frage zu gute, mein Ferdinand. Ich mag über Worte nicht streiten, wo wir noch Wichtigeres zu besprechen haben; aber von unserm Standpunkte aus erscheint sie doch nicht ganz leer. Erlaube einen einzigen Rückblick auf Früheres! Strafe, wenn sie gerecht und zweckmäßig und also der Bestimmung des Menschen entsprechend, mithin auf seinen höchsten Zweck berechnet, diesem wenigstens nicht zuwider seyn soll — setzt die Erhaltung und das Daseyn des zu strafenden Subjekts voraus, um dadurch auch an ihm — an diesem Subjekte, einen Zweck zu erreichen. Mag die bürgerliche Strafe nur indirect auf das Höchste wirken und zunächst bloß zur Legalität anhalten und so alle Rechtsverletzungen möglichst zu verhindern, die Autorität des Strafgesetzes zum Behufe des Gemeinwohls zu schützen suchen: sie soll zuletzt der Moralität, als dem Höchsten und absolut Nothwendigen, den Weg bahnen, und so nicht bloß bürgerliche Wohlfahrt, die sich schon einigermaßen, wenn gleich sehr unvollständig mit einem legalen Verhalten verknüpfen kann, sondern mittelbar auch sittliche Wohlfahrt befördern. Setze diesen Zweck bei Seite, und die Strafe wird — Rache, oder jedenfalls bloßes Vehikel politischer und egoistischer Zwecke. Abschreckung und Warnung Anderer kann, als heilsame Wirkung und Folge aus der Strafe, wenn sie an dem Sträflinge vollzogen wird, hervorgehen; seine Willkühr kann zum Behufe des Gemeinwohls gebändigt werden, aber seine Lebenserhaltung ist zu Erreichung des höchsten Strafzwecks nothwendig. Gradehin entgegen steht nun die Hinrichtung, die ihn aus der gegenwärtigen Ordnung des Seyns und Strebens herausreißt, und in so fern nicht sowohl als Strafe, vielmehr als Vernichtung erscheint. Die Frage wäre also die: Giebt es ein Recht zur Vernichtung der Person für die ihr angewiesene gegenwärtige Ordnung der Dinge? und sie muß nach Allem, was wir bereits beigebracht haben, entschieden mit: Nein! beantwortet werden. Der Mensch hat für sein: Jetzt allen Gebrauch seiner Rechte verloren — wir dürfen hier den Satz anbringen: non existentis nulla sunt jura — alle Rechte sind für ihn nicht mehr, die er zu seinem höchsten Zwecke nutzen sollte, so bald er getödtet ist; er existirt für das Jetzt wirklich nicht mehr. — Bei der Strafe, soll sie ihren ehrwürdigen Charakter behaupten, hört das Streben nach dem Höchsten nicht auf; es wird durch sie belebt; hier aber hört es auf — hier ist — Vernichtung!

Diese Ansicht faßt, woran ich bei dieser Gelegenheit erinnern will, der Hr. Prof. Dr. Krug, vom Selbstmorde, in seinem allgemeinen Handwörterbuche der philosophischen Wissenschaften 3. B. Art. Selbstmord. Es sey, heißt es dort, wenn der Mensch sich tödtet, eben so anzusehn, als ob er sich selbst vernichte, — wobei ganz richtig bemerkt wird, daß er über die Verhältnisse des künftigen Lebens nicht bestimmen könne. Und da ich das Buch einmal vor mir liegen habe, so laß mich noch aufmerksam darauf machen, daß der gelehrte Hr. Verfasser zugiebt — „Der Selbstmörder könne den Glauben an Unsterblichkeit nicht mit Grund in sich nähren, wenn er nicht den Willen habe, sich durch treue Pflichterfüllung in allen, auch den beschwerlichsten Lebenslagen des künftigen Lebens würdig zu machen." — Am Schlusse des Artikels finden sich die Worte: „Auch kann Niemand einem Andern Erlaubniß zum Selbstmorde geben, wie der Kaiser Hadrian dem Stoiker Euphrates auf dessen Ansuchen erlaubte, sich selbst zu tödten, gleichsam als käme hier nur die Bürgerpflicht in Anschlag, von der man durch das Staatsoberhaupt dispensirt werden könnte. Der Mensch steht ja über dem Bürger und die Menschheit über dem Staate." Das ist Alles ganz vortrefflich und ganz klar; aber wie kommt's, daß diese Urtheile nicht gelten sollen, wenn von gerichtlichen Tödtungen die Rede ist? — Der Effect ist zunächst derselbe — das organische Leben wird zerstört, hier durch Henkershand, dort durch eigene Hand. Gilt der Glaube an Unsterblichkeit nichts, wenn man tödten läßt — und soll er da nur zur Sprache kommen, wo man sich selber tödten will? Steht, wo die Tödtung durch ein positives Gesetz verhängt, also die Zerstörung des Lebens beschlossen wird, der Mensch nicht über dem Bürger? Kann das positive Gesetz dem Henker sagen: Tödte! wenn es dem Menschen nicht sagen kann: Tödte dich selbst! Und — ist Vernichtung — die Idee der Vernichtung nicht eine richtige, wenn ein Fremder den Unglücklichen am Galgen aufknüpft, wohl aber, wenn er sich selbst erdrosselt? Nicht eine richtige, wenn ein Fremder ihm den Kopf abhaut, wohl aber, wenn er sich selber die Gurgel durchschneidet?? — Sonderbar! Wolltest Du hier (kaum sehe ich, wie es möglich wäre) von einem Wortkriege sprechen — so würde doch bei dem Friedensschlusse sich der Vortheil für uns ergeben, daß die von uns vertheidigte Wahrheit ein neues Licht erhält, wenn das, was man Todesstrafe nennt, als Vernichtungsprozeß für die gegenwärtige Ordnung der Dinge erscheint.

Doch abgesehn davon — eine zweite Frage, die, denke ich, Deiner ganzen Aufmerksamkeit werth seyn muß. Kann — von unserm Standpunkte aus — eine Hinrichtung moralisch zulässig seyn, so lange noch Zweifel gegen die innere Rechtmäßigkeit derselben erhoben, und nie evident und triftig widerlegt sind, so lange es also an einer genügenden Entscheidung gebricht — ja, was noch mehr sagen will, so lange die Zweifel immer stärker und immer lauter werden? Ich läugne nicht, daß es eine Zeit gegeben habe, wo sie Keinen beunruhigten, wo man glaubte, man thue Gott einen Dienst daran, wenn man an seiner Statt über das Leben verfüge. Aber wenn ich dagegen denke, daß diese Zeiten — wenigstens für einen großen Theil der kultivirten Welt, längst vorüber sind, und daß die edelsten und weisesten Männer ihre Bedenken über das vermeinte Recht, am Leben zu strafen, ausgesprochen, und die gebildetsten Rechtslehrer dasselbe so oft in seiner Schwäche dargestellt haben: so muß es doch, auf's Wenigste gesagt, auch seinen Vertheidigern als ein Gegenstand erscheinen, der keineswegs als ausgemacht anzusehen, sondern immer noch problematisch ist, und das Gewissen muß um so mehr zwischen den Forderungen des Sittengesetzes und denen des bürgerlichen Gesetzes in ein qualvolles Gedränge kommen, je mehr der moralisch-religiöse Sinn lebendig wird. Die Sätze: Man solle Gott mehr gehorchen, als den Menschen, und: Man solle nichts mit zweifelndem Gewissen thun, denn Alles, was nicht aus dem Glauben, nicht aus einem festen Bewußtseyn des Rechts hervorgeht, sey Sünde — diese Sätze lassen sich nicht wegdemonstriren und machen die gesetzliche Tödtung demjenigen moralisch unmöglich, der nicht — sey es auf welchem Wege es wolle — die subjective Ueberzeugung von ihrer sittlichen Rechtmäßigkeit unerschütterlich gewonnen hat. Werden nun die obwaltenden Zweifel über das Recht am Leben zu strafen immer lauter, und mißlingen die Versuche immer wieder, ein solches Recht mit siegreichen Gründen darzuthun und über alle Bedenken zu erheben: so würde derjenige die Vollziehung des Todesurtheils als unstatthaft abzuweisen vollauf Ursache haben, welcher diesem Urtheile auch sonst das Wort zu reden nicht abgeneigt ist. Denn — quod dubitas, ne feceris! — Diese Bemerkungen werden um so bedeutender und müssen uns um so lebendiger vor die Seele treten, wenn wir uns als Christen darüber unterhalten. Reden wir als solche, guter Ferdinand, und als Christen wollen wir urtheilen, unabhängig von ephemeren Einfällen, die zu Gunsten dieser und jener Schule, dieses und jenes Systems aufgestellt werden, und die mit jedem Decennio, auch wohl noch weit früher, eine andere Gestalt gewinnen können — so ziehen wir unsere ganze Verhandlung durchaus vor den Richterstuhl der Vernunft und nehmen das Licht des Evangeliums zu Hülfe. Dann aber versteht es sich von selbst, daß wir den in diesem Gebiete heilig gehaltenen, eben bemerkten Grundsatz nicht aufgeben dürfen; daß wir der sittlichen Güte unserer Handlungen gewiß seyn sollen; daß wir da, wo wir auf gut Glück hin zu Werke gehen, unbekümmert, ob wir das Rechte oder das Unrechte treffen, sündigen. Ein Jeglicher sey in seiner Meinung gewiß — das ist eine unabweisliche Forderung des Christenthums und des durch dasselbe geschärften Gewissens. Bei dem gegenwärtigen Stande der Dinge nun, wo die alte Ueberzeugung gewaltig aus ihrem tiefen, langen Schlafe aufgerüttelt ist, und wo unter den Weisen und Guten der sorgfältig wägende Forscher unter dem großen Haufen der Freund der Galgen und Schaffote, will er sich nicht selbst übertäuben, nothwendig auf Bedenklichkeiten stoßen muß — da wird sich die Todesstrafe immer schwerer zur Vollstreckung bringen lassen, weil derer immer weniger werden müssen, die von ihrem innern Rechte überzeugt sind. Wer möchte dabei mit quälender Ungewißheit und mit folternden Zweifeln zu Werke gehn wollen? Die Sache ist doch wahrhaftig zu wichtig, um dabei etwas zu wagen, und dem hartnäckigsten Festhalten am Alten, Gewohnten und Bestehenden wird doch Keiner so leicht das theuerste Kleinod — die Gewissensruhe zum Opfer bringen wollen. Es wäre ja entsetzlich, in der bedeutendsten Angelegenheit etwas in der Praxis gelten zu lassen, was sich in thesi, vor der Vernunft nicht vertheidigen läßt, und was den Befangenen — oder selbst auch dem consequenten, fest an seinen Principien hangenden Denker unsicher, zweideutig und zweifelhaft erscheinen muß, nachdem es im Sichten und Wägen von so vielen Forschern so leicht befunden ist. Ausgemachte Wahrheiten kündigen sich dem gemeinen gesunden Menschenverstande ohne Schwierigkeit an. „Das große ψευδος der Rechtsgelehrten und der Theologen ist die Wuth, tiefsinnige Theorien für höchst klare Sachen auszuspinnen" — heißt es ein Mal in einer Stelle der Schuderoffschen Jahrbücher; aber — simplex sigillum veri! Du sollst nicht tödten, nicht lügen, nicht stehlen — es bedarf keiner weitläufigen Deductionen, um die Ueberzeugung von der Wahrheit solcher Sätze zu gewinnen, und grade die weit hergeholten, künstlich zusammengesetzten, durch tiefe Gelehrsamkeit und Abstraction gewonnenen Gründe waren nicht selten nur Beweise für die Schwäche des Beweises, leuchteten wenigstens Vielen gar nicht ein, konnten daher keine allgemeine Ueberzeugung bewirken, gingen gewöhnlich von subjectiven Ansichten aus und mußten vielen Zweifeln bei denen Raum lassen, welche sich mit den Principien, worauf sie gebaut waren, nicht einen können, und welche nach ganz andern Prämissen urtheilen. Es stände sehr schlimm, wenn über Leben und Tod nur nach den Sätzen dieses oder jenes Systems, nicht nach völlig ausgemachten Grundsätzen und nach allgemeinen, nothwendigen, anerkannten Wahrheiten geurtheilt werden, und nur aus jenen noch Trost für das Gewissen geschöpft werden könnte. Und ist es nicht am Ende hier wirklich so?

Müßte nicht — wenn man Bedenken trüge, die Todesstrafe ohne Weiteres abzuschaffen — müßte sie nicht wenigstens sofort sistirt werden? Dann würden vielleicht noch Todesurtheile erfolgen, so lange das Todesgesetz noch bestände; der Richter würde erklären, daß dies Gesetz den Tod verlange, und also thun, was auch der Laie thun kann, wenn er die That und das Gesetz kennt, nur daß jener seinen Ausspruch in bestimmter Form von Amtswegen thut. Allein himmelweit davon verschieden ist die innere Billigung des Gesetzes selbst, die unter den obwaltenden Zweifeln nicht da seyn kann, und daher sollte ihm wenigstens der Erfolg nicht gegeben werden, den es fordert. Wäre doch dies Sistiren das Wenigste, worauf sich die Erwartungen und Wünsche und Bitten der Zeit herabstimmen ließen! Aber es wäre dennoch gut; es wäre ein Schritt zum Aufheben des Blutgesetzes!

Daß es bis jetzt noch executirt wird, hat seinen Grund auch darin, daß sich immer noch Menschen zur Vollstreckung desselben willig finden lassen. Denn in der That, würde auch das Todesurtheil gefällt — seine Vollziehung wäre unmöglich, wo das Pflichtgebot über Alles gilt und seinen Supremat über alle positiven Gesetze und über alle politischen Rücksichten behauptet, und wo mithin Keiner da ist, der sich zum Tödten hergiebt. Nun werden aber doch Personen dazu verlangt, und — wie Schiller den Gordon im Wallenstein sagen läßt:

„Zu Henkersdienst drängt sich kein edler Mann."

Man stellt uns zwar den Blutact, auf den das Gesetz dringt, als etwas Löbliches, Gutes, Gerechtes — also Ehrwürdiges dar, und doch würde man es tief unter seiner Würde halten, ihn zu vollziehen. Sonderbar, wenn man wirklich glaubte, was man spricht — aber man glaubts nicht, weil man nicht kann, und man kann nicht, weil man das Vernunftgebot schon vernommen hat, und überläßt die Gesetzesvollstreckung dem, der mit einiger Consequenz dabei zu Werke gehn kann, weil er den Geist eines barbarischen Zeitalters zu dem seinigen gemacht hat. Im rauhen Alterthume war so etwas Ehre und Geschäft für bedeutende Ehrenstellen, wovon Michaelis in seinem Mosaischen Rechte, 5. Th. §. 232., stattliche Beispiele anführt, der aber freilich den Ehrentitel jener Herren zu deutsch durch: Oberster der Menschenschlächter, etwas unzart, übersetzt hat. Jetzt ist das anders, und wir erschrecken vor dem abscheulichen Laussel, dessen von Strahlheim in der Geschichte unserer Zeit, 10. B. 37. H. S. 83, gedenkt, und der in seiner eben so schrecklichen Zeit die Behauptung aufstellte, daß jeder ächte Jacobiner bereit seyn müsse, das Amt eines Scharfrichters selbst zu verrichten. Alphonse Ornano war ein Mann der Art, wie Du aus dem Maistück der Minerva v. J. 1831 S. 307 ersehen kannst. Einer seiner Neffen, der eine Militairpflicht vernachlässigt hatte, kommt, bei ihm zu Mittag zu speisen. Alphonse steht auf, erdolcht ihn, fordert Wasser, sich die Hände zu waschen, und setzt sich wieder zu Tische. — Wie gefällt's? — Wenn kein ausgezeichneter Staatsbürger sich hergiebt, zu thun, was das Gesetz fordert, selbst wenn er die Autorität desselben vertheidigte, wenn er vielleicht schon in der Stille das Entsetzliche und dem Sittengesetze Widerstreitende der Hinrichtung einsieht: warum verlangt er die Vollstreckung von einem

Andern? Warum muthet er ihm zu, was er selbst verabscheut, und was er nie thun würde? Eine Zumuthung ganz eigener Art, mit der die Pflicht nicht einstimmig ist, weil der Antrag auf etwas an sich Verwerfliches — keineswegs auf etwas an sich Unschuldiges, nur mit gewissen, bestimmten Verhältnissen eines andern Subjekts nicht Vereinbares gerichtet ist. Man sage also nicht, daß die Vollstreckung der Todesstrafe nur darum nicht mehr einem höher Gebildeten zukommen könne, weil dies mit der Sitte der Zeit streite, und weil sich im Fortgange der Civilisation die Ansichten geändert haben. Der Grund liegt tiefer und dürfte nur höchstens dem Duellanten nicht einleuchten. Der Akt selbst erscheint abscheulich; das Gewissen mahnt ab, und — wer das Abscheuliche und diese Abmahnung fühlt, der kann nicht Hand anlegen. Was geschieht also? Aus den niedern Volksklassen nimmt man die Nachrichter und Henkersknechte gewöhnlich her. Sind die nun gut genug dazu, weil sie weniger über die Moralität dessen gedacht haben, was sie vollenden sollen? — Der Gedanke wäre nicht edel. Nimmt man sie zu Hülfe, weil sie sich selbst erbieten, und weil man meint, bei einer etwa vorherrschenden Rohheit können sie am besten da gebraucht werden, wo es dem Manne von Bildung und Zartgefühl sogar physisch unmöglich werden würde, Dienste zu leisten: so ist das eben so schlimm. Ist's doch schon traurig genug für jene, wenn sie noch auf einer Stufe der Bildung stehn, die ihnen die Uebernahme ihres Geschäfts möglich macht — aber wie? es wäre recht, sie darauf zu erhalten? sie durch wiederholte Uebungen in ihrer Arbeit noch tiefer herabzudrücken, um dem Gesetze in ihnen Mittelspersonen zu sichern, die es executiren? Sie geistig aufzuhalten, damit sie ihm körperlich dienen? Wie lautet das heilige Gebot, das uns gegeben ist? Es lautet also: Wie ihr wollt, daß euch die Leute thun sollen, also thut ihnen gleich auch ihr, und also umgekehrt: wie ihr nicht wollt, daß euch die Leute thun sollen, so thut auch ihr ihnen nicht! — So lautet es — so! Können wir vernünftiger Weise wünschen, daß man uns in der Barbarei lasse, wenn man uns bilden, uns in der Unwissenheit lasse, wenn man uns belehren, uns auf dem Irrpfade lasse, wenn man uns zurecht weisen kann? Müssen wir's nicht wünschen, können wir's nicht fordern, daß man uns die Hand reiche? Können wir wollen, daß man uns gehn lasse, damit wir tauglich bleiben, Werkzeuge zu einem Geschäfte zu seyn, gegen welches sich das bessere Gefühl und das Gewissen empört? Sollen wir daher nicht Alle, die noch hinter uns zurück sind, zu uns hinan bilden? Versäume dies — versäume es aus solchen Gründen — und wenn denn das nicht wieder heißt, Menschen als Sache behandeln, so weiß ich nicht, was sonst noch so heißen möchte. Das geschieht aber auch in keinem weise, gerecht und human regierten Staate; seine Institutionen, Gesetze, Bestrebungen gehen alle darauf, daß das Höchste erstrebt, daß also jeder Bürger immer mehr für das Edle gewonnen werde. Je mehr dies aber gelingt, desto weniger lassen sich zuletzt Menschen auftreiben, die das gesprochene Urtheil ausführen wollen, und grade der beste Staat vermindert durch Pflege des Wahren und Heiligen und durch rastlose Förderung der Cultur die Zahl derselben am allerschnellsten. Wäre nun — laß uns diesen Fall setzen — der bessere Geist auf alle Andern übergegangen, wie er schon auf dem ruht, der sich zum Todtmachen nicht hergeben will: wo in aller Welt, wo soll dann ein Mensch aufzufinden seyn, der Exekutor eines Gesetzes werden möchte, dessen innere Natur er mit klar erkannten Principien der Moral nicht vereinen kann? Gezwungen dazu kann in einem Lande, wo die Gerechtigkeit auf dem Throne sitzt, Keiner werden, und da, wo dies nicht der Fall wäre, würde der gute Mensch den Muth zu bewähren haben, der ihn lehrt, die Sprache eines freimüthigen Apostels zu führen: Richtet ihr selbst, ob es vor Gott recht sey, daß wir euch mehr gehorchen denn Gott? Und wenn selbst die Grausamkeit drohte, er würde ihr mit Josephs Worten begegnen: Wie sollt' ich ein solch großes Uebel thun und wider Gott sündigen? Würde er sich nicht immer als den ansehn, durch welchen der Andere das Leben verlor, ohne nur die mindeste Entschuldigung für sich zu haben? Würde er noch mit Ruhe auf die Herrlichkeit der Gotteswerke schauen und in dem Farbenspiele der Blume, wie in dem Schimmer der Sterne, kindlich froh den Vater finden, der sich aller seiner Werke erbarmt, wenn er an das Auge denkt, das unter seinem Gewaltschlage sich schloß? Würde er noch zum muntern Gespräche seinen Mund öffnen — denkt er an den, der auf immer verstummte, da er seine Hand aufhob zum tödlichen Streiche? Würde das Herz ihm nicht in der Stunde beben, wo er bittet: Vergieb uns unsere Schuld! wenn er an den denkt, dem keine Stunde der Reue mehr aufgeht von dem Augenblick an, als sein Schwert — vielleicht den letzten Ton der Lästerung erstickte? Hatte er, den keine menschliche Macht dazu nöthigen konnte, hatte er nicht wirklich die Hand an den Bruder gelegt? Könnte ihn der armselige Vortheil bestimmen, den man ihm für seinen schrecklichen Dienst gewährt? -- denn noch bis diesen Tag wird für das Köpfen bezahlt, und das Menschliche geht unter in der Gleichstellung mit dem Thiere — ein furchtbarer Gedanke — wahr, wie die Erfahrung lehrt und keine Uebertreibung, nur schlichte Relation! — Kann dies aber den reizen, der, könnte er die ganze Welt gewinnen, sie um solchen Preis nicht haben möchte — erkauft mit dem Schaden an seinem sittlichen Leben, das da verletzt wird, wo die Stimme des Gewissens um Gewinnstes willen zum Schweigen gebracht wird? Oder kann er sich darauf beziehen, daß er das Todesurtheil nicht zu vertreten habe? Kannte er nicht früher schon Gottes heiliges Gebot: Tödte nicht! — Ihm, welcher seinen großen Beruf kennt und seine Pflicht höher als Alles achtet, welcher Gott über Alles und den Nächsten wie sich selbst liebt — ihm dem Menschen — dem Weisen — dem Christen — ist es unverletzlich. Noch heute kann ich es nicht vergessen, daß man vor einigen Jahren in Petersburg Keinen finden konnte, der sich zu solcher Blutarbeit verstehn wollte. Hat die Leipziger Zeitung wahr erzählt, so wollte auch in Carnaron in Wallis Niemand Hand anlegen, als ein Straßenräuber hingerichtet werden sollte. Lucas führt in seinem Werke eine Stelle aus einem Briefe von Laussot an den See-Minister an, worin es heißt: Man kann, ungeachtet der herrlichsten Versprechungen, sich unter den schwarzen Sclaven keinen Henker gewinnen, und doch, fährt Lucas fort, findet man ihn unter den Weißen! — Ja leider! — Die Krit. Pred. Bibl. von

Röhr berichtet, kein freier Portugiese vollstrecke das Todesgesetz, man muß Verbrecher dazu nehmen, und nie ist die Hinrichtung Gegenstand roher Schaulust, sondern des allgemeinen Abscheus, wobei in der Gegend des Richtplatzes und in den dahin führenden Straßen alle Fenster und Laden mit Vorhängen verschlossen sind. — Wie beschämend für Viele, die nicht eine so ferne Grenze von uns trennt! Wie beschämend für den, der wohl mit Freude zur Vollstreckung der Todesstrafe seinen Arm leiht, der sich wohl gar eine Ehre daraus macht! Siehe da, die Macht der Verirrung! Und wie seltsam sprach sie sich damals aus, als das blinde Vorurtheil die Menschen noch in bürgerlich Ehrliche und bürgerlich Unehrliche theilte, wo der Scharfrichter, der den Menschen vom Leben zum Tode bringt, wie ein Künstler (ach, daß sich Gott erbarme!) geachtet ward, „daß er sich sogar, wie ein Schriftsteller sagt, nach hundert abgeschlagenen Köpfen zum Doctor richten konnte, als ob er dadurch ein hundertfaches Gehirn erhalten hätte" — aber der Freiknecht, der, wenn er sich nur mit dem Hängen und Rädern nicht befaßte, durch seine übrigen, der öffentlichen Wohlfahrt so nützlichen und nöthigen Geschäfte ein wahrhaft ehrenvolles Mitglied des Staatskörpers ist, sich vor andern kaum durfte erblicken lassen. Ich verdamme keinen von denen, die sich zu Ausrichtern des Todesurtheils hergeben. Ich denke da auch: „sie wissen nicht, was sie thun," und beruhige mich bei den Worten, welche Petrus an die Juden seiner Zeit sprach: Nun, lieben Brüder, ich weiß, daß ihr's durch Unwissenheit gethan habt! Aber dann kommt es eben so, wie ich vorhin sagte; man nimmt die Vollstrecker des Todesurtheils aus der Klasse derer, welchen das volle Licht über das, was sie thun, noch nicht aufging. Ist dies erst geschehn — dann suchst Du umsonst nach ihnen; dann geh' von Haus zu Haus, und laß das Gesetz nach einem Executor seines Willens rufen, schreien, wimmern und winseln — es erscheint Keiner! Der Christ — kann nicht kommen — er kann nicht. Der von mir schon früher bemerkte Widerwille gegen Nachrichter würde dann auch allgemeiner noch hervortreten; es würde Jedem seyn, als trüge der Mensch von dem Augenblicke an, wo er in den Dienst des Todesgesetzes tritt, ein Zeichen an der Stirne, mit der warnenden Inschrift: Hic niger est, hunc tu, Romane, caveto! Da würden keine Richtschwerte geschmiedet — wer sollte sie schmieden? keine Schaffote erbaut — wer sollte sie bauen? keine Köpfe abschlagen — wer sollte das Abscheulichste unter dem Abscheulichen an dem und gegen den beginnen, der ein Mensch ist, wie er? Nur der Gedanke betrübt, daß Unkenntniß und Gewohnheit und Vorurtheil es bis diesen Tag noch zu diesem Ziele nicht kommen ließen. „Die Bhils — erzählten ein Mal die Blätter der Börsenhalle — waren unter dem Nadir Sing furchtbar geworden. Der Nadir hatte sich einer Mordthat schuldig gemacht, und der Gerichtshof der Compagnie sprach das Urtheil der Verbannung über ihn aus. Man nahm einige gefangen eingebrachte Frauen ins Verhör und fand, daß der Vater und der Ehemann einer derselben, die erst vierzehn Jahre alt war, die Werkzeuge des Verbrechens waren. Auf die Frage an das junge Weib: ob dem so sey? erwiederte sie ohne Rückhalt: „Ei freilich; aber sie thaten es auf Befehl des Dhunni" oder Herrn. — Hier galt das Menschengebot allein; es wäre anders gewesen, und das arme Weib hätte anders geurtheilt, wäre ihr schon klar gewesen, daß ein heiliges Gottesgebot anders gebiete. So geht es überall. Wem es an klarer Erkenntniß der Wahrheit fehlt, der wird in Gefahr bleiben, das Todesgesetz zu vollziehen und noch obenein zu denken, er thue Gott einen Dienst daran! Mögen diese Nebel sich zerstreuen! Dann nimmt Keiner das Richtbeil in die Hand; die Exekutionen sind unausführbar geworden! Und diese Zeit — wer führt ihr am sichersten entgegen? Doch das Christenthum, wenn es in seiner Reinheit erfaßt wird. Doch da komme ich auf einen Gegenstand, den ich einem besondern Briefe aufbehalte. Lebe wohl!

Zwanzigster Brief.

Die Erscheinung des Welterlösers ist die herrlichste Promulgation des Vernunftgebots geworden. Aber wir würdigen sie noch nicht, wie wir sollen, wenn wir in ihr bloß eine Unterrichtsanstalt erkennen, der man schon alle gebührende Ehre anzuthun glaubt, wenn man ihr um ihrer praktischen Brauchbarkeit willen einige eigenthümliche Vorzüge vor den philosophischen Schulen des Alterthums zugesteht. Sie sollte eine große sittliche Wiedergeburt des Menschengeschlechts, die Stiftung eines Gottesreiches vermitteln und es in der Kraft der erkannten Wahrheit einführen. Allerdings hält daher das Evangelium das Ideal der sittlichen Vollendung vor, dem seine Bekenner nachstreben sollen. Bei diesem Streben mußte alle Thätigkeit des Menschen veredelt und seiner wahren Bestimmung immer entsprechender werden; es mußten daher auch, um von dem Allgemeinen auf unsern besondern Gegenstand überzugehn, es mußten auch alle bürgerlichen Institutionen und die bürgerliche Gesetzgebung sich da, wo der Geist des Christenthums Eingang fand, immer mehr von allen den Mängeln reinigen, die dem Gottesreiche auf Erden hinderlich entgegen stehn, dagegen aber immer mehr an den Vorzügen gewinnen, wodurch die Zwecke desselben gefördert werden. Ohne daß also das Christenthum selbst positive Gesetze für das bürgerliche Leben aufstellt — was keine Aufgabe für eine Weltreligion ist, die für alle Zeiten, alle Orte, alle Geschlechter verkündigt ward — so will es sie doch veredeln und heiligen, und sie können nie gerechter und wohlthätiger seyn, als dann, wenn sie im Geiste des Christenthums gedacht und gegeben sind. „Alles positive menschliche Recht, sprach der Hr. Dr. Großmann ein Mal bei Gelegenheit der landständischen Versammlungen des Königreiches Sachsen, kann und soll nichts Anderes seyn, als ein Abglanz und Wiederschein des göttlichen Lichts und göttlichen Rechts, das uns im Gewissen und im Evangelio erleuchtet." Ich weiß, wie man von anderer Seite her bemerkt, daß das Christenthum, als positive Religionsform, auf die bürgerliche Gesetzgebung keinen Einfluß haben könne; aber wenn man ihm so seine Stimmfähigkeit bei einem hochwichtigen Geschäfte streitig zu machen sucht, so vergißt man, wie es scheint, ganz und gar, daß bei ihm von einer Religion die Rede sey, welche unter der positiven Form die ewige Wahrheit einführt, und darum von Allen, die aus der Wahrheit sind, gehört wird, weil es eben das höchste Ideal vorhält, und, wie es in Stark's universalhistorischen Ueberblicken wahr und treffend heißt — weil seine Ideen ursprünglich der Menschheit angehörig sind — in der Natur des Lebens, in den Bedürfnissen und in der Bestimmung des Menschen eben so tief begründet sind, als sie mit dem Wesen, Willen und Wirken der Gottheit zusammenhängen — weil sie unmittelbar dem Leben selbst angehören. Je klarer dies hervortritt, je vertrauter wir mit dem Geiste und mit dem hohen, göttlichen Zwecke der Religion und der Religionsanstalt Jesu werden, desto einleuchtender wird es, wie sich immer wieder die Meinung geltend machen konnte, daß sie die Todesstrafe nicht als Mittel, die gesetzlose Willkühr zu zügeln und zu züchtigen, gestatten könne, und desto weniger wird es befremden, daß alle Versuche, sie mit dieser Strafe auszusöhnen, für Tausende fruchtlos blieben bis auf den heutigen Tag, und fruchtlos für Tausende bleiben werden, wie oft man sie auch erneuern möchte. Sie stellen Folgendes entgegen: So gewiß, sagen sie, die christliche Religionsanstalt ihren Zweck, der sich in dem Begriffe des Gottesreiches ausspricht, und so gewiß sie den Menschen nicht aufgeben kann, den sie höher als irgend etwas hebt, und den die Todesstrafe tiefer als irgend etwas erniedrigt, und so gewiß sie durchaus den Geist der reinsten Tugend, der strengsten Gerechtigkeit, der innigsten Liebe athmet, und ihr wahrhaft göttliches Siegel auf den Glauben an Vergeltung, an persönliche Fortdauer und Unsterblichkeit drückt; so gewiß kann das positive Menschengebot, das tödten und vernichten will, da keinen Anhaltungspunkt finden, wo sie waltet und wirkt; es steht mit ihr in dem schreiendsten Contraste. Die Urkunden der heiligen Lehre, welche wir bekennen, sind in Aller Händen; vergleiche man mit ihnen, was über die Todesstrafe gesagt ist, und bei jedem einzelnen Punkte tritt dieser Kontrast in seiner ganzen Schroffheit vor das Auge, und es kann kein Wunsch billiger, kein Verlangen gerechter seyn, als das, daß die Todesstrafe von dem Boden verschwinde, welchen das Christenthum geheiligt hat. Hast Du doch selbst schon gefragt: Was sollen wir auf dem Gebiete einer solchen Religion, wie die unsrige ist, mit den Todesstrafen beginnen? Können wir anders, als sie von dannen auf immer verweisen? Auf einem Gebiete, wo die strengste Gerechtigkeit herrscht, könnte eine Strafe verhängt werden, welche mit dem Verbrechen nie im Verhältnisse steht, und welche dem Verbrecher nimmt, worüber weder er, noch sonst ein Sterblicher gebieten kann? Da, wo die strengste Tugend geübt werden soll, die eher Alles aufopfert, eher den empfindlichsten Verlust an Erdengütern leidet, ehe sie eine Spanne breit von Gottes Wegen abwiche, könnte das um eines irdischen Zweckes willen verhängte, den Tod fordernde Gesetz dem heiligen Gebote vorgezogen werden, welches die Beraubung des Lebens untersagt? Da, wo die Christenliebe sich in dem Gemüthe entwickelt hat, wäre es möglich, mit Absicht und Vorsatz das zu zerstören, was der Andere eben so nöthig hat, wie wir, wenn jene Liebe bewiesen werden, wenn der Mensch sich zu einem willigen, freudigen, kindlichen Rechtthun erheben soll — ich meine das Leben? Da, wo Alles auf das Unsichtbare und Ewige hinweist, und Alles auf die freieste Ausbildung aller moralischen Kräfte jedes Individuums berechnet ist; wo die ganze Zeit als eine Zeit der Aussaat zur Ernte für die Ewigkeit betrachtet wird — da wäre es möglich, dem Menschen das Leben zu nehmen, durch welches diese Vorbereitung bedingt und diese Aussaat ermöglicht wird, und dessen gewaltsame Unterbrechung mit der Gefahr droht, er werde kärglich ernten, weil er bisher nur kärglich säete, er werde vielleicht das Verderben ernten, weil er säete aufs Fleisch, und weil er noch nicht mit seinem Pfunde so gewuchert hat, daß ihm mehr vertraut werden kann? Da sollte man nicht Alles, Alles aufbieten, das physische Leben zu erhalten, damit das moralische unter Gottes Beistande noch gedeihe? Du bist vollkommen mit mir einverstanden. Ich erlaube mir nur noch eine einzige Bemerkung. Das Princip der Liebe, welches im Christenthume als höchstes und leitendes Princip aufgestellt ist und seinen Bekennern den erhabensten Standpunkt anweist, welchen sie einnehmen können, und die Beziehung auf das Ewige, in welche unsere ganze Thätigkeit durch das Evangelium gebracht wird, würden allein schon ausreichen, die Unverträglichkeit der Todesstrafe mit seinem Geiste und mit seinem Zwecke darzuthun. Wäre jene Liebe — und dies wird zu wiederholter Abwehr des bekannten widerwärtigen und seichten Einwurfs unserer Gegner auch hier wieder erinnert — wäre sie eine weichliche, verzärtelte und bloß sinnliche, spräche in ihr bloß ein mißverstandenes Gefühl der Menschlichkeit, so würde dies Argument von geringem, oder vielmehr von gar keinem Gehalte seyn. Aber da die christliche Liebe bei aller Zartheit des Gefühls zugleich die thätigste Aeußerung der moralischen Kraft, da sie des Gesetzes Erfüllung ist und eben in einem willigen Rechtthun sich bewährt: so kann man ihr nicht den Vorwurf machen, daß sie das Blutgerüst fliehe, weil sie zu schwach sey, seinen gräßlichen Anblick zu ertragen, sondern sie stürzt es um, weil sie auf einer Seite eine Großmuth in die Seele einführt, der die Blutrache völlig fremd ist, und eine Theilnahme, welche nicht den Untergang, sondern die Rettung des Sünders verlangt, eine Gerechtigkeit, welche die ihr vorgezeichneten Grenzen strenge bewacht — und auf der andern Seite einen so dankbaren, treuen Gehorsam gegen Gott und eine so tiefe Ehrfurcht vor seinem Willen nährt, daß sein Gebot ihr über Alles geht. Sie kann durch gewaltsame Eingriffe in die heiligsten Rechte des Menschen, welcher seine Erhaltung zu fordern durch die Stimme der Natur und des Gewissens genöthigt ist, und in die Vorrechte Gottes, welcher allein Herr ist über Leben und Tod, das feste, schöne Band nicht zerreißen, welches Seele und Leib zum Behufe eines großen Zwecks verknüpft; sie kann nicht zerstören, was sie erhalten soll. Der Christ, der schon hier sich als Bürger des Himmels betrachtet, steht viel zu hoch über den gemeinen Vortheilen des Augenblicks, als daß er um des Vergänglichen willen für einen Akt stimmen könnte, welcher das Aufstreben nach einem Ziele unterbricht, worauf ihm Alles ankommt, und — was er nicht will und — nicht wollen darf, daß ihm die Leute thun, das thut er ihnen auch nicht. — Ich schweige von seinem Glauben an Gottes erziehende Gnade und an seinen Beistand zur sittlichen Besserung, wodurch die Meinung, der Bösewicht müsse aufgegeben werden, zum Frevel, die Hoffnung auf seine Rückkehr zum Guten aber kräftig gestützt wird. Und dann — noch eine Frage, die der bloß philosophische Bearbeiter des Criminalrechts nicht aufwerfen wird, die aber dem frommen Christen zu nahe liegt, als daß er sie abweisen könnte. Kann er im vollen Umfange des Worts Freund des Welterlösers von ganzer Seele seyn und den Menschen tödten wollen? Kann er freudig zu dem Hochgelobten sein Auge emporheben, zu ihm, der sich nicht schämt, uns Brüder zu heißen, der einst erklärte, daß über die Besserung eines Sünders im Himmel und vor den Engeln Gottes Freude sey, der sein Leben für uns gelassen hat — kann er auf ihn blicken und — den Menschen tödten wollen? Ich überlasse die Antwort Dir und Deinem Gefühle. Und wenn wir die Natur eines reinen Geistes gar nicht einmal fassen, wenn die Ahnungen der Vernunft von einem neuen Werkzeuge, mit dem er einst umkleidet werden dürfte, ihre Bestätigung in der Auferstehungslehre finden — die wir wohl zu würdigen wissen, ohne uns durch die Mißdeutungen, die sie erfahren hat, irren zu lassen, und ohne uns abhängig zu machen von Ansichten der früheſten Vorwelt, bei der sie schon Anklang fand — wie? so sollte nicht auch diese Lehre uns warnend zurufen: Tödte nicht! Mag sie von den Dunkelheiten umgeben seyn, welche die Vorstellung von zukünftigen Erfolgen allemal drücken: so viel ist ausgemacht, daß diesem Unterrichte gemäß der Stoff des neuen Werkzeugs in dem gegenwärtigen liege, daß „die Seele aus dem sterbenden Leibe etwas zurückbehalte, aus dem Staube den sichtbaren Leib von neuem gestalte," wie der hochverehrte v. Schubert es ausdrückt, daß, wenn der innere Leib das Medium der in Stoffen erscheinenden Organisation fallen läßt, doch die gegenwärtige Corporisation die für immer ausgewirkte Entwicklung derselben geworden sey, um mit Fichte denselben Gedanken wiederzugeben: und welch eine wichtige, segensreiche Anwendung ein solcher Wink auf die Behandlung unsers Körpers und des Körpers anderer zulasse; in welch neues, helles Licht er die Achtung setze, die wir der ganzen Menschennatur — daher auch ihrem physischen Theile schuldig sind — dies bedarf eben so wenig eines Beweises, als der Gegensatz, in welchem damit die Schmach und die Mißhandlung steht, die in der unseligen Stunde des Hochgerichts dem Körper des Gerichteten zugefügt wird. Ein Thema, welches sich weit ausführen ließe! Doch schon diese Andeutungen sind hinlänglich, um einzusehn, daß auf dem Gebiete des Evangeliums für die Todesstrafe kein Platz sey. Hier ist nichts, als die freieste Ausbildung aller moralischen Kräfte; nirgends absichtliche, wissentliche, überlegte Unterbrechung derselben; hier ist der Streit des Moral- und Criminalgesetzes um das Primat längst geschlichtet, hier hat die Liebe jede Spur der Härte und der Rohheit vertilgt; hier ist nur brüderliche, gegenseitige Forthülfe, daß das Eine gewonnen werde, was noth ist; hier bleibt das Gesetz Gottes auch in dem traurigen Falle, wo das Recht erzwungen, und die wilde Leidenschaft durch äußere Gewalt gezähmt und bestraft werden muß, dennoch die erste Regel für alle Zwangs- und Strafgesetze, die sich der christlich-bürgerliche Verein giebt. Bemerkte ich in einem frühern Briefe*), in welches Gedränge uns die Einigung des religiösen Glaubens überhaupt mit der Vertheidigung des Todesgesetzes bringe, sobald wir es im Lichte des Moralgesetzes betrachten: so läßt sich schwer aus einem gleichen Gedränge mit dem Christenthume heraus kommen, wenn jenes Gesetz mit demselben und seinen Grundsätzen vereinigt werden soll. Doch dürfte es scheinen, daß einzelne Stellen des Neuen Testaments Ausflucht zu einigen Gegenbemerkungen übrig lassen. Ehe ich daher meine Unterhaltungen mit Dir über einen der wichtigsten Gegenstände der Criminal-Gesetzgebung schließe, so erlaube mir, daß ich später darauf zurückkomme, wenn zuvor noch andere Gründe beleuchtet sind, welche man uns entgegenzusetzen gewohnt ist, und deren kurze Widerlegung hoffentlich noch deutlicher zeigen wird, wie

---

*) S. 134 folg.

viele Ursache wir haben, an unserer Ueberzeugung fest zu halten. Lebe wohl!

Ein und zwanzigster Brief.

Manches von dem, wodurch man unsere Behauptung zu widerlegen sucht, habe ich schon beiläufig berührt, lieber Ferdinand; aber es giebt einige Gründe, auf welche unsere Gegner so großes Gewicht legen, daß ich sie nothwendig noch besonders anführen muß, wenn ich mir nicht den Vorwurf einer einseitigen, parteiischen Unterhaltung zuziehen will.

Zunächst dürfte uns eine Begriffsverwechselung zur Last gelegt werden. Man wird sagen, daß der Unterschied zwischen Tödten und Morden gänzlich übersehen sey.

Ich leugne diesen Unterschied gar nicht ab; aber ich leugne, daß er im vorliegenden Falle gegen meine bisher aufgestellten Sätze etwas beweise, und behaupte, daß er hier höchstens ein bloß scheinbares und erschlichenes Argument gewähre, um einer Sache den Schein des sittlichen Rechts zu verschaffen, die doch als sittlich unrecht und bloß als Rechtens — als einem positiven Gesetze entsprechend erkannt wird. Das Tödten kann allerdings unschuldig, d. h. so beschaffen seyn, daß es mir keine sittliche Verschuldung zuzieht. Dies ist der Fall dann, wenn die Lebensberaubung nicht Zweck war, sondern Folge einer ganz unfreien Handlung. — Denke Dir z. B., zwei Menschen stürzen ohne ihre Schuld von einer Höhe herab, und der eine verliert im Fallen durch den andern sein Leben. Derselbe Fall wird da eintreten, wo der Tod zwar Folge einer freien und pflichtmäßigen Handlung ist, bei der er jedoch keineswegs beabsichtigt — sondern vielmehr so viel möglich dafür gesorgt ward, daß die Lebensgefahr abgewendet werde. So z. B. kann der an einer ihm ohne seine Schuld zugestoßenen ansteckenden Krankheit Leidende die Ursache des Todes eines von ihm zu Hülfe gerufenen

Arztes werden, ohne sittliche Schuld zu tragen. Die sittliche Schuld fängt aber an, sobald von meiner Seite irgend eine Pflichtverletzung den Tod des Andern veranlaßt, selbst dann schon, wenn ich diesen Tod nicht beabsichtige. Hätte z. B. jener Kranke — auf pflichtwidrige Art sich die Krankheit zugezogen, so würde er in so fern auch sich die Schuld davon beizumessen haben, daß der Arzt das Leben verloren hat, wenn gleich von einer vorsätzlichen Tödtung keine Rede ist. — So kann mir in der Nothwehr (von der ich später noch reden werde) das Unglück begegnen, den Angreifer zu tödten, den ich abzuwehren, und gegen den ich mein Leben zu vertheidigen die Befugniß, ja sogar die Pflicht habe. Der Zweck ist kein anderer, als den Gegner wehrlos und für mich unschädlich zu machen; das Tödten ist ein Unglück, das mir und ihm begegnet. — Aber es kann allerdings sittliche Schuld involviren, in so fern es Folge einer vermeidlichen Unbeholfenheit im Vertheidigen, einer nicht früh und ernstlich genug bekämpften Wildheit der Sitten, eines mich überwältigenden Zorns, einer übertriebenen Furcht u. s. w. ist, wenn es mir gleich nicht als Zweck klar vor Augen stand. Ist's dieser aber wirklich, gehe ich absichtlich darauf aus, den Angreifenden umzubringen, will ich mir also an der bloßen Entwaffnung und Wehrlosmachung desselben nicht genügen lassen: so ist gradehin ein Mord begangen. Die Handlung ist dann Folge der Verachtung des Pflichtgebots: „Du sollst nicht tödten!" denn ich wollte tödten. Man hat behauptet, daß schon die bloße Besorgniß, der Gegner möchte seinen mörderischen Angriff auf mich oder Andere wiederholen, hinreiche, um den Vertheidiger zu bestimmen, jenem das Leben zu nehmen. — Dadurch aber würde dem Menschen, der nach Besorgnissen und Wahrscheinlichkeiten urtheilt, eine fürchterliche Gewalt eingeräumt. Und bin ich wohl jemals im Stande vorauszusehen, daß ich mich nur durch Tödtung des Andern erhalten kann? Kann nicht etwas ganz Unvorhergesehenes eintreten, was mich aus seinen Händen rettet? Giebt es solcher Erfahrungen nicht genug? Und abgesehen von dem Allen — darf das Tödten, kann es Absicht werden, ohne zugleich Mord zu seyn? Was der Mensch in solchen

Augenblicken des Schreckens, wo Alles von den Entschließungen des Moments abhängt, thut, kann freilich nicht nach dem Maaßstabe gemessen werden, den wir bei Handlungen ruhiger Ueberlegung anwenden; aber wenn auch das, was er da thut, Entschuldigung verdienen und nach andern Regeln gewürdigt werden kann, so kann ihm nur deswegen dieser Umstand nicht als Norm seines Handelns zugestanden, und sogar das als Pflicht dargestellt werden, was an sich doch nicht recht ist. Alles, was ich bei dem Verluste des Lebens eines Andern verschulde, in so fern ich also versäume, was ich zu seiner Erhaltung thun konnte, und thue, was ich zu seiner Erhaltung lassen konnte, dies Alles muß ich mir auch als sittliche Schuld anrechnen, sey nun das Leben aus Leichtsinn, oder Thorheit und Irrthum, aus Liebe, oder aus Haß und Bosheit gefährdet und verloren worden, wenn sich gleich die Grade der Moralität meines Vergehens nicht verkennen lassen und sehr verschieden seyn mögen. Nur da, wo das Tödten ohne meinen Willen und wider meinen Willen und ohne ein pflichtwidriges Mitwirken und Gelegenheitgeben von meiner Seite Statt findet, da nur fällt die moralische Schuld und die moralische Imputation weg. Das letztere ist z. B. bei schweren Entbindungen der Fall, wo das Leben des Kindes der Erhaltung der Mutter geopfert wird. Der Wille geht da nicht auf das Tödten eines andern Subjekts, sondern richtet sich auf Erhaltung, die Freiheit in der Wahl der den Zweck erreichenden Mittel ist aber durch physischen Zwang beschränkt, und der Lebensverlust des Kindes fällt nicht dem helfenden Arzte, den die Natur zum Angriffe auf das Leben des Kindes nöthigte, sondern der Natur selbst zur Last, die keinen andern Ausweg übrig ließ, als jenen Angriff, welcher übrigens das Tödten keineswegs als Zweck involvirt. Blieb ein anderer Weg, so trägt der Arzt die Schuld, und seine Unvorsichtigkeit, Ungeschicklichkeit, Unerfahrenheit, Voreiligkeit, oder was es sonst war, sind unverwerfliche Zeugen gegen ihn. Dies Alles also ändert das Urtheil über unsern Gegenstand nicht ab, wo von der absichtlichen Lebensberaubung die Rede ist, und wo wir zeigten, daß eine Pflicht, tödten zu wollen — eine Pflicht der absichtlichen Lebensberaubung, ein Unding sey. Die sittliche Handlung muß durchaus nach den dabei befolgten Principien und Gesinnungen und nach der dabei möglichen Freiheit beurtheilt werden; und es ergab sich eben daraus, daß das positive Gesetz die Tödtung bezweckt, der Widerspruch desselben gegen das Pflichtgebot. Es ist mithin klar, daß es durch den Begriff, den man sich von der Tödtung zu machen hat, keineswegs gerechtfertigt wird.

Doch — Todesstrafen sind ein Naturgesetz! sagt man und denkt mit diesem einzigen Satze unsere Behauptungen umzustoßen. Aber man hat seinen Werth überschätzt, und er verliert seine Beweiskraft, sobald wir ihn näher betrachten und die falschen Ansichten vermeiden, welche so viel Verwirrung in die Vorstellungen von einem Naturstande und einem in demselben gültigen Naturgesetze gebracht haben. Man dachte sich oft den Naturstand als Zustand einer brutalen Wildheit und den Menschen, der in demselben lebt, zugleich im vollen Lichte des klar erkannten Vernunftgebots — ein Widerspruch, der vor Augen liegt und daher alle Anwendbarkeit verliert. Eine Fiction (wie denn die bemerkte Vorstellung auch nur bloße Fiction ist) kann nie die Basis des Rechts werden, und sonderbar genug hat doch jenes Hirngespinnst sich bis diesen Tag noch zu erhalten gewußt. Wenn wir der ungemein deutlichen Bestimmung des Begriffs vom Naturstande folgen, wie sie in der Rechtslehre des Hrn. Dr. Krug, S. 46, gegeben ist, und ihn als Zustand denken, „wo das berechtigte Subject sein Rechtsgebiet durch sich selbst zu bestimmen und zu schützen hat," und dies Subject — nicht etwa auf der untersten Stufe der Bildung, sondern als zur Erkenntniß des Vernunftgebots gelangt uns vorstellen, so kann es alsdann in dem absichtlichen Tödten nichts als eine rechtswidrige, sittlich böse That erkennen. Wer in dem Naturgesetze, dem der Mensch folgt, bloß und allein die gebieterische Forderung des sinnlichen Triebes findet, dem er sich instinktmäßig bei seiner Selbstvertheidigung überläßt, und wer so den mörderischen Angriff auf ein fremdes Leben vertheidigen zu können glaubt, der stellt die Regel der Unvernunft über die Vernunft. Die sinnliche Natur drängt sich in dem Kindeszustande hervor. Beobachte man doch nur muthwillige Knaben von der Art, wie sie Steinbart in seinem System der reinen Philosophie des Christenthums auftreten läßt; sie werden ihre Rechte vertheidigen, sich kratzen, beißen, raufen, schlagen — doch der vernünftige Vater wird eilen, die Buben der Knechtschaft dieses Naturgesetzes — daß ich so sagen darf — zu entziehen, so bald er kann, und von ihnen wird er seine pädagogischen Regeln nicht entlehnen. So auch nicht der Gesetzgeber seine Rechtsvorschriften von denen, die unter der Botmäßigkeit sinnlicher Antriebe ohne klare Rechtsbegriffe handeln. Er kann seine Principien nicht aus der Periode des Kindesalters unseres Geschlechts ableiten und sie zur Richtschnur für den Zustand des entwickelten Vernunftgebrauchs machen. Die sinnliche Natur kann auf dem Gebiete der sittlichen Freiheit nicht gesetzgebend seyn; fordert die Leidenschaft Rache, so weist sie das Vernunftgebot in ihre Schranken zurück. Ist der Mensch auch nicht Mitglied einer gesetzlich constituirten Gesellschaftsverbindung, und sieht er sich genöthigt, bloß nach dem Naturrechte zu handeln, also die Vertheidigung seiner Rechte in seiner Freiheitssphäre selbst zu übernehmen, so verwehrt ihm grade dies Naturrecht, — „die Vernunftwissenschaft vom Rechte, oder gradehin das Vernunftrecht" — jede Blutrache und jede Selbstvertheidigung, die bis zum absichtlichen Tödten — bis zum Tödten wollen gesteigert wird, da eben die Vernunft jede vorsätzliche Lebensberaubung untersagt. Wenn ich daher die — irre ich nicht — von Droste-Hülshof aufgestellte Erklärung des Naturrechts nicht bestreite, daß es die Befugniß sey, zu thun oder zu lassen, welche dem Menschen bloß um seiner Menschennatur willen zusteht, und die Bemerkung — „daß er daraus als Zweck seiner selbst begriffen werde, und daß ihm, als solchem, die Vernunft das Recht zuspreche, alle gegen ihn unternommenen Handlungen, wodurch er als Mittel behandelt wird, nöthigen Falls mit Gewalt zurückzutreiben" — nur mit der Restriction begleite, daß diese Gewalt nach allen beigebrachten Gründen nie bis zum absichtlichen Tödten gehen dürfe: so konnte ich mich nie eines geheimen Grauens bei dem von Andern vertheidigten Lehrsatze erwehren, nach welchem im Naturstande Jeder das Recht haben soll, einen

Mörder zu verfolgen und niederzustoßen, wo er ihn findet. Nein nimmermehr giebt es ein Recht zum Tödtenwollen, da es kein Recht zum Sündigen giebt. Der rohe Naturmensch wird es sich wohl nehmen — aber er hat es nicht; dem in den Naturstand gewaltsam Versetzten (z. B. auf eine Insel, die von Wilden bewohnt wird, Verschlagenen) kann die Tödtung des Angreifers als ein trauriges Ereigniß in der Nothwehr begegnen, aber beabsichtigen — soll er sie nicht. — Und wie? wenn nun der Mörder, vielleicht nach langer Verfolgung, in einem wehrlosen Zustande angetroffen würde, soll er auch da noch niedergestoßen werden? — Unmöglich!

N. S. Ich muß als Zugabe noch eine Behauptung berühren, die, wenn sie haltbar wäre, das, was ich so eben schrieb, allerdings widerlegen würde. Sie gehört zu den oft gebrauchten Wendungen, welche man den Gründen giebt, die dem positiven Gesetze untergelegt werden. Man sagt uns, daß sich der Verbrecher des Rechts auf sein Leben verlustig mache, daß es ein Urrecht zu leben nicht gebe, sondern nur vernünftig, oder der Natur des Geistes angemessen zu leben; daß das Individuum nur so lange Recht habe, sein zeitlich erscheinendes Leben fortzusetzen, als darin die Vernunft der Persönlichkeit erscheint; daß jeder freie Abfall von dem Gesetze der Vernunft die Nothwendigkeit, als Einzelwesen da zu seyn, aufhebe und mithin auch die Befugniß dazu, daß daher die Individualität, als das Nöthige, wo sie hervortritt, durch die Gewalt der Vernunft beschränkt, oder auch aufgehoben werde. Es ist noch nicht so lange her, wo ich diese Beweisführung las und es mit Wehmuth bedachte, wie viel der menschliche Scharfsinn aufbiete, das Todesgesetz aufrecht zu erhalten, aber auch mit Entsetzen vor dem Gedanken, daß die Theorien der Gelehrsamkeit das einfache Gebot, auf das wir Alles beziehen müssen, in seiner klaren Wahrheit so oft in den Hintergrund verwiesen. O, mein Ferdinand, die Lüge, die Faulheit, die Trunkenheit, die Wollust, der Uebermuth, der Geiz — sie sind auch Abfall vom Vernunftgesetze — also muß der Lügner, der Faule, der Trunkenbold, der Wollüstling, der Uebermüthige, der

Geizhals sterben! Es wird, wenn nicht an Holz zu Galgen, doch an Scharfrichtern fehlen, wenn's so gehn soll, und endlich wird unter der allgemeinen Massacre Keiner mehr zu köpfen übrig seyn! Dazu lebt der Mensch unter Menschen, daß er in Verbindung mit ihnen den Rückweg finde, wenn er vom Vernunftgebote abfiel, nicht aber soll ihm die Rückkehr durch Beraubung des physischen Lebens unmöglich gemacht werden; er hat ein Recht auf's Leben, denn er hat die Pflicht, einem Ziele nachzustreben, das er nicht aufgeben kann. Gott hat es ihm angewiesen, und in den innersten Tiefen des Gemüths giebt es einen Zug nach diesem Ziele hin, der unwandelbar und bleibend in jedem vernünftigen Geiste liegt und von selbst auf sichere Principien führt. Es können sich wohl irrige Vorstellungen den vernunftrechtlichen Aussprüchen beimischen und das ausgemacht Gewisse und allgemein Anerkannte in denselben verdunkeln und das Vernunftrecht selbst mag vielfältig durch Reflexionen über das Leben bereichert seyn und ihnen viel zu verdanken haben; nie aber möchte ich zugeben, daß es, wie es kürzlich in einer viel gelesenen Zeitschrift hieß, „nur „von Gelehrten ausgeklügelt sey, und daß seine sichersten Be„standtheile eben auch nichts weiter seyen, als erborgte Früchte „des Lebens, dagegen die Beschäftigung mit dem historischen Rechte „einen weit sicherern Anhalt gewähre." So würden wir am Ende gar nicht mehr wissen, was recht, oder unrecht sey; unsere Bestimmungen darüber wären nichts, als zufällige Ergebnisse eben bestehender Verhältnisse; wir wären eine Beute der Willkühr, und das positive Gesetz, frei von der Oberaufsicht ewig gültiger Principien (die nicht ausgeklügelt — sondern nur anerkannt werden, weil sie schon gegeben sind), wäre der allgewaltige spiritus rector, vor dem sich der Mensch in unwürdiger Verleugnung seiner eignen Würde beugen müßte.

Zwei und zwanzigster Brief.

Eine große Beweiskraft für das Recht, am Leben zu strafen, hat man immer dem Wiedervergeltungsrechte zugeschrieben. Doch weder das hohe Alter desselben, noch das Ansehn des mosaischen Gesetzes, worüber ich ein anderes Mal meine Meinung sagen werde, können sie ihm sichern. Freilich heißt es: „Seele um Seele, Auge um Auge, Zahn um Zahn." Aber nicht zu gedenken, daß dies Gebot nie in seiner ganzen Strenge executirt ward — was auch gar nicht geschehen konnte — und daß es bei den Juden selbst unzählige Ausnahmen litt und auf unsere Staatsverfassungen gar nicht anwendbar ist — worüber sich in Michaelis Mosaischem Rechte vortreffliche Erläuterungen finden — so ist so viel auf der Stelle einleuchtend, daß dies Vergeltungsrecht, wobei, wie Lucas (S. 181) richtig bemerkt, „das Verbrechen Gesetzgeber und Richter zugleich ist," in strenger Consequenz durchgeführt, die Erde zu einer Hölle und zu einem Schauplatze der unerhörtesten und grausamsten Ungerechtigkeiten machen würde, wo dem Verbrecher bald zu viel — bald aber auch wohl zu wenig geschähe. Ein Herr, welcher im öffentlichen Amte steht, und von dessen persönlicher Autorität der glückliche Erfolg seiner Wirksamkeit zum Theil abhängt, giebt dem Diener ungerechter Weise eine Ohrfeige. Soll er sie nach dem Rechte der Wiedervergeltung vom Diener zurück erhalten, so ist hier das Verhältniß zwischen der That und der Strafe des Gebieters gar nicht abzusehen, der vielleicht das ganze Glück seiner bürgerlichen Existenz verliert, unterdessen der Diener nur einen kleinen körperlichen Schmerz und einen — vielleicht nicht einmal tief eindringenden Verdruß empfand. Der berauschte Jüngling schlägt dem Mitgenossen seiner üppigen Freude in augenblicklicher Aufwallung ein Auge aus, und von Rechtswegen soll ihm, dem Reuigen, der zu sich gekommen, in unaussprechlicher Trauer die Folge eines unseligen Augenblicks rauschender, wilder Lust beweint, das Auge geblendet, und dem Staate sollen nun zwei Elende gegeben werden, als wäre es an Einem noch nicht genug. — Dies ist ein Verfahren, welches Grausen erregt. Ein Bösewicht stiehlt ein Kind und verschließt es einen Tag in sein Zimmer. Die strenge Vergeltung wäre wohl die, auch ihn — oder besser noch — sein Kind einen Tag in gefängliche Haft zu bringen. Aber wäre diese Strafe nicht eine wahre Spielerei mit einem Verbrechen, welches eine weit strengere Ahndung verdient? — Ein schreckendes Beispiel, wohin solche Ideen leiten, führt Hommel an in seinen philosophischen Gedanken über das Criminalrecht S. 80 §. 43. — und vortrefflich erklärt sich die Recension über v. Dresch's Naturrecht in der Jen. Litt. Zeit. Nr. 62. (1824) darüber also: „Der Staat „soll nur dem Gesetze der Vernunft folgen und sein Recht unbe„dingt ein Vernunftrecht seyn. Daher kann er nie dem Prin„cipe der Talion folgen, wodurch er bei Handlungen, die unsitt„lich sind, die Unsittlichkeit selbst sanctioniren würde." — In manchen Fällen wäre sie ganz unmöglich. Man kann dem wilden Schläger, der einem andern die Zähne ausgeschlagen hat, die seinigen nicht ausreißen, wenn er keine mehr besitzt. Und wie, wenn nun dem Mörder, der zwei, drei Mordthaten beging, dessen Leben eine Jahre lange Reihenfolge von Verbrechen war, wiedervergolten werden soll, können wir ihn zwei und drei Mal und noch öfter köpfen? Ergreifen wir — um mit Lucas (S. 181) zu sprechen, doch nur den letzten Ring seiner Gewaltthaten! — Jedoch wozu mehr Erörterungen dieser Art? Das Wiedervergeltungsrecht muß durch das, was recht an sich ist, muß durch sichere Grundsätze der Vernunft erwiesen, es muß, wie alles Andere, nach dem Pflichtgebote gewürdigt werden, und eine Wiedervergeltung, die vor diesem Gebote keine Billigung findet, wird in jedem Falle unrecht und in vielen Fällen die augenscheinlichste und schmählichste Grausamkeit seyn. „Das, was innerlich und an sich unrecht ist, sagt der unvergeßliche Reinhard, kann durch keine Nachsicht der Obrigkeit etwas Rechtmäßiges, oder auch nur Erlaubtes werden." Darüber ist man auch völlig einverstanden und beurtheilt andere Gegenstände der Gesetzgebung mit strenger Hinsicht auf das Moralgesetz. Wenn z. B. ehedem Bordelle öffentlich geduldet und gleichsam privilegirt wurden, so haben sich Lehrer der Rechte und der Staatswissenschaft dagegen erklärt und gezeigt, wie „unwürdig es sey, und wie es der Sittlichkeit Hohn spreche, mit dem Laster einen Vertrag zu schließen und die Sünde als erlaubt anzuerkennen." — Es ist hier, wo von der Wiedervergeltung die Rede ist, die Prüfung nach dem Sittengesetze doch wohl nicht weniger nöthig? Wollte man einwenden, „es komme keineswegs auf die Identität des zugefügten Uebels an, sondern es handle sich nur um die Gleichheit auf der Wage der Gerechtigkeit," so giebt dies im vorliegenden Falle keine Aushülfe, weil eben die Todesstrafe wegen ihrer innern Verwerflichkeit auf diese Wagschale gar nicht gelegt werden kann. Die Vernunft kann sich mit ihr nicht befreunden, und so wird selbst die älteste Sitte, dem Mörder zu thun und zu nehmen, was er that und nahm, in ihrer Unhaltbarkeit erscheinen. Umsonst sucht man der Sache bald diese, bald jene Wendung zu geben. Man sagt: „Der Preis des Lebens stehe gleich dem Leben, d. h. der Mörder müsse das Leben verlieren. Aber damit sagt man doch offenbar, daß er nur gerecht durch das bestraft werde, was das Gesetz an ihm als unrecht verdammt, und was als unbedingt unrecht vom Sittengesetze verworfen, durch das positive Gesetz, wie wir sehen, nicht recht werden kann. Man sagt: „Wie das Verbrechen, so die Strafe." Allerdings! Aber es versteht sich doch, daß nur eine dem Moralgesetze nicht zuwiderlaufende Strafe gemeint seyn könne, die zwar mit dem Verbrechen steigen, aber das Merkmal ihrer Vereinbarkeit mit dem Sittengebote nie verlieren darf. Man sagt: „Was zur Ausführung der Rechtsidee gehört, das geschieht im reinsten Sinne: von Rechtswegen, und dies ideale Recht sey Gottes Sache!" Ganz gut! Aber dies ideale Recht ist dann gleichbedeutend mit dem Vernunftrechte, in welchem das Moralgesetz als höchstes anerkannt wird, dessen Forderung in Hinsicht auf das Leben wir deutlich genug vernommen haben. Man sagt: „Giebt es Verbrechen, welche den Tod zur Folge haben, so ist auch der Tod ihre vollkommen angemessene Strafe." Das ist ein ungeheurer Sprung im Schließen! Sind jene Folgen als positive, durch das Menschengebot gesetzte zu denken, so war ja erst zu beweisen, daß dasselbe solche Folgen mit dem Verbrechen verknüpfen dürfe, was sich nun einmal nicht erweisen läßt, da das Gegentheil klar genug vorliegt. — Und wie? wenn nun Jemand schließen wollte: Giebt es einen Betrüger — so ist Betrug desselben seine angemessenste Strafe; giebt es einen Verleumder, so ist Verleumdung desselben seine angemessenste Strafe. So würde es dann mit Recht heißen: Ohrfeige um Ohrfeige, Grobheit um Grobheit, Brandstiftung um Brandstiftung, Nothzucht um Nothzucht! Nun ruft's von allen Seiten her: quae, qualis, quanta! Aber wie, liegt nicht dasselbe in der angeführten Behauptung? Freilich ist hier nichts als Sünde durch Sünde, Unrecht durch Unrecht vergolten. Ist's aber im obigen Falle anders, da das beabsichtigte, freiwillige Tödten in der moralischen Weltordnung nicht als recht erkannt werden kann? Tritt also da, wo ein solches Tödten wieder durch ein solches Tödten vergolten wird, nicht grade derselbe Fall ein? Ich habe die Bemerkung gelesen, es sey eine unnöthige Grausamkeit der Staatsgewalt, dem Verletzer fremder Ehre die eigene ganz entziehen, oder schwer verwunden zu wollen. Wie, soll ein so richtiges Gefühl nicht auf das Urtheil über Todesstrafen angewendet werden? Ist denn hier die Härte gegen den Verletzer des fremden Lebens nicht noch größer, indem er vernichtet wird? Freilich muß ich die Freiheit des Andern mit Rücksicht auf die Art und Weise beschränken, auf welche er die meinige beeinträchtigt, und ich werde daher mit dem Mörder anders, als mit dem diebischen Nachbar, zu Werke gehen müssen, der mir einige Rüben vom Felde gestohlen hat; aber auch bei der Strafe des erstern darf der höchste Zweck derselben nicht aus dem Auge gelassen werden, und für mich ist's hinreichend, wenn seine Freiheitsbeschränkung in so weit bewirkt ist, daß mein Freiheitsgebrauch ungefährdet bleibt. Mehr fordern — vernichten wollen, weil es ein Anderer that, das kann nur die Rache verlangen, die doch auch vor dem positiven Gesetze keine Gnade findet. Was ich Dir früher über das Mißverhältniß zwischen der gewaltsamen Tödtung und dem Verbrechen schrieb *), das wieder-

*) S. 89.

hole ich nicht, aber erinnern muß ich an Bentham's Bemerkung, es sey falsch, zu behaupten, daß gleiche Vergehungen gleiche Strafe verdienen, da dieselbe That doch so verschieden sey. Sehr wahr! Und doch soll die Hinrichtung die einzige, richtige, angemessene Strafe für jeden Mörder seyn? — Ueberhaupt hat das Wort: Wiedervergeltung etwas ungemein Anstößiges und bedarf einer genauen Erklärung, um darin den wahren Sinn und das wahre Recht zu finden. Wenigstens nehme man sich in Acht, im gemeinen Leben viel Redens davon zu machen, weil der Begriff der Rache mit dem, was man sagen will, also mit einer bestimmten Form des Zwangsrechts leicht verwechselt werden kann, das bei einzelnen Fällen grade in dieser Form — also als Wiedervergeltung — sehr zweckmäßig geübt werden mag, aber freilich keine allgemeine Anwendung zuläßt. Man ist nur zu geneigt, ihr die alte böse Maxime anzudichten: „Ich will's ihm schon gedenken!" und man wird den grollenden, rachedurstigen Sinn gemeiner Seelen erträglicher finden, wenn man hört, daß es zum Wiedervergelten ein „Recht" geben soll. Wir sollten Alles thun, was wir vermögen, die Gesinnungen edler Großmuth zu beleben und das Wehegefühl zu schärfen, welches den Bessern immer anwandelt, so oft er von einer unbedingten sich um Billigkeit und Recht nicht weiter kümmernden Vergeltung hört. Man sage ihm immerhin, daß die Wiedervergeltung, welche das Gesetz übt, von ganz anderer Beschaffenheit sey: das widerwärtige Wort streift dennoch hart an den Begriff der Rache vorbei.

Man sagt uns: es giebt eine Retorsion, welche ihr beachten müßt, und versucht eine annehmliche Darstellung der Wiedervergeltung durch das Hinweisen auf Regeln zu bewirken, die aus der Körperwelt entnommen sind und die Regeln der sittlichen Welt bestätigen sollen. Dagegen wird aber anderer Seits erinnert, daß die physische Natur zwar Gesetze der Vernunft erläutern — daß das Aeußere allerdings Symbol des Innern seyn könne, was vorzüglich in religiöser Hinsicht der Fall ist — daß aber die Gesetze der Körperwelt niemals die Regeln des sittlichen, ewigen Rechts bestimmen und begründen. In der Körperwelt findet sich allerdings das Gesetz, auf welches man uns verweist; da freilich widersteht uns der dichte Körper und kann uns den Wurf nach dem Maaße der Kraft, womit wir ihn thaten, zurückgeben; unser eigener Leib waffnet sich gegen schmerzende Verletzungen und sucht sie abzuwehren, und zwar auf die Art, zu welcher sie selbst das Gefühl veranlassen. Aber das Alles geschieht nach physischen Gesetzen, nach Naturtrieben und nach einem offenbaren Naturzwange. Unter ganz andern Gesetzen steht der Mensch auf dem Gebiete der sittlichen Freiheit. Nun leuchtet zwar auf der Stelle ein, daß Niemand eine unbedingte Norm des freien Handelns aus Naturgesetzen ableiten wolle, der die Retorsion geltend macht, weil daraus ein Vergeltungsrecht hervorgehn müßte, unter welchem die Erde zur Mördergrube würde. So würde ich mit Recht die Hand ausstrecken, um dem Beleidiger dieselbe Mißhandlung zuzufügen, die er mir zugefügt hat, und die Großmuth wäre überall nur Schwachheit und sogar — Unnatur. Dies würde am Ende auch eine schreckliche Rückwirkung in den Fällen vertheidigen lassen, wo eigentlich keine sittliche Schuld, oder — um davon nicht zu sprechen — wo keine Rechtsverletzung Statt findet. Wenn mich ohne Wissen und Willen der Andere verwundet, so ist das Gefühl des körperlichen Schmerzes im ersten Augenblicke dasselbe, als es seyn würde, hätte er mich mit Vorsatz verwundet: nach jener Naturregel scheint es aber, als dürfe ich diesem Urheber meines Schmerzes den Stoß oder Hieb zurückgeben, so gut, als dem der mich vorsätzlich angegriffen hat. Allein man sagt, daß eben zur Vermeidung dieses Unfugs die Handhabung des Rechts der Wiedervergeltung in die Hände der Obrigkeit gelegt sey. — Doch was gewinnt man dabei? Auch die Obrigkeit soll den freien, sittlichen Menschen nicht nach Gesetzen der blinden und zwingenden Natur der Körper behandeln — sondern nach dem Gesetze der sittlichen Freiheit; würde aber, nähme sie die Regeln ihrer Entscheidung von jenen her, unter allen Umständen wieder stoßen, wo gestoßen, und wieder treten müssen, wo getreten ward. „Was man bei leblosen Gegenständen Rückwirkung nennt, das ist bei den Menschen die Rache,“ sagt Lucas in seinem Werke nach der mehr angeführten Uebersetzung S. 180. Beide Gesetzgebungen, die der Körperwelt und der sinnlichen Natur und die der sittlichen Freiheit sind völlig verschieden; sie haben ein ganz getrenntes Gebiet, und der Mensch fühlt sich eben dadurch über die Körperwelt erhoben, daß er, unabhängig von ihrem Zwange, sich nach dem Sittengesetz bestimmen kann. Man glaubte, auf diese Art solle der Gedanke mehr Klarheit erhalten und sich mehr empfehlen, daß durch Todesstrafen das sittliche Gleichgewicht, welches durch das Verbrechen gestört ward, wieder hergestellt werden müsse. Aber da haben wir nur ein anderes Bild — wieder aus der Körperwelt, und fragen, ob das Gleichgewicht nicht weit mehr gestört, und die Wagschale nicht weit mehr noch aus ihrer richtigen Stellung gebracht werde, wenn eine Wiederholung dessen, was die Störung verursachte, eben diese noch größer macht? Denn sind Todesstrafen an sich unrecht, so kommt ja das, was das Gegengewicht halten soll, grade wieder in die Wagschale, aus welcher die Störung hervorging — nicht aber in die entgegengesetzte. Scheinbarer streitet für die behauptete Retorsion die Uebereinstimmung der Völker, die, in der Meinung, daß eine sich so blutig äußernde Rückwirkung recht und nöthig sey, von Alters her zusammentrafen. Ich will jetzt nicht noch einmal davon sprechen, daß eine völlige Allgemeinheit dieser Ansicht keinesweges nachgewiesen werden könne: aber ich muß erinnern, daß auch auf diesem Wege nie zu beweisen stehe, was bewiesen werden soll. Ganze Generationen kann lange Jahrhunderte hindurch ein Wahn fesseln, und dennoch ist er Wahn. Die Geschichte ist reich an Belegen für diese Behauptung. Das Alter einer Meinung ist eben so wenig, wie ihre weite Verbreitung, eine sichere Stütze der Wahrheit, deren heilige Rechte nicht verjähren. Möge die Vorzeit noch so lange eine Regel befolgt und einer Maxime gehuldigt haben: war sie im Irrthume, so kann man sie darum bedauern, aber die hohe Autorität allgemeiner Principien der Vernunft wird keinen Augenblick geringer, nur begreift man kaum noch, wenn die Morgenröthe anbricht, wie die Truggestalten der Nacht so lange täuschen konnten. Die Wahrheit ist ewig; aber ihre Erkenntniß und ihre Anerkenntniß mußte von je her durch manche Stufe menschlicher Bildung gehn, ehe sie eine größere Allgemeinheit erringen konnte. Die Stimme Eines Mannes, der nun einmal Berühmtheit und Ansehn hatte, pflanzte nicht selten einen vertheidigten Irrthum auf die folgenden Geschlechter fort; er fand leicht Bewunderer, denen das Nachsprechen ein gar bequemer Weg schien, berühmte Schüler des berühm. Meisters zu heißen, bis endlich wieder ein anderer kräftiger Geist erwachte, welcher die Trägen aus dem Schlummer weckte und seiner Zeit die Fackel der Wahrheit vorantrug. Das große Genie eines Galiläi und Newton überwog die Ansichten von Millionen ihrer Voraltern und ihrer Zeitgenossen, und das Wort: vox populi, vox Dei — wie der Satz, dessen schon Steinbart in seinem schon ein Mal erwähnten Werke, S. 50, bemerkt: Was immer ist, ist gut - o sie sind mit einer gar genauen Restriction zu fassen, sollen sie uns nicht irre führen. Hören wir jetzt noch auf die große Masse — welche Urtheile über Todesstrafen werden wir vernehmen! Ich habe Menschen gekannt, die Alles köpfen und rädern wollten, was ihnen verhinderlich für ihre Absichten in den Weg kam, und die um eines Hasen willen den Hasendieb gern noch, wie es sonst den Wilddieben erging, lebendig auf einen Hirsch geschmiedet hätten, damit er sich den Hirnschädel einlaufe — auch zweifle ich gar nicht, solcher Menschen dürfte es noch Tausend und aber Tausend geben. Dies fortwährende hartnäckige Festhalten an frühern, wenn noch so gebrechlichen Meinungen zeugt wohl für die Wahrheit des Erfahrungssatzes:

„Es erben sich Gesetz und Rechte,
„Wie eine ew'ge Krankheit fort;

aber es kann nicht für die innere Wahrheit und das innere — sittliche Recht einer bestehenden positiven Ordnung zeugen, und hätte sie das Ansehn der ältesten Zeit für sich. Es kann Gegenstand historischer Forschungen werden, nimmermehr aber das zum Rechte machen, was die Vernunft nicht als recht erkennt. So führt das Berufen auf einen ebenfalls verwandten Gegenstand — auf die Blutrache, keinen Schritt näher zu dem Ziele, welches die Gegner zu erreichen bemüht sind. Auch sie spricht sich schon, und noch weit mehr, als das Wiedervergeltungsrecht, in ihrer Benennung ihr eigenes Urtheil, und ich würde dieselbe kaum zur Sprache bringen, hätte man nicht wirklich durch sie für die Todesstrafe etwas zu gewinnen versucht. Der große und verdienstvolle Michaelis hält ihr in seinem Mosaischen Rechte — es ist incredibile dictu — beinahe eine Lobrede und preist ihren naturrechtlichen Grund gewaltig an. Es hat ihm nicht an Vorgängern und Nachfolgern gefehlt, die dieser barbarischen Sitte das Wort redeten. Ich glaube aber, dies ist in früherer Zeit zum Theil mehr Folge der an sich sehr gegründeten Achtung vor den Geboten der Mosaischen Oekonomie, als Folge einer lebendigen und festen Ueberzeugung von der Gerechtigkeit der Handlungsweise selbst gewesen, welche jener Ausdruck bezeichnen soll, nicht zu gedenken, daß durch Moses die Blutrache keineswegs gesetzlich eingeführt, sondern bloß geduldet und, anstatt gefördert, vielmehr beschränkt ward. Man fand indessen die gräuliche Gewohnheit weniger anstößig und eher dem Rechte gemäß, weil Moses sich nicht geradehin mit einem Verdammungsurtheile darüber ausspricht, was doch aus den Sitten seiner Zeit ganz erklärlich ist. Die Rechtmäßigkeit der Blutrache wird aber nie in ihrer sittlichen Möglichkeit dargethan werden, und im gemeinen Leben, wo man Gegenstände dieser Art nicht tief ergreift, wird sich nur derjenige mit ihr aussöhnen, der sich von einem Naturstande Begriffe macht, welche grob genug sind, um in sich selbst zusammen zu fallen. Wo indessen der Kindeszustand der Vorwelt, oder die Wildheit noch jetzt lebender Völkerstämme etwas von Blutrache entdecken läßt, da kann es, ich muß dies wiederholen, für uns keine Norm werden, und wir dürfen dem Staate, der verletzte Bürgerrechte nur so weit vertheidigen kann, als es ihm moralisch möglich ist, nicht zumuthen, das zu thun, was jene in Folge ihrer tiefen Bildungsstufe, auf welcher sie standen, oder noch stehn, gethan haben, oder noch thun. Immerhin mag man sie als Pflicht betrachtet und geglaubt haben, zu derselben berechtigt zu seyn. Diese Voraussetzung mag zugegeben werden; aber ich sehe nicht, was sie beweisen soll. Es giebt sehr irrige Voraussetzungen. Der Fanatiker hält Manches für Pflicht, was wir verabscheuen, und hält sich zu Manchem berechtigt, was uns sehr strafbar erscheint, und der Bösewicht behauptet oft als ein Recht, was wir als himmelschreiendes Unrecht verdammen. Es kommt uns nicht darauf an, was man nur für Pflicht und Recht hält — sondern wir wollen wissen, was nach sichern Grundsätzen als Pflicht und Recht anerkannt werden und auf immer gelten soll.

Drei und zwanzigster Brief.

Du weißt, daß man ein Bollwerk für die Todesstrafe in der dem Gesetze schuldigen Achtung und in der Wichtigkeit der ausgesprochenen Drohung gefunden zu haben glaubt, welche nur durch Vollziehung der Strafe einen Effect machen kann. Dabei halte ich mich nicht auf; es ist gar zu schwach. Haben wir doch schon gesehn, daß eine Genugthuung der Art moralisch unmöglich sey, wie es das Gesetz auch ist; daß sie von einem Gesetze, welches nicht existiren soll, auch nicht gefordert werden könne, und daß daher eine Androhung der Todesstrafe, sobald das Pflichtgebot allein entscheidet, wegfällt, weil dies nicht gestattet, etwas an sich Böses anzudrohen, und eben so wenig, das an sich Böse um der Drohung willen auszuführen. Solche Androhungen können daher auch niemals sittliche Achtung erlangen, sondern bloß und allein eine knechtische Furcht erpressen; diese ist möglich, jene würde Verachtung des Sittengesetzes voraussetzen.

Hiermit fällt zugleich auch der damit verwandte Gedanke weg, daß der Verbrecher nicht allein dem Gesetze, sondern auch denen, die er durch Mord, oder einen andern Frevel beleidigt hat, Genugthuung durch seinen Tod zu leisten habe. Niemand kann und soll sie fordern, Niemand kann und soll sie gewähren, sobald es sich dabei ums Leben handelt. Wo das Gottesgebot spricht, da ist keine Rede mehr von einer gesetzlichen Satisfaction, die mit Menschenblute gefärbt ist. Kann der edle Sohn des gemordeten Vaters, kann der edle Bürger, der seinen Mitbürger beleidigt sieht, wünschen und verlangen, daß das, was er verabscheut, sich, wenn gleich unter einer andern Gestalt, noch ein Mal wiederhole? Und wenn der Sohn, oder der Bürger es in leidenschaftlicher Verblendung wünschte und verlangte, so muß er sich gefallen lassen, wenn der Staat ihn bevormundet und das, was die Leidenschaft fordert, zurückweist, weil es auf der falschen Maxime beruht: Wie du mir, so ich dir. — Das positive Gesetz, wenn es sich von der Moral leiten läßt, kann und will nie Diener fremder Leidenschaften seyn, will sie vielmehr zügeln, den Forderungen und Aussprüchen der Gerechtigkeit aber allerdings so weit zu genügen suchen, als es nicht etwa nur nach äußeren zufälligen Bedingungen, sondern auch moralisch möglich ist. Friedrich schlägt den kleinen Franz und bringt ihn um den Gebrauch seines Armes; Franz läuft weinend zum Vater und klagt ihm sein Leid. Unwillig und betrübt läßt dieser den Thäter kommen; er ermahnt ihn, er züchtigt ihn, aber — den Arm schlägt er ihm nicht entzwei — der weise und gerechte Vater!

Länger würde ich bei einem andern Auswege verweilen, der sich der Vertheidigung der Todesstrafen zu eröffnen scheint, bei dem gesellschaftlichen Vertrage, welchen die Glieder des Staates eingegangen seyn sollen. Aber ich habe Gelegenheit gehabt, diese Vorstellung mehr als ein Mal abzuweisen *); und ist nicht Alles, was ich bereits in den vorigen Briefen gesagt habe, eine fortlaufende Widerlegung derselben? Du weißt, wie man dies Argument herausstreicht und aufputzt; wie man uns sagt, jene gräßliche Strafe sey zulässig, weil eine stillschweigende Einwilligung und Bewilligung der Bürger Statt fände, weil diese zu Vermeidung aller Selbsthülfe, welche den Weg zu Unordnungen und Ungerechtigkeiten jeder Art bahnt, die Hülfe gegen Eingriffe in ihre Rechte der Obrigkeit übertragen, und sich dagegen im Falle eigner, von ihnen begangener Rechtsverletzungen dem Gesetze und den vom Gesetze angedrohten Strafen unterworfen hätten. Nun ist zwar, um mich der Worte des Hrn. Dr. Paulus zu bedienen: „Die Hypothese von einem ursprünglichen Con-

*) S. 64.

tract social eine Fiction, aus Verlegenheit und Uebereilung der Theoretiker entstanden." Wollten wir indessen diese Idee auch auf einen Augenblick gelten lassen, so verlieren wir nichts dabei. Denn abgesehen, daß eine bloße Hypothese hier nichts beweisen kann, so liegt es ja am Tage, daß ein Vertrag zwischen der Regierung und den Bürgern, nach welchem diese einen Theil ihrer Freiheit aufopfern und sich der obersten Staatsgewalt unterwerfen, um unter dem Schutze derselben einen andern bedeutenden Theil der Freiheit zu erhalten und zu sichern, — daß dieser Vertrag, sage ich, doch vernünftiger Weise sich nur so weit erstrecken und gültig seyn könne, als die Pflicht es erlaubt, welcher die bestehenden und gehorchenden Individuen in gleichem Maaße unterworfen sind; sonst trägt er den Keim seiner Zerstörung in sich selbst und ist ungültig und eo ipso null und nichtig. Immer bleibt also hier Rede und Gegenrede gleich, und wir können nichts Bestimmteres antworten, als das, was uns längst klar geworden ist, daß nämlich die Staatsbürger keine Rechte an die Obrigkeit übertragen können, welche sie selbst nicht haben, und die Obrigkeit nicht Rechte übernehmen könne, welche sie von Niemandem empfangen, und welche sie eben so wenig sich selbst zueignen kann. Man begreift nur nicht, wie es möglich sey, gegen eine so klare Antwort immer wieder einen völlig unhaltbaren Gedanken geltend machen zu wollen. Wenn sich Jemand an den Bauer mit dem Gesuche wendet, ihn in den Grafenstand zu erheben; wenn Jemand von dem, der über keinen Groschen zu gebieten hat, tausend Thaler verlangt; wenn er einem Andern die Verwaltung seiner Rittergüter überträgt, unterdessen der arme Schlucker nicht eine Strohhütte besitzt, so wissen wir, wie wir solche Reden zu würdigen haben, und doch soll es im vorliegenden Falle anders seyn, da sollen Rechte übertragen und verwaltet werden, die kein Sterblicher besitzt. Wo kommt denn hier auf einmal ein Sinn in das Unmögliche, da wir uns in jedem andern Falle mit unsern Forderungen beruhigen, sobald der, an den wir sie thun, nicht im Stande ist, ihnen zu genügen, und sobald sie auf unserer Seite Bedingungen voraussetzen, die wir nicht erfüllen können? Soll denn die Stimme, daß es kein Recht über das Leben, welches nothwendige Bedingung zum Streben nach dem höchsten Zwecke ist, geben könne, soll sie denn durchaus verhallen? Kann das Leben je eine Waare werden, über welche wir disponiren können, wie es uns gut scheint? Forderte ein Gesetz statt der Strafgelder die Hände, Füße, Nasen, Augen der Sträflinge — so könnte der Bürger schon in solche Forderung moralisch nicht einwilligen, wie viel weniger in ein Gesetz, welches nicht die einzelnen Organe, sondern den ganzen Organismus zerstört! Will man sich überreden, die Dereliction eines unveräußerlichen Gutes, wie das Leben es ist, sey von Seiten des Inhabers kein Verbrechen — höchstens ein Polizeivergehn? — Freilich auch so hat man urtheilen gehört! Es ist schrecklich — des Widerspruchs nicht zu gedenken! Welch eine Herabwürdigung des Menschen, des Lebens und des Lebenszwecks! Als Saul in einem finstern Augenblicke dumpfer Verzweiflung seinen Waffenträger bat, ihn zu tödten, da war in ihm moralisch schon die schwarze That vollendet, die er nachher beging, als er sich in sein Schwert stürzte. Solche Saule sind alle diejenigen, welche der Obrigkeit das Leben verpfänden und unter gewissen Bedingungen von ihr getödtet zu werden einwilligen. Sie sind noch überdies, wenn sie einen solchen Willen zu haben behaupten, offenbare Lügner; sie können den Willen nicht haben; dies ist unnatürlich und also nicht wahr. Läugne man es nur nicht, die Einwilligung der Bürger in ein Gesetz, das die Feuerprobe vor dem Richterstuhle des Moralgesetzes nicht bestehen kann, ist eine Seifenblase, welche in der Wissenschaft keinen Platz verdient, und das Uebertragen eines Rechts, das sie nicht haben, an die Staatsgewalt, ist eine Grille, die weder Gewicht, noch Gehalt hat, und der es an aller Realität gebricht. Auch hier stehe eine Stelle aus Rössigs Vorrede zu dem bemerkten Hommelschen Werke, S. 27 ff. „Man hat angenommen, daß der Staat die Todes„strafen ausübe aus einem Vertrage, den der Verbrecher, da er „zum Staate trat, ausdrücklich oder stillschweigend geschlossen „hat, daß, wenn er ein Verbrechen, worauf der Staat Todes„strafen gesetzt, oder setzen würde, beginge, er sich dieser Strafe „freiwillig unterwerfen will. Allein dieser Grund sinkt dahin, so

„bald man denkt, daß kein Mensch über sein Leben Verträge „schließen und sich tödten zu lassen versprechen kann. Der Be„fehl: Erhalte dich selbst! macht es ihm moralisch unmöglich, „wenn es ihm auch schon physisch möglich blieb. Ein einziger „Collisionsfall bleibt ausgenommen, von dem ich in der Folge „reden werde." —

Sehr richtig, bis auf den sogenannten Collisionsfall, der nach Seite 33 darin bestehen soll, wenn man durch Aufopferung seines Lebens das Leben Vieler erhalten könne, weil das Leben von Tausenden, in so fern bloß auf das physische Leben gesehen wird, ein höherer Entzweck, als die Erhaltung Eines Lebens, seyn soll, ob dies in andern Verhältnissen noch so wichtig sey. „Das Ge„setz — (heißt es dort) das Gesetz: Erhalte dich selbst, ist „hauptsächlich um deswillen da, damit das Menschengeschlecht „fortdauere; es ist also die Selbsterhaltung, die in Ansehung des „Menschen einer der höchsten Entzwecke ist, immer ein der Er„haltung des Menschengeschlechts untergeordneter Zweck." Dieser Collisionsfall hätte den gelehrten Verfasser gewiß nicht geirrt und die Consequenz in seinem Denken nicht unterbrochen, wenn er den Begriff des Selbstzwecks gehörig beachtet hätte, wenn er daher nicht in den Irrthum gefallen wäre, das Leben in mehrer und in einzelner Zahl wie einen Handelsartikel mit einander zu vergleichen, wo freilich Ein Dukaten mit Recht aufgeopfert wird, wenn tausende dadurch erhalten und gewonnen werden können. Ich kann nicht verpflichtet seyn, ein unveräußerliches Gut zur Erhaltung eines andern unveräußerlichen Gutes einzusetzen, eben deswegen nicht, weil es unveräußerlich ist, und weil — der Zweck das Mittel nicht heiligen kann, und Alles auf Selbstmord hinauslaufen würde, wenn ich das Leben opfern will — oder dasselbe ohne alle Hoffnung seiner Erhaltung dem Untergange Preis gebe. Du weißt noch unsere frühere Unterhaltung darüber*). — Wäre übrigens ein Contract der Art auch wirklich eingegangen — wäre er also keine bloße Fiction: so ist er doch nicht unwiderruflich, sondern soll von dem Augenblicke an wider-

*) S. 70.

rufen werden, wo die Parteien die Gründe seines Unrechts erkennen. Wenn man behauptet, der redliche Bürger könne sich denselben gar wohl gefallen lassen, weil er nie ein Verbrechen begehn will, worauf die Todesstrafe gesetzt ist, so ändert auch diese Bemerkung in unserer Ansicht nichts. Allerdings hat er nicht den Willen, ein Verbrecher zu werden, aber auch nicht den Willen, sich tödten zu lassen — beides ist ihm sittlich unmöglich. Und wie? wenn er nun unglücklich genug wäre, zu begehn, was er zu begehn nie gefürchtet hatte? Wenn Eine finstre Stunde den schönen reinen Spiegel eines langen tugendreichen Lebens trübte? Kann er die Tödtung wollen? — Kann er dem positiven Gesetze, das seiner Natur nach ein arbiträres ist, das Unveräußerliche zu freier Disposition stellen? Du siehst, wie kurz wir uns bei allen diesen Punkten fassen können und — fassen müssen, wollen wir uns nicht zweckloser und überlästiger Wiederholungen schuldig machen. Daher wirst Du mir auch alle weiteren Bemerkungen über die aus dem Rechte der Nothwehr für Beibehaltung der Todesstrafe entlehnten Gründe erlassen. Wir lernten sie bereits als erschlichen kennen und sahen, daß derjenige für einen Mörder zu erklären sey, der das Wehren aus Noth ausdehnt bis zu dem Vorsatze, den Angreifer zu tödten — der also tödten will — ein fürchterlicher Mensch, der sich am Wehren nicht mag genügen lassen, sondern sey es aus Rache, sey es aus Furcht, nicht den wehrlosen, sondern, den getödteten Feind zu seinen Füßen sehen will. Ach, der Bessere, der in der Nothwehr sein Leben vertheidigen muß und ohne Vorsatz und Willen tödtet — er wird immer mit Wehmuth daran denken, daß ein Mensch durch ihn und unter seinen Händen fiel. Und Jenem, der mit Vorsatz das Entsetzliche vollbringt, soll der Staat gleichen? soll, wie er, um sich gegen ein arges, schädliches Mitglied zu sichern, das Abscheuliche wollen und beschließen und dazu die Hand bieten? Nimmermehr! Nicht zu gedenken, daß grade so die Idee in ihrer ganzen Lächerlichkeit erscheint, nach welcher der ganze Staat, also die ganze Masse des Volks, im Zustande der Nothwehr gegen einen Einzelnen gedacht, und behauptet wird, sie könne sich gegen ihn nur durch einen solchen Blutact schützen. Ich kann nicht umhin, zum Schlusse meines heutigen Briefes die Anmerkung theilweise niederzuschreiben, die Lucas in seinem Werke S. 131 beifügt, und in welcher er die Worte eines von ihm angeführten Schriftstellers wiedergiebt: „Es ist bemerkenswerth, daß unsere Gesetze sich selbst auf die förmlichste Art schuldig bekennen. Denn wenn, bevor die Nothwendigkeit, euren Gegner zu tödten, unabwendbar ist, euch Hülfe zu Theil wird; wenn der Gegner entwaffnet und ergriffen ist, und ihr tödtet ihn dennoch: so straft euch das Gesetz. Und ist es nun nicht täglich derselbe Fall, wenn das Gesetz den Verbrecher zum Schaffote schleppen läßt?"

Vier und zwanzigster Brief.

Hören wir noch einige andere Einwürfe unserer Gegner! Der Verbrecher hat das Gesetz gekannt, sagen sie, und hat sich daher nicht zu beschweren, wenn es an ihm vollzogen wird; er muß als einwilligend betrachtet werden. — Nicht also! Ich schweige ganz davon, daß es Verbrecher giebt, die in ihren Verhältnissen kaum zu einer ausreichenden Kenntniß der Fälle kommen konnten, auf welche das positive Gesetz angewendet seyn will; ich weiß auch, was man mir auf diese Nebenbemerkung erwiedern würde; auch wiederhole ich nicht, daß eine Einwilligung der Art sittlich unmöglich sey; aber ich muß erinnern, daß obiger Einwurf darum ohne allen Werth ist, weil es sich bei dem Gegenstande unserer Untersuchung um das innere, wahre Recht des Gesetzes handelt, welches von der Kenntniß desselben eben so wenig, als von der Nichtkenntniß desselben abhängt. Nimmermehr kann daher auch die Anwendung eines Gesetzes dadurch zu einer gerechten werden, daß es dem Sträflinge bekannt war, wenn das Gesetz selbst die Kennzeichen des Rechts nicht an sich trägt. Der Seefahrer kennt die Gefahr, in die Hände der Barbaresken zu fallen und ein schreckliches Loos gefangener Unglücksgefährten theilen zu müssen; aber wenn ihn die Gefahr wirklich ereilt, so wird das Gesetz der Willkühr, nach welchem ihn der Corsar behandelt, dadurch nicht gerechtfertigt, daß dieser ihm sagt: „Du hast es gekannt; dir geschieht also kein Unrecht!" So sind in stürmischen Zeiten des Krieges und der Revolutionen Gesetze gegeben, welche die Bürger kannten — die sie wohl aus Furcht vor der Gewaltherrschaft als Meisterstücke kluger, Alles berechnender Politik mit Lobpreisungen aufnahmen: aber ward dadurch das Unrecht der Befehle, die von der tyrannisirenden Willkühr und von dem Uebermuthe siegreicher Usurpatoren ausgingen, zum Rechte? Ward es zum Rechte, weil es solchen Zeiten an freimüthigen Heldenseelen fehlte, die zu sprechen wagten, wie einst de la Bocquerie zu Ludwig XI. von Frankreich sprach: „Sire, wir legen gern unser Amt Ihnen zu Füßen und erdulden lieber Alles, was über uns verhängt werden möge, als daß wir unser Gewissen mit dem Vorwurfe belasten, die Befehle zu vollstrecken, welche sie uns zugesandt!". Die himmelschreiende Ungerechtigkeit, welche man sonst gegen vermeinte Hexen beging, stützte sich ja auch auf positive, bekannte Gesetze und wurde damals von Rechtswegen verübt. Vielleicht konnte sich hier und dort ein Familienvater in ein anderes Land flüchten, wo mehr Sicherheit vor der Macht des Aberglaubens und der Bosheit war: aber wenn er nicht floh, oder nicht fliehen konnte, und wenn der Verdacht eines geist- und herzlosen Buben ein Glied seines Hauses auf die Folter oder den Scheiterhaufen brachte, und wenn er selbst den ganzen Hexenhammer von A bis Z im Gedächtnisse gehabt hätte, wäre darum und um dieser Erkenntniß willen dies Scheusal von Gesetzen zum Rechte geworden? Und bloß um dies Recht, darum allein, wie um ihren Mittelpunkt, dreht sich unsere ganze Untersuchung. Nicht, was der Bürger wisse, oder nicht wisse, sondern was recht vor Gott ist, und ob sich die Achtung vor diesem ewigen Rechte in dem positiven Gesetze nachweisen lasse, das wollen wir erforschen. Aber, heißt es weiter, nicht bloß aus dem allgemeinen Urtheile des Publikums, es widerfahre dem Verbrecher Recht, wenn er unter den und den Umständen sterben muß, sondern auch aus dem eigenen Verlangen so vieler Verbrecher, daß ihnen — nach dem gewöhnlichen Ausdrucke — ihr Recht widerfahre, und aus dem Umstande, daß sie sich zu dieser Absicht oft selbst anklagen, scheint so viel hervorzugehn, daß das Urtheil über die Nothwendigkeit des Todesgesetzes tief in dem Menschen begründet sey. Wir wollen nicht weiter daran erinnern, daß die Stimme der Menge nicht in einer Sache entscheiden kann, wo die Stimmen nicht bloß gezählt — sondern gewogen werden sollen, und daß sich dann ein ganz anderes Urtheil ergebe; auch daran nicht, daß sich schon in der frühern Zeit ganze Parteien gegen dieses Gesetz erklärt haben; denke an die Socinianer, an die Quäker, an die, welche Peter Vaux für seine Ansicht gewann; aber was das Verlangen der Verbrecher selbst betrifft, man möge sie zum Tode bringen — was soll dies beweisen? Das Recht der Todesstrafe? Nimmermehr! das soll auf andern Gründen beruhen, als auf Wünschen und Aufwallungen des Gefühls eines moralisch, oft auch physisch Elenden, wenn anders nur solche Gründe zu entdecken wären. Jene Geständnisse, daß man in dem gewaltsamen Tode sein Recht erhalte, sind offenbar die Wirkungen eines bösen, aufgeregten Gewissens; einer das Herz mit den furchtbarsten Geißeln zerfleischenden Reue, oft einer schauervollen Verzweiflung, oft einer Ungeduld, welche der Folgen begangener Missethaten, der bürgerlichen Schmach, der Bande des Kerkers mit Einem Schlage überhoben, ihrer los und ledig seyn will und den Muth nicht hat, das Uebel der Gegenwart zu tragen, unterdessen das größere Uebel der Zukunft, das noch entfernt scheint, unbeachtet gelassen wird — ein Zustand, ganz ähnlich dem des verzweifelnden Selbstmörders, nur mit dem Unterschiede, daß sich dieser selbst die Kehle durchschneidet, unterdessen jener wartet, bis ein Anderer es für ihn thut. Oft mag auch eine solche Aeußerung, besonders bei rohen Menschen, die Folge früh angenommener Grundsätze seyn; man glaubt nun einmal, wer das oder das gethan hat, der müsse sterben; so hat man's immer gehört vom Vater und Großvater, und man ergiebt sich daher unbedingt und fast mit Indolenz in sein Schicksal — eine Erschlaffung des Geistes, welche bei Menschen solcher

Art gar nichts Seltenes ist. Sie sehnen sich ja häufig genug selbst nach dem natürlichen Tode, so bald nur wenige Tage der Krankheit sie auf das Lager werfen. Der Muth des Rohen ist sehr bald gebrochen und geht nur zu leicht in eine Feigheit und Weichlichkeit über, welche nicht das Mindeste tragen mag. Er will, wie gesagt, bloß aus zwei Uebeln das kleinste wählen und beurtheilt dabei Alles nach den Eindrücken des Augenblicks. Ein derber Hieb scheint ihm ein kleineres Uebel, als eine lange Gefangenschaft, und die Fesseln, die er jetzt trägt, scheinen ihm schwerer, als die Folgen jenseits, auf welche seine verwilderte Seele nicht reflektirt. Hat überdies der Bösewicht seine Hand an ein Leben gelegt, so zeigt er eben dadurch, daß ihm der Werth des Lebens in seiner wahren Bedeutung noch nicht klar geworden sey, und es ist nicht zu verwundern, wenn er eben so geringschätzig von seinem eigenen urtheilt und es wie ein zu jeder Zeit feiles Gut hinwirft, so bald er es nicht mehr zu seinen verbrecherischen Zwecken benutzen kann. Wäre der weise Christ so unglücklich gewesen, eine That zu begehen, auf welche irgend ein positives Gesetz den Tod gesetzt hat: so kann er, will er anders nicht Verbrechen auf Verbrechen häufen, das Todesurtheil nie begehren und wünschen, und erwartete ihn auch eine lebenslängliche, sogar bürgerlich entehrende Strafe. — Der Aberglaube thut denn bei dem Allen auch das Seinige und überredet den Verbrecher, sicherer könne er seine Frevel vor Gott nicht abbüßen, als durch den Tod; dieser kommt ihm nun wie ein Sühnopfer vor und wird ihm darum wünschenswerth. Ich würde mithin aus solchen Geständnissen ein neues Argument gegen die Todesstrafen ableiten. Sie verrathen einen höchst mißlichen Zustand der Seele. Desto mehr wird also die Lebenserhaltung Pflicht, damit der höchste Zweck des Menschen kräftig verfolgt werde. Sie zeigen überdies, daß der Staat gar sehr wohl seine Strafen so schärfen könne, daß sie dem schwersten Verbrechen gemäß sind, ohne deswegen die Zuflucht zu Todesstrafen zu nehmen, und daß er durch die letztern solche Verbrecher, wie wir sie hier uns denken, gar nicht einmal, wie er doch will, zu der Strafe verurtheilen kann, die ihnen die fürchterlichste ist. Das wohlgeordnete Bürgerthum hat mehr als Eine Strafe für sie, die mehr wirkt und mehr gescheut werden wird, als so tief gesunkene Menschen den physischen Tod scheuen, der nur ihren Wunsch — sey er auch ein Wunsch der Verzweiflung — erfüllt; ihnen ist das Leben zu einer Last geworden, die sie lieber heute, als morgen, abwerfen. Entweder sündigen — oder sterben! ist ihre Loosung, und der Staat — der Pfleger der moralisch Unmündigen, sollte dazu: Ja! sagen? Laß uns auch nicht vergessen, daß große Verbrecher, sind sie noch nicht ganz für jedes bessere Gefühl abgestumpft — wie sie es denn wirklich nicht seyn können — grade durch dies Gefühl belehrt und erinnert, leicht auf den Gedanken kommen, es sey ganz recht, für ein schweres Verbrechen auch eine schwere Strafe zu leiden. Nun kennen sie aber keine andere, die ihnen von Jugend auf als die schwerste vorgehalten ward, außer der der gesetzlichen Tödtung, und sie setzen daher schon voraus, daß sie dieser verfallen werden, so bald sie ihr Verbrechen für eins der schwersten erkennen. Bei den Urtheilen, Geständnissen, Ansichten und Aeußerungen roher oder unwissender, an Geist und Körper abgestumpfter, vielleicht schon durch lange gefängliche Haft niedergedrückter, von innern Vorwürfen gequälter Menschen hängt von den Mängeln der Jugendbildung und des ersten Unterrichts, von den frühesten, lebhaften — oft sehr verderblichen Eindrücken, von Unbestimmtheit des Urtheils über sittliche Principien und von Uebereilung und Leidenschaft viel zu viel ab, als daß sich auf momentane Wünsche der Art ein Gewicht legen, und aus ihnen ein Grund zur Rechtfertigung der Todesstrafe entnehmen ließe.

Mehr noch glaubte man einen solchen Grund in dem Rechte Krieg zu führen aufzufinden. Hierauf erwiedere ich nur so viel, daß in dieser Beziehung alles nach denjenigen Grundsätzen beurtheilt werden müsse, welche bereits bei der Nothwehr aufgestellt sind. Der Krieg ist Nothwehr in Massen — Nothwehr eines Volks gegen das andere. Ich kann mich auch wirklich bloß und allein auf diese Bemerkung beschränken, will ich anders nicht vorher in eine besondere Untersuchung über den Krieg selbst eingehn, der alle Mal als Gewalt und Faustrecht erscheint und der Beweis ist, daß das wahre Recht irgendwo noch nicht geachtet werde. Daher ist auch das Streben, ihn auszurotten, die Aufgabe der Edelsten, und so gewiß es eine heilige Weltregierung giebt, die den freien Geistern ein unveränderliches Gebot gab, in dessen Befolgung der höchste Zweck mehr und mehr errungen wird, so gewiß ist, was Buß in seinen Anmerkungen zu Matter S. 372 sagt, irrig, wenn er von dem bleibenden Frieden eine Stagnation aller Lebensgeister der Nationalität fürchtet. Das wäre traurig, wenn die Geschöpfe dem Schöpfer zu Hülfe kommen und diese Lebensgeister durch Kanonen anregen müßten, weil die Mittel nicht ausreichen, die der Weltregent zur steigenden Vervollkommnung des Menschengeschlechts geordnet hat. Auf einer Seite der kriegenden Parteien muß nothwendig das Unrecht seyn, wenn es nicht auf beiden ruht. Fehlen kann's aber nie. Der Krieg kann daher bloß und allein als Nothwehr — sey er Angriffs- oder Vertheidigungskrieg — in Schutz genommen werden, und sein nächster Zweck kann auch nur der seyn, den Feind in so weit wehrlos zu machen, als nöthig ist, um vor ihm gesichert zu seyn und ihn zu dem zu nöthigen, was er um des Rechts willen freiwillig thun sollte. Das Tödten der feindlichen Individuen, oder eines bestimmten Individuums, von welchem viel abhängt, kann und darf nie Zweck im Kriege werden — sonst ist er Vertilgungskrieg und nichts als Mord — und der Tod der Feinde ist schlechterdings als ein Unglück anzusehn, das dem zur Vertheidigung genöthigten Gegner in und bei der Vertheidigung begegnete. Wer den tödtet, welchen er hätte zum Gefangenen und also unschädlich für sich und die Sache, die er vertheidigt, machen können, ist ein Barbar und kein Held und mag sich seiner blutigen Trophäen ja nicht rühmen! Da übrigens im Kriege eins der wichtigsten und theuersten Güter der Menschen — ihr Leben — so sehr gefährdet wird: so liegt schon darin das Verdammungsurtheil aller derjenigen Kriege, welche aus Vergrößerungssucht und Länderdurst, aus Persönlichkeit und Haß, aus Ehrgeiz und Uebermuth und falscher Politik begonnen werden. So viel leuchtet aber sogleich ein, daß aus dem Hinweisen auf den Krieg zu Gunsten der Todesstrafen gar nichts folge. Dort ist der Verlust des Menschenlebens ein beklagenswürdiges Unglück, ein Accidens, und ich habe noch nie gehört, daß eine Kriegserklärung dahin laute: wir wollen uns mit einander schlagen, um uns todt zu schlagen; zur Aufrechthaltung dieser oder jener Rechte, dieser oder jener Meinung, dieses oder jenes Zwecks sollen die Individuen, die wir bewaffnen, sterben. Jede Partei sucht ja vielmehr das Leben — wenn auch leider oft nur das Leben der Ihrigen — zu schonen und zu erhalten. Hier aber, bei der Todesstrafe soll der Tod als eine auf Recht begründete und mit Recht beabsichtigte Beraubung des Lebens angesehen werden, und wir erklären sie eben darum für unrecht, weil sie den Tod des Andern nicht als einen unbeabsichtigten, wider Wissen und Willen hervortretenden Erfolg betrachtet, sondern als einen mit Wissen und Willen herbeigeführten Erfolg bezweckt. Endlich muß ich noch der oft fast wunderbaren Entdekkungen erwähnen, welche begangene, zuweilen lange verborgene Verbrechen und Verbrecher an den Tag bringen und sie der strafenden Gerechtigkeit überliefern. Es ist wahr, wir erstaunen zuweilen darüber, daß der verschmitzteste Bösewicht so verblüfft wird und sich so unklug selbst verräth, und daß sich ganz unbedeutend scheinende Umstände vereinigen, um das vor der Welt auszusprechen, was ihr nach dem Wunsche des Thäters ein ewiges Geheimniß bleiben sollte. Ein äußerst merkwürdiges Beispiel findet sich in der Schrift von Neubig: Die rechtswidrige Todesstrafe u. s. w. S. 121, auch im Bildermagazin Nr. 29. (1834). Da hat man denn die waltende Hand Gottes erkennen und seinen Willen, daß schon auf dieser Erde die Strafe dem Bösen folgen solle, bemerken wollen. Gegen diese Ansicht läßt sich auch durchaus nichts einwenden; aber desto mehr gegen die willkührlichen Folgerungen, welche man daraus ableitet, und welche sich diejeniger erlauben, die aus solchen Entdeckungen eine göttliche Billigung der Todesstrafen schließen. Daß unter einer moralischen Weltordnung Verbrechen und Strafe neben einander gehn, das läßt sich voraussetzen, und jede Wahrnehmung davon erfüllt uns mit heiliger Ehrfurcht vor derselben. Wie aber daraus die Gerechtigkeit irgend einer besondern positiven Strafe an sich gefolgert werden könne — das vermag Niemand einzusehen.

Der entdeckte Frevel ist eine Aufforderung, ihn zu bestrafen, aber nicht ein Grund, ihn nach irgend einer bestimmten Form Rechtens zu strafen; er kann und soll die Strafgewalt zu ihrer Pflicht aufrufen, aber die Strafgewalt soll das, was sie thut, nach den Regeln des absoluten Rechts bestimmen. Sollte man aus manchen merkwürdigen Erscheinungen von bekannt gewordenen Verbrechen einen Schluß auf die Gerechtigkeit der Todesstrafen machen: so würde es doch erlaubt und ganz consequent seyn, bei andern Vergehungen, welche mit Geld oder Gefängniß gebüßt werden, auf ähnliche Art zu schließen, und da die Gesetze in den verschiedenen Staaten verschieden und immer der Veränderung unterworfen sind, so dürfte am Ende jeder in der Entdeckung der gesetzwidrigen That eine göttliche Billigung grade seiner Gesetze, ihrer jedesmaligen Anwendung, ihrer verschiedenen Modificationen und der grade durch sie bestimmten Strafe finden, wozu denn der Türke, wie der Christ, der Asiate, wie der Europäer, gleichen Grund hätte; so würde jeder meinen, grade seinem Tribunale sey der Verbrecher gleichsam auf göttliche Veranstaltung übergeben, um die eben geltende Strafe an ihm zu vollziehen; so müßte ihm der menschliche Richterspruch beinahe als untrüglich und von Gott bestätigt erscheinen. So etwas führt auf Absurditäten, die zu sehr in die Augen fallen, als daß sie der Mühe werth wären, sie erst noch lächerlich zu machen.

Wie man übrigens die Gründe, welche für die Todesstrafe aufgestellt werden, abweisen mag, es giebt Vertheidiger derselben, die sich über jeden mißlingenden Versuch, ihre Sache zu stützen, leicht beruhigen und sich auf weitere Untersuchungen über Recht und Unrecht nicht einlassen, weil sie glauben, daß der Drang der Nothwendigkeit gebieterisch entscheide. Wir reden hier nicht von großen Denkern und edlen Weisen, welche die Todesstrafe nur auch noch darum für zulässig erkennen, weil sie glauben, es lasse sich keine andere Strafe finden, die jene ersetzen könnte, von deren Rechtmäßigkeit sie aber aus andern Gründen überzeugt sind, und die sie sich also nicht gegen ihre Ueberzeugung von den Umständen aufdringen lassen. Sie betrachten sie mit Gefühlen des Vaters, der den verwilderten Sohn der

Correctionsanstalt übergiebt; er hält dies Mittel für das letzte — zugleich aber auch für recht; aber es ist ihm, indem er es aus Pflicht wählt, als solle ihm das Herzblut entströmen. Auf diesem Standpunkte stehen nun freilich nicht Alle, die hier vom Drange der Nothwendigkeit reden, und die nicht, die ich jetzt in Gedanken habe. „Wir haben die Todesstrafe zu unsern Zwecken nöthig — darum bleibe sie und gelte für recht.“ — Das ist's, was sie uns sagen, weil sie jede Prüfung der Wahrheit scheuen, und weil es ihnen an dem Willen fehlt, sich nach der Wahrheit zu richten. Der Bessere schenkt ihnen keinen Glauben, aber die Schwachen können sie täuschen, so wie sie freilich Alle auf ihre Seite ziehen, welchen das Bedürfniß des Augenblicks und die Forderung des Eigennutzes die einzige Regel ihres Handelns ward. Wir verweilen darum nicht länger bei einer Menschenart, die Hommel in seinen philosophischen Gedanken über das Criminalrecht herrlich characterisirt: „Aber Mörder, sprichst du, und Diebe sind doch gefährliche Menschen; man schlage sie also todt, daß sie nicht weiter schaden!“ — „Mein Gott, ruft im tiefsten Gefühle des gerechten Unwillens der philosophische Rechtslehrer aus, wird wohl Jemand ein beißiges Pferd todtschlagen? Man macht ihm einen Beißkorb!“ Nun — und an solchen Beißkörben fehlt es in weise regierten Staaten nicht. Daher mußte aber auch bei der wirksamen Anwendung anderer gerechter Strafen und wohlthätig wirkender Zuchtmittel die Behauptung so oft schon beschämt und widerlegt werden, daß der Drang der Nothwendigkeit zu Todesstrafen zwinge, und daß der Rechtszustand ohne Blutvergießen nicht realisirt werden könne, und mithin zur Erreichung des Staatszweckes Mittel unentbehrlich seyen, welche die Vernunft verwirft. Möge dann der Bürger nie — nie der Obrigkeit den Vorwurf machen, als sey sie nachsichtig gegen den Missethäter und ungerecht gegen den Unschuldigen, als strafe sie nicht — wenn sie nicht am Leben straft; als schirme sie die Straflosigkeit — wenn sie nicht grade nach dem positiven Gesetze verfährt, das bis dahin in dem Vorurtheile seiner Unentbehrlichkeit eine Stütze fand; als häufe sie sogar eine Blutschuld auf's Land, wenn sie nicht Blut um Blut vergießen läßt — der härteste Vorwurf, den man sich gegen sie erlauben kann — unterdessen man ihr danken sollte, wenn sie nicht zuläßt, was zuzulassen ein heiliges Gebot untersagt. Ich gestehe, wenn ich in einer Gesellschaft über die Todesstrafe oft zwar klagen hörte, sie aber doch als nothwendiges Uebel in Schutz genommen sah, so ergriff mich ein schmerzliches Gefühl, wo ich wahrnahm, daß man sie als eine erlaubte und zulässige, aber unangenehme Erscheinung betrachtete, deren man gern überhoben sey. Aber ohne gerechten Unwillen habe ich solch eine Behauptung nie vernehmen können, wenn sie im vollen Ernste von denen aufgestellt ward, die das innere Unrecht der Hinrichtung eingestehn. Dann erscheint sie mir wie eine Lästerung. Ueberzeugt seyn, man solle nicht tödten, und behaupten, man müsse tödten, weil ein anderes Mittel zum Schutze der Gesetze gegen Bösewichter nicht übrig sey, das heißt den Weltregenten verklagen. Ist jene Strafe in sich unrecht — sittlich verwerflich — so müßten wir, wollten wir sie als nothwendiges Uebel betrachten, auch eine nothwendige Sünde — also ein Unding im Geiste freier Vernunftwesen denken; wir müßten das Widersprechende für wahr halten und wären ohne Glauben an Gott.

Um jedoch Alles zu benützen, wodurch unsere Gegner die Sache, die sie nicht aufgeben wollen, zu stützen glauben, berufen sie sich sogar auf die heilige Schrift. Ich sage nichts von der Inconsequenz derer, welche die Aussprüche der Bibel auf sich beruhen lassen, sobald sie ihrer Meinung entgegensteht, und sie nur da geltend machen, wo sie derselben günstig zu seyn scheint, die sie aus allen Discussionen über positive Gesetze ausschließen und doch auf einmal wollen mitsprechen lassen, wenn es darauf ankommt, das Recht über Leben und Tod zu behaupten; ich schweige auch davon, daß es nur wehe thun kann, die Schrift, welche gegeben ward, uns zur Seligkeit zu unterweisen und zu jedem guten Werke geschickt zu machen, zum Aufbaue der Schaffote zu benutzen, für die sich das Wort der Wahrheit nicht erklären kann. Aber das läßt sich nicht verschweigen, daß es in einzelnen Fällen gelingen mochte, die unvermeidlichen Zweifel an der Rechtmäßigkeit der Todesstrafe durch das Berufen auf die Bibel gewaltsam niederzudrücken. Damit ich also keine fühlbare Lücke in unserer Untersuchung lasse, werde ich in den folgenden Briefen auf die Beweise, die man in den Schriften des alten und neuen Bundes zu finden glaubt, noch eine besondere Rücksicht nehmen müssen.

Fünf und zwanzigster Brief.

Darüber sind wir einig, daß der Geist des Evangeliums der gesetzlichen Tödtung entgegen sey. Berief man sich aber auf biblische Aussprüche, um das Gegentheil darzuthun und so ein göttliches Recht auf seiner Seite zu haben, so werden wir uns doch leicht überzeugen, daß die angezogenen einzelnen Schriftstellen keinesweges im feindlichen Widersatze gegen den evangelischen Geist stehn. Laß sie uns kürzlich beleuchten — doch vorher einen Blick auf die Belehrungen des Alten Testaments über die Todesstrafe werfen, da es eben so sehr und vielleicht noch häufiger, als die Schriften des Neuen Bundes, benutzt ist, die Vollziehung dieser Strafe unter einer höhern Sanction darzustellen.

Das A. T. ist allerdings reich an Beispielen von Hinrichtungen und an Gesetzen, welche sie anbefehlen. Aber es liegt am Tage, daß grade hier für die Vertheidigung der Schaffote in christlichen Staaten ganz und gar kein Heil zu finden sey. Denn, mein Ferdinand, was gehn uns jene Gesetze mit ihren schauderhaften Vollziehungen an — uns, die wir glücklich genug sind, nicht unter der Mosaischen Oekonomie zu leben, deren schweres Joch weder die Väter, noch ihre Nachkommen zu ertragen vermochten? Diese Bemerkung wird nur da nicht genügen, wo man sich von der theokratischen Regierung ein Zerrbild entwarf, dessen Züge man nicht grob genug auszumalen weiß. Wer in Gott den König der Juden im strengsten, eigentlichen Sinne erkennt und an keiner noch so unhaltbaren anthropopathischen Vorstellung von ihm Anstoß nimmt, der erkennt in dem Todesgesetze der Juden allerdings ein Gesetz Gottes, so fern er

Regent und Oberherr dieses Volkes war. Ich will zugeben, Ansichten der Art mögen noch hier und dort sich geltend machen, aber ich werde mich hüten, erst noch nachzuweisen, daß wir von ihnen keine Anwendung auf unsere Staatsverfassung und Gesetzgebung machen können! Eine Theokratie, in so krassem Sinne genommen, würde in dem Bereiche der Gesetzgebung das seyn, was ein Wunderwerk in der physischen Welt ist. Und wollten wir einen Augenblick auf solche Vorstellungen eingehen und schließen: wenn der Weltregent, als König der Juden, die Hinrichtung anordnen konnte, so könne sie wenigstens nicht absolut böse seyn; so wird auch dadurch der Sache nicht nachgeholfen. Wenn der Herr des Lebens spricht, so fällt aller Zweifel an der Rechtmäßigkeit seines, des Weltregenten, Ausspruchs weg; allein es folgt nur nicht, daß das Geschöpf denselben Ausspruch thun dürfe, will es anders nicht in die Majestäts-Rechte des Herrn eingreifen — ein Punkt, den ich schon früher berührt habe *).

Erkennt man dagegen in der Mosaischen Verfassung eine Staatsform der Vorzeit, welche sich unter den merkwürdigsten Leitungen der Vorsehung bildete, deren Gesetzgebung aber nicht Regel für alle folgenden Jahrhunderte seyn sollte und konnte, so wird man sagen, daß der Mosaismus Gesetze aufstellte, welche sich bereits als Gewohnheitsrechte geltend gemacht hatten, und zwar zu einer Zeit, wo das jüdische Volk auf einer noch sehr niedern Stufe der Cultur stand; man wird nicht vergessen, wie schon das Auge der weisern Väter sehnend und harrend auf die glücklichere Zukunft sah, welche den Enkeln einst aufgehen sollte. Allerdings verschmolz das Moral-, Civil- und Ceremonialgesetz der Juden in Ein Gesetz — Ein Gesetz Gottes war hier Alles, denn in Gottes Namen ward das ganze Gesetz promulgirt. Aber es konnte und sollte in seiner Ungetrenntheit nur so lange verbindende Kraft haben, als die Mosaische Oekonomie bestand. Wir müssen nun trennen, was lokal und temporell in demselben ist, wenn wir davon Gebrauch machen, aber doch nicht

*) S. 134.

Juden werden wollen. Nur das ewige Wort der Wahrheit, nur das, was Pflichtgebot und reine Religionslehre ist, das ist auch für uns; was Landes- und Kirchengesetz war, kann uns — hie und da zwar noch nützliche Winke und Regeln der Klugheit geben, aber es hat, als Gesetz Mosis, für uns keine verbindende Kraft mehr. Es hörte auf und sollte aufhören, sobald die neue Religions-Einrichtung durch Christum getroffen war, und das Elementarische desselben sollte verschwinden, sobald das Vollkommene begann. Daher die bestimmte Erklärung: das Gesetz ist unser Zuchtmeister gewesen bis auf Christum, damit wir durch den Glauben — also durch Annahme und Befolgung seiner Lehre — gerecht würden, und der merkwürdige, hochwichtige Ausspruch: Christus ist des Gesetzes Ende, der nach Apostelgesch. 15. faktisch befolgt ward. Vertrauend auf diese bestimmte Lehre des Evangeliums, frage ich nun: Willst du Jude seyn, oder Christ? — Christ, ist deine Antwort, ist die Antwort aller Weisen und Guten, und so kann denn ein Gesetz nicht mehr verbinden, das Einer Nation und Einem Zeitalter gegeben war, und das in den Schriften des Neuen Bundes als Elementarlehre betrachtet wird, und von dessen „schwachen und dürftigen Satzungen" der Apostel zu den Christen seiner Zeit spricht, Anordnungen, zu welchen Keiner sich zurückwenden könne, der Gott durch das Evangelium richtiger zu erkennen und würdiger zu verehren gelernt habe. Glaubt man aber dennoch, diesem und jenem Gebote aus der Mosaischen Civil- und Kirchengesetzgebung her eine fortwährende Gültigkeit für alle Zeiten zugestehn zu müssen, darum, weil es in Mosis Gesetzbuche enthalten ist, so sehe man zu, wie man seine Behauptung mit so klaren Aussprüchen der Lehre Jesu vereinigen und seine Consequenz retten möge, wenn man anders nicht das ganze Gesetz annehmen — also ganz Jude seyn will; denn sonst wird auch in diesem Falle der Ausspruch seine Anwendung finden: „Wer an Einem sündigt, der ist des ganzen Gesetzes schuldig. Verpflichtet mich das Judenthum, als solches, noch zum Gehorsam: so hat für mich jedes einzelne Gebot dieselbe göttliche Autorität, denn es hat denselben göttlichen

Urheber; so ist jede willkürliche Ausnahme Frevel; so muß ich nach Jerusalem eilen, den Tempel bauen und den Opferdienst auf's Neue, wie ein zweiter Nehemias, anrichten; so muß die Taufe weg, und die Beschneidung tritt an ihre Stelle. Oder ist das Gebot von den Opfern, von dem Unterschiede der Speisen, von Festtagen, von Neumonden, von Reinigungen, das Ehegesetz in allen seinen Nüancen nicht aus derselben Quelle geflossen, als der Befehl: Wer Menschenblut vergeußt, des Blut soll auch durch Menschen vergossen werden? (1. Mos. 9, 6. — womit die Stellen 2. Mos. 21, 12. 3. Mos. 24, 17. 4. Mos. 35, 16—34. 5. Mos. 19, 11. 12. verglichen werden mögen). Wer sich auf Moses beruft, um die Todesstrafen zu rechtfertigen, ohne ihn sonst in Allem gelten zu lassen — der wird im hohen Grade inconsequent — halb Jude, halb Christ; — das mosaische Recht verwerfend oder wählend, ihm gehorchend oder sich ihm opponirend, je nachdem es eben thunlich scheint, macht er sich bald zum Diener bald zum Herrn dieses Gesetzes, von welchem er nach Gutdünken annimmt und wegstreicht. Und laß uns doch jenes Gesetz, dessen ich eben gedachte, das man so unendlich oft angeführt, und das vielleicht mehr, als man glaubt, die Meinung unterstützt hat, die Todesurtheile seyen Gottesurtheile — laß es uns doch nur näher betrachten. Ich mag nicht daran erinnern, daß von Vielen die Worte: des Blut soll wieder vergossen werden, nicht als Imperativ, sondern als Erfolg der künftigen Zeit genommen und dann so ausgedrückt werden: „des Blut wird wieder vergossen werden" wo dann in ihnen allerdings eine historisch begründete Wahrheit, aber kein Gebot enthalten wäre. Das führt zu nichts und kann zu unserm Zwecke um so weniger ausreichen, da die Billigung der Hinrichtungen in der alttestamentlichen Oekonomie unverkennbar ist. So viel bleibt dagegen gewiß, daß das Gesetz durchaus nicht als Naturgesetz, sondern bloß als bürgerliches Gesetz für den jüdischen Staat zu betrachten sey, in dessen Constitution es als altes, bestehendes, den Noachiten publicirtes Gebot aufgenommen ward. Man hat ihm, weil man ihm jenen Charakter lieh und dadurch eine allgemeine Gültigkeit zu vindiciren gedachte, seinen Einfluß lange zu sichern gewußt. Daß dem aber nicht so seyn solle, erhellt aus Allem, was wir über die innere, moralische Verwerflichkeit der Todesstrafe gesagt haben; auch konnte es die jüdische Nation schwerlich als ein nothwendiges Gesetz betrachten, da unter ihr selbst Ausnahmen davon gemacht wurden, und da man wußte, daß schon der erste Mörder, Kain, nach seinem Brudermorde nicht mit dem Tode, sondern mit dem Exil bestraft wurde, was nicht geschehen durfte, wenn es wirklich eine unveränderliche Regel gewesen wäre, die keine Ausnahme leidet. Auch daraus, daß den israelitischen Königen das Begnadigungsrecht zustand, dürfte erhellen, daß das Gesetz der Todesstrafen nicht unter allen Umständen als ein absolut verbindendes Gesetz angesehen ward; denn mit dieser Ansicht hätte sich keine Exemtion vertragen, und man hätte es nie modificiren dürfen, was aber ungeachtet seiner anscheinend gebieterischen Strenge geschehen ist und geschehen konnte. Der Gedanke, daß in späterer Zeit die größere Menschenmasse leicht einige Mitglieder missen konnte, welche um der Fortpflanzung willen und wegen der minder vielseitigen Verhältnisse und Reibungen in den ersten Zeiten des Menschengeschlechts am Leben erhalten werden mußten und konnten, selbst wenn sie Mörder waren — dieser Gedanke verdient keine Erwähnung. Wir haben das völlig Unstatthafte einer solchen Ansicht schon früher gerügt*), die sich auf den allergröbsten Eigennutz gründet, welcher die Menschen wie eine Waare betrachtet, mit der man so sorgfältig nicht umgeht, wohl auch Manches davon so schnell als möglich abzusetzen und wegzuschaffen sucht, wenn sie im Ueberflusse vorhanden ist. Das mahnt an die Handlungen, welche die alten Ladenhüter fortschaffen, um das Gewölbe zu räumen! — Auch in den folgenden Jahrhunderten nahm man das berühmte Gesetz eigentlich nur im Systeme als ein nothwendiges an; praktisch wich man ein Mal über das Andere davon ab und zeigte hinlänglich, wie man — wenigstens stillschweigend zugebe, daß Mosis Gesetzbuch nicht mehr als Codex für jeden Staat anzusehen, sondern für sein Volk, für die Stufe der Bildung, auf welcher dieses stand, für

---

*) S. 35.

seine Zeit geschrieben sey. Das leuchtet aus allen den Fällen hervor, wo Moses ebenfalls die Todesstrafe ausspricht, und wo bei uns Niemand mehr darauf erkennen würde. Allgemein und mit unabänderlich strenger Consequenz ist es nirgends befolgt; davor schirmte und wahrte der gute Genius der Menschheit. Allerdings wird ihm der Grund beigefügt: „Denn Gott hat den Menschen zu seinem Bilde gemacht," und es scheint, als solle so die Menschenwürde durch Todesstrafen anschaulich dargestellt werden, welche eben dadurch, nach meiner Ueberzeugung, verletzt wird. Hier muß ich aber wieder zurückweisen auf die doppelte Ansicht, welche von der mosaischen Oekonomie gefaßt werden kann. Nimmt man die Theokratie im strengsten Sinne: so ist zwar sehr richtig, daß Gott nicht, um so zu sprechen, aus falschen Prämissen schließen und die Darstellung der Menschenwürde nicht zum Grunde der Todesstrafen machen könne, wenn ein solcher Grund nicht haltbar wäre. Allein es ist schon bemerkt, daß von diesem Begriffe schwerlich Jemand ausgehn dürfte, und wenn's geschähe, so würden wir antworten müssen, daß eine solche Theokratie, in solchem Sinne, schlechthin über unser Urtheil sey, woraus sich also keine Regeln für uns ableiten lassen, und könnten noch hinzufügen, daß, da Gott alleiniger Herr über Leben und Tod ist, ein Tod, welcher auf seinen positiven Befehl erfolgt, eine ganz andere Gestalt gewinne. — Der auf Gottes unmittelbaren Befehl tödtende Mensch erscheint dann auch als Diener und Ausrichter eines unmittelbaren Gottesbefehls, wie Gott ja auch die Blitze zu Ausrichtern seines Willens macht, die uns treffen und tödten können — er ist dann von Gott, als oberstem Gesetzgeber, unmittelbar zu einer Handlung autorisirt, die außerdem keinem Menschen erlaubt ist; Gott spricht dann als König der Juden: „Der Mensch ist mein Ebenbild; wer dies verletzt, der verletzt mich — ich will, daß er sterbe!" — Doch wir können uns nur an die andere Ansicht halten, nach welcher jenes Gesetz, als temporell, bloß auf das jüdische Volk berechnet erscheint, und hinsichtlich des beigefügten Grundes müssen wir sogleich bemerken, daß auch andern mosaischen Gesetzen Gründe beigefügt und aus denselben Folgerungen hergeleitet werden, welche, ungeachtet die Promulgation unter derselben Autorität, wie die des angeführten Gesetzes mit seinem Grunde, statt fand, dennoch ihre Gültigkeit für uns verloren haben — z. B. 3. B. Mos. 17, 10. 11., wo das Blutessen verboten wird, weil „des Leibes Leben im Blute ist." Da wir nicht an eine theokratisch positive Gesetzgebung, sondern an die durch das Christenthum erleuchtete Vernunft gewiesen sind: so wendet sich das Blatt; wir überlassen das temporelle Gesetz mit seinem temporellen Grunde der entflohenen Vorzeit und gestehn, daß, wollen wir Todesstrafen verhängen, das gerade Gegentheil bewirkt, und mithin das heilige Gefühl der Menschenwürde geschwächt werde, sobald wir sehen, daß sich der Mensch gegen den Menschen erlaubt, wozu er kein Recht hat, indem er sich über den Herrn des Lebens und des Todes erhebt, welcher allein nicht bloß den Tod in die Ordnung der Dinge verflechten, sondern auch nach den Regeln einer ewigen, nie irrenden Weisheit die Zeit und die Art bestimmen kann, wann und wie das Leben enden soll. Es ist ein unendlicher Unterschied zwischen den Handlungen Gottes und denen des Geschöpfs, das an die Schranken der Endlichkeit gebunden ist. Oder wäre es etwa einerlei, wenn Gott vermöge der Natureinrichtung, die sein Werk ist, durch vulkanische Ausbrüche ganze Strecken blühender Landschaften, Städte und Dörfer verheeren, wo Tausende von Menschen in Schutt und Asche begraben werden, wenn er die Kräfte der Natur in ihrem abgemessenen Gange gegen unser Werk und unser Leben sich entladen läßt, oder wenn wir hingehn und Aehnliches über Land und Leute bringen? — So weit wir frei dem Sittengesetze gehorchen können, sollen wir streben, vollkommen zu seyn, wie es der Vater im Himmel ist; aber ein Wirken, das ihm allein, als Weltschöpfer und Weltregenten, zukommt, kann und soll nicht Gegenstand unseres Wirkens werden. Noch etwas! Mit veränderten Umständen und Verhältnissen kann und wird sich nicht nur der sittliche Werth, sondern auch die Wirkung einer Handlung ändern; ihr Einfluß wird zu einer andern Zeit sehr verschieden von dem seyn, den sie einst hatte. Diese Bemerkung diene zur Erläuterung der im mosaischen Gesetze gebrauchten Motive, die, ungeachtet sie damals wirkten, als das Gesetz (betrachte man es, wie man will) noch in voller Gültigkeit war, doch darum, weil sie dort sich finden, und weil sie einst einen Effect machten, nicht auch für uns noch als wirksam gedacht werden müssen. Es hängt dabei unendlich viel von dem jedesmaligen Stande der Cultur ab. Als Columbus bei seiner Entdeckung von Amerika eine Mondfinsterniß vorhersagte, so war dies Mittel damals klug von dem ausgezeichneten Manne gewählt, um sich in Ansehn zu setzen; es that seine Wirkung. Bei uns und bei gebildeten Völkern angebracht, würde es durchaus das Gegentheil zur Folge haben und den, welcher es als Stütze seiner Autorität brauchen wollte, nur lächerlich machen. Wollte man sich übrigens bei der Bemerkung, daß eine als von Gott unmittelbar anbefohlen betrachtete Todesstrafe ganz anders auf das menschliche Gemüth wirken müsse, als eine von Menschen angeordnete, nicht beruhigen, und wollte man sagen, daß die Menschennatur sich gleich bleibe, und daß daher der Eindruck der gewaltsamen Hinrichtungen auf die rohern Israeliten eben so nachtheiligen Einfluß habe äußern müssen, als auf den cultivirten Bürger cultivirter Staaten, und daß im Gegentheile bei jenen das Gefühl des Menschenwerthes durch den Anblick der Hinrichtung um so mehr habe sinken müssen, je schwächer es noch war, und je weniger man jenem Eindrucke durch andere Betrachtungen entgegen wirken konnte, welche eine lichtere Erkenntniß darbietet: so will ich darüber gar nicht streiten. Aber ich bitte zu bemerken, daß ich den möglichen Einwurf von den Vertheidigern der Theokratie im strengsten und eigentlichsten Sinne entlehnt habe, die sich dann, da sie von einer Sache reden, die über unser Urtheil ist, bei ihren groben, anthropomorphistischen und anthropopatischen Vorstellungen von Gott nothwendig dahin bescheiden müssen, daß der höchste Regent nichts Schädliches und Unzweckmäßiges anordnen könne, wenn es auch dem Menschenverstande nicht einleuchtet, und sie dürfen es nicht übel deuten, wenn wir ihren unbegründeten Vorstellungen ein trocknes: Non liquet! entgegensetzen und sie auf dem Gebiete ihrer grundlosen Behauptungen allein lassen, bis ihnen vielleicht ein geduldiger Jünger begegnet, den sie durch die Erinnerung beschwichtigen; Was Gott thut, das ist wohlgethan! Das denken wir freilich auch; aber wir denken noch dazu, daß unsere That auch wohl gethan und darum nach Gottes Gebot eingerichtet seyn soll. Gott aber sprach zu uns: Du sollst nicht tödten. Dieselbe Antwort würde ich auch dem geben, welcher die ganze jüdische Oekonomie als ein fortlaufendes Werk der göttlichen Providenz betrachtet. Denn eben deswegen, weil hier Alles auf das jüdische Volk, mithin nur auf Ein Volk, Ein Land, Eine Verfassung berechnet war, und weil also von einer bleibenden Gültigkeit dieser Verfassung für alle Menschen aller Zeiten gar keine Rede, eine solche Idee vielmehr den bestimmtesten Erklärungen des Christenthums schnurstracks entgegen ist — so dürfen ihn Einrichtungen nicht irren, die so wenig, als ihre besondern Beweggründe, uns und unsere Zeit berühren. Alle Einwürfe aber verschwinden da, wo man den jüdischen Staat, ohne Berücksichtigung dogmatischer Ansichten, als eine längst vorübergegangene Erscheinung im politischen Leben betrachtet. Da wird man sagen, daß Moses ein Strafgesetz gab aus einem Grunde, welcher ihm einleuchtete, aber welcher uns deswegen nicht einleuchten muß, und daß da, wo die Ahnung eines künftigen Vergeltungszustandes so dunkel war, wie zu seiner Zeit, die Idee einer, wäre es möglich, vollkommen zu bewerkstelligenden Vergeltung auf Erden desto leichter hervortreten mußte, daß aber in dem Allen kein Verpflichtungsgrund zur Nachahmung für uns liege. Welche Ansicht man indessen auch wählen mag, immer kommt man darauf zurück, daß das Judenthum aufgehoben, daß Christus des Gesetzes Ende sey, und mit ihm und durch ihn die verbindende Kraft des mosaischen Gesetzes für uns aufgehört habe, für uns, die wir durchschauen sollen in das vollkommene Gesetz der Freiheit. Darauf würden wir zurückkommen, wenn auch dieser zuletzt und schon oben angeführte Ausspruch des Apostels Paulus in dem Sinne genommen würde, Christus ist das Ziel, der Zweck, ist derjenige, auf welchen das Gesetz sich bezieht. Immer würde dann die christliche Oekonomie als die erste und wichtigste dargestellt, und mit ihr eben lassen sich die Hinrichtungen nicht einen. — Uebrigens enthält der Beisatz: Gott hat den Menschen zu seinem Bilde gemacht — für uns einen unwandelbar gültigen Grund gegen den Todtschlag, und was als Bleibendes aus der temporellen Form der ganzen Stelle fest zu halten ist, das ist der Gedanke: Tödte den Menschen nicht, welcher eine so erhabene Würde besitzt; du würdest dadurch die empfindlichste Strafe verdienen. Gott kann den Mörder sterben lassen, um diese Würde anschaulich darzustellen; der Mensch kann ihn nicht sterben — tödten — lassen, weil er sonst eben diese Würde in ihm verletzen würde, wie jener sie in dem verletzte, den er getödtet hat. Wozu also noch eine längere Diskussion? Sind wir Christen, so können wir nicht mehr von einem Gesetzbuche die Norm der Staatsverfassung herzunehmen verpflichtet seyn, das einer Zeit angehörte, welche durch die lichtere Erkenntniß des Evangeliums weit überflügelt wird. Daher tangirt uns auch die häufige Execution des mehrberührten Gesetzes nicht. Die Juden hatten viele Hinrichtungen; aber — sie waren Juden, und eben so wenig irrt uns die wiederholte Einschärfung jenes Gebots, da sie nach den angegebenen Principien ebenfalls zu beurtheilen ist. Nur, was als ewig unwandelbares Gotteswort schon den Juden verkündigt ward, das ist's, was seine Gültigkeit nie verlieren kann, und dahin gehört auch das Wort: Du sollst nicht tödten!

Sechs und zwanzigster Brief.

Auch in einzelnen Stellen der neutestamentlichen Schriften glaubte man Beweise für die Todesstrafen aufzufinden, denen, wie wir sahen *), der Geist und die Tendenz des Evangeliums so abhold sind. Wenn die christliche Religionslehre den Willen Gottes zur höchsten Regel alles Denkens und Handelns bestimmt und somit Alles, was wir wollen und thun, auf das Sittengesetz zurückführt; wenn sie so auch auf das bürgerliche Leben den wichtigsten Ein-

*) S. 155.

fluß äußert, die weisesten Gesetzgeber und die besten Bürger bildet und es dahin bringen will, daß auch unsere Gesetze und Institutionen immer mehr und mehr ein Abglanz der göttlichen Gesetzgebung werden, so läßt sich leicht voraussehn, daß man bei ihr vergeblich nach dem suchen werde, was den Streit des positiven, auf die Tödtung erkennenden Gesetzes mit dem Gottesgebote zu Gunsten des erstern schlichtet. Sollte es irgendwo bei einem Ausspruche Jesu und der Apostel so scheinen, so dürfen wir nicht übersehen, daß es eine ganz richtige hermeneutische Regel sey, die einzelne Stelle, wäre sie dunkel, nicht allen Grundprincipien der Schrift und des Schriftstellers, bei welchem sie sich findet, zuwider, sondern denselben gemäß zu erklären. Sind diese ausgemittelt, so werden sie Licht über jene Dunkelheit verbreiten; aber Niemand wird vernünftiger Weise durch die Dunkelheit Einer Stelle sich berechtigt halten, nach ihr die klaren Grundideen, die lichtvoll ausgesprochenen Principien und die unverkennbare Tendenz der ganzen Schrift, oder ihres Urhebers zu bestimmen. Das Unsichere muß aus dem Sichern, das Ungewisse aus dem Gewissen, das Undeutliche aus dem Deutlichen erklärt werden und Licht erhalten; umgekehrt doch sicher nicht. Doch näher zur Sache! „Ihr sollt, so heißt es Matth. 5, 17., ihr sollt nicht wähnen, daß ich kommen bin, das Gesetz oder die Propheten aufzulösen; ich bin nicht kommen aufzulösen, sondern zu erfüllen." Aus diesen Worten Jesu wollen manche Vertheidiger der Todesstrafe schließen: er habe das ganze jüdische Gesetz, in seinem vollen Umfange, für alle Zeiten bestätigen wollen — mithin auch den Ausspruch: Wer Menschenblut vergeußt, des Blut soll wieder vergossen werden! Allein würde diese Erklärung nicht dem Sinne Jesu völlig entgegen seyn? Sagt er nicht mit der größten Bestimmtheit, daß er durch seinen Tod einen neuen Bund weihen wolle? (Matth. 26, 25) wobei nothwendig das Alte aufhören mußte, wenn das Neue anfangen sollte, denn — indem er sagt, ein neues, macht er das erste alt. Was aber alt und überjahret ist, das ist nahe bei seinem Ende (Hebr. 8, 13). Hob nicht das Christenthum — (die Gnade und Wahrheit durch

Jesum Christum) — das Judenthum — (das Gesetz, durch Moses gegeben) — auf? Joh. 1, 17. Zeigte nicht der Herr selbst so oft, wie die alte Gesetzgebung in seinem Reiche nicht mehr anwendbar seyn würde? — „Ihr habt gehört, daß da gesagt ist: Auge um Auge, Zahn um Zahn! Ich aber sage euch, daß ihr nicht widerstreben sollet dem Uebel u. s. w. (Matth. 5, 38. 39) — eine Empfehlung der Großmuth — welche die weise Selbstvertheidigung und die Sorge für Selbsterhaltung nicht ausschließt (Luc. 22, 35. 36), uns aber — Ein Beispiel für viele! — als Beleg dienen möge, wie das Christenthum einen weit höhern, edlern Sinn von seinen Bekennern fordert. Als man ihn beschuldigte, daß er seinen Jüngern einen Verstoß wider das jüdische Sabbaths-Mandat nachlasse, erklärte er geradehin (was er so oft auch durch seine Werke bewies): Des Menschen Sohn ist ein Herr, auch über den Sabbath (Matth. 12, 8) — ein Ausspruch, der für den großen Wechsel zwischen Altem und Neuem laut genug spricht. „Das Gesetz erfüllen“ kann also unmöglich so viel bedeuten, als: die ganze, volle Autorität des mosaischen Gesetzes auf die christliche Religionseinrichtung übertragen, und die Christen zum Gehorsam gegen alle seine Bestimmungen verpflichten. Eine neue, nicht jüdische, sondern christliche Gemeinde constituiren — und den Mitgliedern derselben ansinnen wollen, das jüdische Gesetz zu beobachten und also zugleich Juden zu seyn und zu bleiben: kann etwas Widersprechenderes gedacht werden? Es ist bekannt und oft genug gesagt, daß der Ausdruck: erfüllen die nähere Auseinandersetzung und Entwicklung des mosaischen Gesetzes bezeichne, welche der Herr sich lehrend und handelnd zum Geschäfte machte. Die Stelle Matth. 5, 30 — 48 verbreitet darüber hinlängliches Licht. Er erfüllte das Gesetz, indem er sein Werk nach dem höhern Sinne prophetischer Aussprüche vollbrachte und den reinen Geist des Mosaismus und das ewig Gültige in ihm hervorhob, wobei aber das Locale, Temporelle und Elementarische desselben in der Fülle der reinsten evangelischen Erkenntniß untergehn sollte. Daher wollte er nicht durch einen entscheidenden Machtspruch die mosaische Verfassung auf der Stelle umstoßen, was dem spätern

Erfolge seines Werkes überlassen blieb; sondern für seine Person das Gesetz erfüllen — also thun und leiden, was von ihm, als Messias, gethan und gelitten werden sollte, und, so weit es mit seiner Absicht und Bestimmung vereinbar war, sich nach dem Gesetze des Moses richten, was sich auch thatsächlich aus seinem Leben nachweisen läßt. Es können mithin jene Worte zu Gunsten Eines positiven Gesetzes unmöglich in einem Sinne aufgefaßt werden, in welchem man sie bei andern mosaischen Geboten nicht gelten läßt und nicht gelten lassen kann, ohne sich in die größten Widersprüche zu verwickeln.

Näher berührt unsern Gegenstand der Ausspruch Jesu, den er damals that, als Petrus das Schwert zog, um ihn gegen seine auf ihn eindringenden Feinde zu vertheidigen. „Da sprach Jesus zu ihm: Stecke dein Schwert an seinen Ort, denn wer das Schwert nimmt, der soll durch's Schwert umkommen (Matth. 26, 52). — Billigt er hier vielleicht die Todesstrafe? — Ich sehe das nicht! Ich finde den allgemeinen Gedanken: wer sich in gewaltsame Selbsthülfe einläßt, ist in Gefahr, in derselben umzukommen. Und will man dennoch in diesen Worten eine Beziehung auf gesetzlich geordnete Todesstrafe finden: so vergesse man nur nicht, daß Jesus nicht die Absicht gehabt habe, eine bürgerliche Gesetzgebung unmittelbar zu veranstalten, da die Verbesserung derselben, wie ich so eben bemerkt habe, von selbst aus dem Zwecke und Geiste seiner Lehre hervorgehn und sich frei und von selbst entwickeln mußte. „Mein Reich, erklärte er, ist nicht von dieser Welt. Hatte er also in obiger Stelle das jüdische Gesetz von der Todesstrafe im Sinne: so liegt zunächst weder eine Billigung, noch Mißbilligung desselben in diesen Worten, sondern sie enthalten bloß und allein eine Regel der Klugheit für den Fall des damaligen Augenblicks und eine freundliche, theilnehmende und besorgte Warnung. Jesus stellt nicht ein Gesetz auf, oder schärft ein schon gegebenes ein, sondern er erinnert bloß den heftig gewordenen Petrus an die Folgen, welche sein Handeln für ihn haben würde. „Du weißt, wollte er ihm sagen, wie im jüdischen Staate diejenigen Menschen gerichtet werden, welche sich der obrigkeitlichen

„Behörde mit Gewalt widersetzen, oder durch welche andere er„mordet sind — sie werden zum Tode verurtheilt; hüte dich also „vor gewaltsamer Selbsthülfe, dich würde dasselbe Schicksal tref„fen." Dies ist Alles, was der Herr sagt, was er einem Manne sagt, der eben, weil er sein Jünger war, am wenigsten Schonung gefunden haben würde; es ist eine Erinnerung, welche zeitgemäß für die Stunde, wo sie ausgesprochen ward und passend für den Charakter des Petrus war; aber — wie um Alles in der Welt willen — wie soll darin eine Vertheidigung des jüdischen Strafgesetzes liegen? — „Hüte dich, sage ich einem Wan„derer, den vor dir liegenden Wald in der Nacht zu passiren; „du wirst sicher von Räubern überfallen werden." Die Warnung ist zweckmäßig, sie hat Grund; aber — was würde man denken, wenn mir Jemand daraus den Vorwurf machen wollte, daß ich die Frevel der Räuberhorde billige? — „Gehe nicht über jene Brücke, sie ist schadhaft und unsicher," sage ich einem Kinde, das im Begriffe steht sie zu betreten. Gilt nun der Schluß, daß ich die Polizei damit lobe, welche solche Brücke duldet? Noch jetzt kann ich, wie der Herr, aus ähnlichem Grunde einen Menschen warnen und ihm sagen: Hüte dich davor und davor — das würde dich an den Galgen bringen! Aber so wahr und gegründet, so Zeit und Ort gemäß da, wo noch auf das Hängen erkannt wird, die Warnung ist, so fern davon liegt der Schluß, daß ich deswegen, weil es so ist, den Gang zum Galgen gut heißen müsse. Daß Jesus selbst ganz anders über das jüdische Gesetz urtheilte, erhellet aus der Geschichte, welche Johannes 8, 1 folg. erzählt wird, ganz offenbar. Es steht da ein Weib vor Jesu, betroffen auf einer That, welche nach dem mosaischen Rechte, worauf sich auch die Ankläger der Verbrecherin beziehen, den Tod verwirkte. — Wäre es Jesu Absicht gewesen, die Autorität desselben zu bestätigen und ihm bleibende Gültigkeit zu verschaffen, und hätte er es für recht und nothwendig gehalten: er würde, ob auch immerhin die Ankläger daraus einen neuen, scheinbaren Grund, gegen ihn aufzutreten, entlehnt haben möchten — auf die Vollstreckung der Steinigung gedrungen haben. Aber nichts von dem Allen. Zufrieden, wenn der höhere Zweck sittlicher Veredelung nur erreicht wird, ist bei ihm vom Tödten so wenig die Rede, daß er die Gefallene mit der Weisung entläßt: Gehe hin und sündige hinfort nicht mehr! — Jede anderweite Bemerkung über diese Geschichte aus dem Leben Jesu muß wenigstens die Behauptung unangetastet lassen, daß sie in Rücksicht der Todesstrafen den ächt evangelischen Geist athme.

Die Hauptstelle, welche man für jene Strafen aus dem N. T. anzuführen pflegt, steht in dem Briefe des Apostel Paulus an die Gemeine zu Rom. Es heißt da im 13ten Kapitel vom 1.—5. Verse also: Jedermann sey unterthan der Obrigkeit, die Gewalt über ihn hat. Denn es ist keine Obrigkeit, ohne von Gott; wo aber Obrigkeit ist, die ist von Gott verordnet. Wer sich nun wider die Obrigkeit setzet, der widerstrebet Gottes Ordnung. Die aber widerstreben, werden über sich ein Urtheil empfahen. Denn die Gewaltigen sind nicht den guten Werken, sondern den bösen zu fürchten. Willst du dich aber nicht fürchten vor der Obrigkeit, so thue Gutes, so wirst du Lob von derselben haben. Denn sie ist Gottes Dienerin, dir zu gut. Thust du aber Böses, so fürchte dich; denn sie träget das Schwert nicht umsonst, sie ist Gottes Dienerin, eine Rächerin zur Strafe über den, der Böses thut. So seyd nun aus Noth unterthan nicht allein um der Strafe willen, sondern auch um des Gewissens willen. So hoch nöthig und so wahrhaft christlich das Dringen auf Gehorsam gegen die Obrigkeit ist, so bin ich doch nicht im Stande, in dieser Stelle, welche ich absichtlich ganz und im Zusammenhange niedergeschrieben habe, einen Beweis für das innere sittliche Recht der Todesstrafe und für die Billigung derselben zu finden. Freilich ist es ein Wort, woran man sich hält, ein einziges Wort — und noch dazu — ein Bild! — schreibe ein Bild — worauf man eine Sache von solcher Bedeutung zu bauen gedenkt! Das Bild kann wohl erläutern — aber nicht beweisen. „Sie trägt das Schwert nicht umsonst." — Schnell ergreift man diesen Ausdruck, um sogleich aus dem Schwerte, wie der Hr. Verf.

der Schrift vom Justizmorde sagt, ein „Scharfrichterschwert“ zu machen. Nicht also! Wer den apostolischen Ausspruch im Geiste des Evangeliums Jesu auffaßt, der kann in der bildlichen Darstellung, um die es sich handelt, nichts Anderes, als eine Bezeichnung der der Obrigkeit verliehenen Macht zu strafen im Allgemeinen, aber nicht Empfehlung einer bestimmten Strafart finden, welche mit dem Geiste des Christenthums ewig unvereinbar bleibt; es kann, aus diesem Grunde, von dem Rechte, die Todesstrafe zu verhängen, ganz und gar keine Rede seyn. Scheue dich — sagt der Apostel — vor der Obrigkeit, sie hat Gewalt — also auch Strafgewalt; sie soll und kann das Böse — die Beleidigungen, welche du Andern zufügst — rächen, d. i. strafen. Dies ist Alles, was er sagt, und was er als Lehrer des Christenthums sagen konnte. Man erinnert dagegen: grade das Bild sey hier sehr bezeichnend, es deute, wie sich dies aus einer bekannten römischen Sitte nachweisen lasse, das Recht über Leben und Tod mit großer Bestimmtheit an, und es ergebe sich nothwendig der Sinn: der Obrigkeit ist die Macht verliehen, am Leben zu strafen. Nun dann — wenn man starr und fest dabei beharrt, so will ich nicht streiten, aber ich darf fragen: was dadurch für die sittliche Begründung dieser Macht gewonnen sey? Nichts — gar nichts! So schreibt Paulus hier, wie früherhin Jesus sprach; so führt er allerdings das historisch an, was die gesetzgebende und vollziehende Macht damals that, ohne die damals übliche Anwendung dieser Macht sittlich zu würdigen; so enthält dieser Ausdruck abermals eine Warnung und eine Regel der Klugheit und Vorsicht, wozu die Todesstrafen veranlaßten; so wird in den Worten: die Obrigkeit sey von Gott verordnet und Gottes Dienerin — auf den moralisch-religiösen Verpflichtungsgrund zum Bürgergehorsam hingewiesen, und in den Bemerkungen: Thue Gutes, so wirst du Lob haben; thust du Böses, so fürchte dich, sie trägt das Schwert nicht umsonst — werden einige sinnliche Motive dem moralisch-religiösen beigefügt — dies ist Alles; Paulus nimmt die Sache, wie sie damals war; er sagt, was von der Obrigkeit geschehe, wie sie richte und strafe; aber er sagt nicht, daß sie so richten und strafen soll, und ich will den Interpreten sehen, welcher uns beweist, es liege in dieser Rede der Sinn: Fürchte dich, denn der Obrigkeit ist unmittelbar von Gott das Recht übertragen worden, den Verbrecher tödten zu lassen. — Wo der Geist der bürgerlichen Gesetzgebung noch ein anderer ist, als der der sittlichen Gesetze, da soll der Christ den Zwang, welchem er nicht ausweichen kann, und das Dulden einer Gesetzvollziehung an ihm, die er mit seinen Grundsätzen nicht zu vereinigen, die er aber auch nicht zu hindern vermag, mit dem Sinne tragen, welcher, aus Gründen der moralischen Freiheit hervorgehend, seine stille Unterwerfung adelt, und welcher in den Worten so schön dargestellt wird: Ihr Knechte seyd unterthan den Herren, nicht allein den gütigen und gelinden, sondern auch den wunderlichen. Es findet hier die oben bemerkte Regel ihre Anwendung, daß nicht der allgemeine Inhalt der Urkunden der christlichen Religionslehre aus Einer Stelle erklärt werden könne, und vielmehr diese, wenn sie der Aufklärung eines in ihr befindlichen dunkeln Ausdrucks bedarf, ihre Erläuterung aus den übrigen unbestrittenen Aussprüchen und aus dem Geiste und dem ganzen Inhalte der Schrift empfangen müsse. Aus diesem Grunde würde ich mich für die oben angegebene Ansicht des berühmten apostolischen Ausspruchs entscheiden, und ich finde es meinem innigsten Gefühle widerstrebend, wenn man zu Gunsten einer Idee einen bildlichen Ausdruck — wie er doch in dem Worte: Schwert, unverkennbar liegt — so urgirt, daß er mit der ganzen Christuslehre im graden Widerspruche steht. Dies Bild hat den Verurtheilungen zur Todesstrafe vielleicht eben so viel Vorschub geleistet, als das mosaische Gesetz. Aber das liegt weder in diesem, noch in jenem, sondern darin, daß man die Bibel gern in Einklang mit dem positiven Gesetze bringen und so seinem Ausspruche eine höhere Sanction verschaffen wollte. Auf die Meinung hin, daß sich die Offenbarung selbst für die Todesstrafe erkläre, verstummte wohl mancher leise Zweifel, der hier und dort an den Blutgerüsten, die man — gleichsam auf Gottes Befehl errichtete — aufsteigen mochte, und den man sich unverholen gestanden hätte, und durch den man vielleicht zur klarsten Ueberzeugung von dem Gegentheile gekommen wäre, hätte man sich's nur laut genug gesagt, daß das Christenthum die Hinrichtungen weder billige, noch auch billigen könne.

Die Größe des Sinnes, welche die Christen unter den entsetzlichsten Gewaltthätigkeiten der Machthaber ihrer Zeit bewiesen und beweisen sollten, spricht sich in dem Apostel selbst aus, von welchem wir jene so bekannt gewordene und so häufig angeführte Stelle der Schrift haben, und zwar da, wo er denen, die ihn von seiner gefahrvollen Reise nach Jerusalem abmahnten, die Antwort giebt: Ich bin bereit, nicht allein mich binden zu lassen, sondern auch zu sterben zu Jerusalem um des Namens willen des Herrn Jesu (Apostelgesch. 21, 13). Er sahe die Gefahren, welche sich mit seinem Berufe verknüpften; er mußte sich jenen aussetzen, um diesen zu erfüllen; aber gut heißen — nein! gut heißen konnte er nimmermehr das Todesurtheil, welches die erbitterten Feinde des Evangeliums lieber heute, als morgen über ihn ausgesprochen hätten. — Absichtlich habe ich ihn auch hier ausreden lassen, um zu bemerken, wie man sich irren würde, aus solchen Worten eine Billigung dessen herzuleiten, was nie gebilligt werden kann. Bereit konnte Paulus zum Sterben seyn, so bald er seines Berufes, nach Jerusalem zu gehen, gewiß war; das war sehr ehrenvoll für seinen Charakter; aber daß die Juden bereit waren ihn zu tödten, das war schimpflich für sie, und konnte von Paulus nimmermehr als recht anerkannt werden. Eben so wenig folgt eine solche Anerkennung aus seinen bei einer andern Gelegenheit gesprochenen Worten: „Habe ich des Todes werth gehandelt, so weigere ich mich nicht zu sterben" (Apostelgesch. 25, 11) — Ausdruck der Resignation ohne weitere billigende, oder mißbilligende Beurtheilung einer positiven Strafart. In der Offenbarung Johannes Kap. 13, 10 findet sich folgende Stelle: So jemand mit dem Schwerte tödtet, der muß mit dem Schwerte getödtet werden. Allein soll ich wiederholen, was ich so eben gesagt habe? Oder soll ich erinnern, daß ein prophetisches Gemälde, voll von Bildern, die zur Zeichnung eines Gottesgerichts, nicht zur Rechtfertigung eines Menschengerichts dienen sollen, aus einer

Zeit, wie sie **damals** war, und voll von Anführungen mancher Gesetze und Gebräuche, wie sie **damals** bestanden, nichts **für das** beweisen könne, was Alles **gegen** sich hat? Und hat man nicht selbst da, wo das Köpfen noch vorkommt, oft genug praktisch bewiesen, daß man in solchen und ähnlichen Stellen keine allgemein verpflichtende und nothwendige Regel erkenne, da man Vielen den Kopf läßt, die mit dem Schwerte getödtet haben? Denke nur an so viele Duellanten! — Auf die Erzählung Apostelgesch. 5, 1—11 dürfen wir uns gar nicht beziehen. Der strenge Vertheidiger der ältern dogmatischen Ansichten muß, was da berichtet wird, zu den Handlungen rechnen, die nur in einem unmittelbaren Auftrage von Gott erfolgen konnten, wenn sie gerechtfertigt werden sollen. Es liegt daher keine Regel darin, die wir zu der unsrigen machen dürfen, und hat so durchaus keine Beweiskraft für das Recht der Todesstrafe, daß wir, um diese Beweiskraft zu leugnen, nicht erst genöthigt sind, unsere Zuflucht zu einer psychologischen Interpretation zu nehmen, so leicht diese auch seyn würde, und so leicht sie sich von selbst darbietet. Der strenge Rationalist aber würde sich unbedingt gegen eine Handlungsweise entscheiden, die zwei Menschen das Leben kostet, und würde erinnern, daß, wie nöthig auch Ernst und Strenge bei der Gründung der christlichen Kirche war, dennoch die Apostel auch im Eifer zu weit gehn konnten, sie, die nie aufhörten fehlerhafte Menschen zu seyn, wie Alle, und die unter dem Beistande des göttlichen Geistes wohl **das Wahre lehren**, aber deswegen nicht Muster **einer vollendeten** Tugend seyn konnten, welche für den armen Sterblichen nur Ideal bleibt.

Ich fürchte nicht, daß man Gleichnisse, die, wenn sie passen sollten, den Sitten und der Verfassung der damaligen Zeit angemessen seyn mußten, wie etwa Luc. 19, 27 u. a. m., als Schutzreden für die Todesstrafen anführen werde, und eben so wenig hätte ich geglaubt, daß es Jemandem in den Sinn kommen werde, in dem freiwilligen Tode unseres Herrn eine Art von Billigung eines solchen Urtheils ausspähen zu wollen, oder daraus wenigstens einen Grund für die Meinung abzuleiten, als habe der Mensch doch wohl einiges Recht, über sein eigenes Leben zu verfügen, und mithin auch Fug und Macht, dies Recht auf die Obrigkeit überzutragen und es ihrer Verwaltung zu überlassen. Wenn sich nicht eine neuere Hinweisung darauf in der Schrift von Fritzsche über die Todesstrafe, S. 16, fände, würde ich der Sache kaum Erwähnung thun. Etwas Unpassenderes läßt sich schwerlich vorbringen. Wohl sind wir angewiesen, auf das hohe Beispiel Jesu zu achten und seinen Fußstapfen zu folgen. Aber das versteht sich doch von selbst, daß diese Nachfolge, dies Eingehn in seinen hohen sittlichen Sinn, dies Streben, daß unser Handeln ein Abglanz der gottgefälligen reinen Tugend sey, welche in seinem ganzen Leben sich bewährt, keineswegs zu verwechseln sey mit einem willkürlichen Nachmachen dessen, was seinem besondern, außerordentlichen Berufe eigenthümlich zukam, wozu wir aber keinen Auftrag haben. — So ermahnen wir ja auch das Kind, dem würdigen Vater nachzuahmen — seinem frommen Sinne, der Klugheit und Treue und Ausdauer, die er in seinen Amts- und Berufsgeschäften beweist; aber wir meinen damit nicht, daß das Kind diese besondern Geschäfte auch verrichte. — Unser Herr, der im höhern Sinne des Worts sagen konnte: Ich bin vom Vater ausgegangen und kommen in die Welt; wiederum verlasse ich die Welt und gehe zum Vater; der dem Pilatus das Außerordentliche in seinem Lebensgange bemerklich machte: „Du hättest keine Macht über mich, wenn sie dir nicht wäre von oben herab gegeben" — wenn nicht das Unrecht zugelassen würde, welches du thust — wobei er ihm dennoch zugleich eben dies Unrecht seines Urtheils und des Urtheils seiner Feinde fühlbar machte: „Darum — so setzt Jesus hinzu — der mich dir überantwortet hat, der hat größere Sünde" — der, welcher von sich behaupten konnte: Niemand nimmt mein Leben von mir (kann es mir mit Gewalt entreißen), ich lasse es von mir selber; ich habe es Macht zu lassen, und habe es Macht wieder zu nehmen, und der ein ander Mal sprach: Brechet diesen Tempel, und nach dreien Tagen will ich ihn aufrichten, und der seinen Jüngern die Versicherung gab: Sehet, wir gehen hinauf gen Jerusalem, und des Menschensohn wird überantwortet werden den Heiden, und sie werden ihn geißeln und tödten, und am dritten Tage wird er wieder auferstehen, und dessen Geschichte die Wahrheit seines Wortes versiegelt, der nicht nur als der Gekreuzigte, sondern auch als der Auferstandene gepredigt ward allen Nationen — der steht hier in einer Glorie und Hoheit da, nach welcher wir uns nicht messen dürfen. Im freiwilligen Tode Jesu treffen wir auf einen Punkt, wo Nachfolge nicht möglich ist — und wo sie versucht würde, da wäre sie Schwärmerei oder Frevel. Wer kann von seinem Tode und seinem Leben so sprechen, wie Er? So wenig, als es dem Vernünftigen einfallen kann, wenn man ihn zur Nachahmung Gottes ermuntert, sich verpflichtet zu halten, Welten zu schaffen, wie Gott, so wenig kann es dem weisen Christen einfallen, das zu thun, was Jesus nur allein, als Weltheiland, nach einem besondern Auftrage, thun konnte und sollte. Ein tieferes Eingehn in diesen Gegenstand gehört nicht hierher; auf jeden Fall aber ist es Mißgriff und Mißbrauch, eine Anwendung davon auf den vorliegenden zu machen. Doch genug! Die Aussprüche des N. T. werden den Vertheidigern der Todesstrafe keine Unterstützung für ihre Meinungen bieten, um diese mit dem Geiste des Christenthums zu versöhnen, aber dem frommen Verehrer der Schrift wird es immer und immer wieder schmerzen, wenn Menschen sich so gern auf solche Aussprüche berufen, die doch rasch und kalt und trotzig und höhnisch sich von der Bibel wenden, wenn sie zu ihnen von der Liebe, von der Gerechtigkeit, von der Keuschheit, von dem Aufstreben zum Ewigen spricht. Da soll sie denn nicht gelten!! — !!

Allerdings haben ehrwürdige Männer und berühmte Gelehrte auf die angeführten Schriftstellen, und namentlich auf die aus dem Römerbriefe verwiesen. Wie weit, wie weit bin ich entfernt, ihre Erörterungen auf dem Gebiete theologischer Wissenschaften anzutasten; aber was sie auch bei dem Umfange ihrer Kenntnisse fanden — es kann darum meine Ueberzeugung nicht ändern, weil die Sache, für welche so viel Scharfsinn aufgeboten wird, in sich selbst keine Rechtfertigung findet, und weil, wie ich früher bemerkte, der Geist und die Tendenz des Christenthums entscheiden muß, wo ein einzelner Ausspruch Dunkles und Fremdartiges zu enthalten scheint. Die neueste, mir bekannt gewordene Schrift, welche den besondern Zweck hat, die Uebereinstimmung des Christenthums mit dem positiven, den Tod fordernden Gesetze nachzuweisen, ist die Abhandlung von Wieseler de christiano capitis poenae vel admittendae vel repudiandae fundamento. Sie hat so wenig, wie eine andere, darthun können, was sie sich zur Aufgabe gemacht hat. Der Hr. Verf. gesteht selbst ein, daß das Princip des Criminalrechts mit dem Sittengesetze übereinkommen müsse, und darf es nicht befremdend finden, wenn dasselbe in der Religionslehre, in welcher das Sittengesetz in seiner ganzen Ehrwürdigkeit hervortritt, einen Anhaltspunkt für Erkenntnisse auf den Tod vergebens sucht. Wir können die Gelehrsamkeit achten und eine Masse angebrachter historischer, archäologischer, philologischer Bemerkungen bewundern; aber wir beugen uns vor dem richtig gewürdigten Geiste der Gotteslehre, die wir bekennen, und freuen uns, daß es Keinem einfallen wird, das Recht von der Exegese abhängig zu machen. Außer der so oft urgirten Stelle im Römerbriefe, legt Hr. Wieseler noch einen großen Werth auf die Antwort, welche Jesus dem Pilatus auf die Aeußerung giebt, daß er Gewalt habe, ihn zu kreuzigen und ihn los zu lassen. „Du hättest, sagt der Herr, keine Macht, wenn sie dir nicht wäre von oben herab gegeben“ (Joh. 19, 11). Da meint nun Hr. Wieseler, dies deute auf eine dem Pilatus von Gott selbst gegebene Vollmacht hin, Todesurtheile auszusprechen und sie vollziehen zu lassen. Doch nicht zu gedenken, daß hier von einem besondern Falle die Rede ist, aus dem keine allgemeine Regel abgeleitet werden kann, so würde jene Annahme auch einen Begriff von göttlichen Aufträgen an den Menschen voraussetzen, in welchen ich mich nicht zu finden weiß. Uns ist nichts davon bekannt, daß der unveränderliche, heilige Weltregent mit dem Römer über die Sache verhandelt habe, und wenn er zu Gunsten seiner obrigkeitlichen Stellung das allgemeine Gebot: Tödte nicht! sicher nicht aufgehoben hat, so ist in der Antwort Jesu nichts, als Anerkennung der dem Pilatus übertragenen bürgerlichen Gewalt — die allerdings nach Gottes Willen bestehen soll — keineswegs aber Billigung der bestimmten, besondern Anwendung zu finden, die er davon macht, und die im vorliegenden Falle ihren verdienten Tadel in den folgenden Worten Jesu erhält: „Der mich dir überantwortet hat, der hat größere Sünde“ — du sündigst, wenn gleich meine Ankläger noch mehr sündigen. — Zugleich aber spricht sich auch, wie schon bemerkt, die Anerkennung einer göttlichen Zulassung aus, die aber nie zum Beweise des innern Rechts dessen dienen kann, was wirklich geschieht. Wir sollen unsere Ansichten nicht in die Bibel hinein erklären, wenn sie nicht in derselben gegründet sind; aber wir sollen auch nicht aus ihr herauserklären, was unsere Meinung zwar begünstigen würde, was sie aber als Trägerin des Gotteswortes nicht enthalten kann, und was sie nicht aussagen kann, weil es den unwandelbaren Grundsätzen des Rechts zuwider wäre.

Sieben und zwanzigster Brief.

Lange noch, lieber Ferdinand, würde sich in Beziehung auf die Todesstrafe Rede und Gegenrede fortsetzen lassen, wenn man darauf ausgeht, möglichst Alles zusammenzutragen, was man bei so widerstrebenden Meinungen für und wider dieselbe gesagt hat. Ich wollte jedoch nur diejenigen Gründe unserer Gegner in Erwägung ziehen, die man gewöhnlich und am geläufigsten in Bereitschaft hat. Viele gekünstelte Beweise, für die man die Tiefen der Philosophie aufrief, und die oft um so weniger ihre Schwäche verhüllen können, je nöthiger man es fand, sie in dem blendenden Lichte oder in dem Helldunkel der Wissenschaft aufzustellen, sind theils schon längst in ihrer Unbrauchbarkeit erkannt, theils leiden sie an dem großen Fehler, daß sie das Moralgesetz, als höchstes Kriterium, nicht zur Grundlage nehmen, mithin keinen Werth für den haben können, der mit uns grade davon die ganze Entscheidung des Streits abhängig macht. Mag man noch so viel demonstriren, — um die Forderung dieses Gebotes zu erkennen, braucht man — kein Gelehrter im stricten Sinne zu seyn. Wäre dies nöthig, und künstliche Schlüsse — könnten sie nur den Glauben und das Festhalten an demselben stützen: ach, wehe dann der armen Menschheit! Eine ganze, lange, lange Reihe solcher Gründe stellt Bergk im 2ten Theile seiner Uebersetzung des Werks von Beccaria S. 65 auf und weist sie ab. Kein einziger trifft uns so lange, bis man uns zeigt, der Mensch sey des Sittengesetzes Herr, und das positive Gesetz könne Ausnahmen von ihm machen, wie es diese eben zweckdienlich findet, und der Staat sey bloß als juridische, nicht als moralische Person zu betrachten. Die Beweise, welche aus der Geschichte genommen werden, können am wenigsten in Anschlag kommen, da sie wohl Erläuterungen und Regeln der Klugheit geben, aber über inneres Recht oder Unrecht nicht entscheiden.

Bemerkenswerth ist es übrigens, daß die Vertheidiger der Todesstrafe zugeben, sie werde bei einem höhern Stande sittlicher Cultur entbehrlich werden, indem sie doch zugleich eingestehn, daß auch alsdann noch Fälle vorkommen können, in welchen jetzt auf den Tod erkannt wird. Dadurch räumen sie wenigstens so viel ein, daß jene Strafe keine innere Nothwendigkeit habe, daß der Tod des Verbrechers „nicht als der physische Grund der Tilgung des Verbrechens und um der Gerechtigkeit willen nöthig" — sondern nur als Frucht der Zeit für jetzt noch nöthig erachtet sey.

Zwei Schriften sind mir so eben noch in die Hände gekommen, als ich diesen Brief begann. Die eine hast Du vielleicht schon gelesen: Die Aufhebung der Todesstrafe — einer von den drei menschenfreundlichen Wünschen, die den erhabenen Fürsten Deutschlands, ihren weisen Räthen und allen edlen Menschen ein Menschenfreund vorlegt. Sie tritt mit unerbittlichem Ernste den Blutgerüsten entgegen, und ich fand S. 5 meine Ansicht über den höchsten Staatszweck, S. 10 über den Werth des Lebens für die gegenwärtige Ordnung der Dinge, S. 17 über eine auch von mir berührte Stelle der Schrift über den Justizmord, S. 31 über die künftigen Folgen der Lebensberaubung, S. 47 über die Hinrichtung des gebesserten Verbrechers wieder. In letzterer Beziehung nur aus einer Stelle einige Worte: „Hier entsteht nun die Frage: Kann an einem wirklich Bekehrten das Todesurtheil noch vollzogen werden? Ich sage: Nein! denn man kann denselben nicht strafen, ohne zugleich seine letzte edle That, in welcher sein früheres, allein strafwürdiges Leben unterging, und er ein anderer, entgegengesetzter Mensch wurde, zugleich mit erwogen und gewürdigt zu haben. Diesen neuen, nicht mehr strafwürdigen Menschen würde man nun zugleich mit oder vielmehr allein strafen, da der allein strafwürdige nicht mehr ist, wenn man an ihm das Todesurtheil vollziehen oder überhaupt die Strafe grade noch so fortdauern lassen wolle, wie sie vorher statt gefunden hatte und hatte statt finden müssen. Denn gleich wie es sittlich-nothwendig ist, unter gewissen Umständen bei diesen oder jenen Subjecten die bisher angewendete Strafe zu erhöhen, zu verstärken, weil man sich überzeugt hat, sie erreicht ihren Zweck — die Besserung — nicht: so ist es nicht minder sittlich-nothwendig, dieselbe in dem Grade zu vermindern, nach welchem die Besserung zunimmt, und sie gänzlich wegfallen zu lassen, so bald die Besserung — der sittlich höchste Zweck der Strafe — vollkommmen erreicht ist." — — Der Glaube an die Möglichkeit der Besserung — — ist das ewige Fundament und Lebensprinzip des Christenthums. Wer ihn verliert oder verachtet, verliert oder verachtet sich selbst in seinem Wesen, worin er Mensch ist. Das freilich werden die Gegner nicht zugeben, die keinen Zusammenhang der verbrecherischen That mit der folgenden Besserung berücksichtigen, weil sie eben den juridischen Standpunkt allein im Auge behalten und daraus eine völlige Straflosigkeit folgern, die aber keinesweges verlangt wird. Nicht tödten — und: nicht strafen sind doch zwei sehr verschiedene Dinge. — Gern theilte ich Dir auch eine Recension über die von mir schon früher angeführte Stelle aus dem Werke über den Justizmord *) mit, welche sich S. 17 findet.

*) S. 97.

Doch so kurze Auszüge schwächen oft nur die Kraft der gesammten Beweisführung. Du wirst das Ganze in seinem Zusammenhange als einen sehr schätzenswerthen Beitrag zur Vertheidigung der guten Sache erkennen.

Die andere Schrift ist das Programm über den gegenwärtigen Stand der Streitfrage über die Zulässigkeit der Todesstrafe vom Hrn. Prof. Dr. Gepp in Tübingen. Da findest Du eine wohlgeordnete Zusammenstellung der Gründe für und wider dieselbe, nebst beigefügter Beurtheilung der verschiedenen Ansichten und den schätzbarsten literarischen Nachweisungen. Ich würde es für einen wahren Verlust bei unseren bisherigen Mittheilungen gehalten haben, lieber Freund, hätte ich Dich nicht noch auf diese gehaltreiche Arbeit des Hrn. Verf. aufmerksam machen können. Freilich treffen wir mit ihm in unserm Endresultate nicht zusammen; aber ich glaube grade für dieses auch in seiner Schrift eine abermalige Begründung zu finden. Er glaubt nämlich, es lassen sich für die Nothwendigkeit der Beibehaltung der Todesstrafe für jetzt und unter den obwaltenden Umständen noch Gründe aufstellen, die ihre unbedingte und sofortige Abschaffung widerrathen. Er führt gewichtige Autoritäten an, durch welche die Todesstrafe in Schutz genommen wird; zeigt, daß viele Einwürfe gegen sie auf unsere Staatsverfassung und unsere Gesetze nicht passen, daß die Meinung des großen Publikums sich noch für sie erkläre, daß sie noch nie gesetzlich abgeschafft sey, daß sie die Nachtheile nicht gehabt habe, die man ihr zur Last legt, und schließt daraus, daß sich nur so viel ergebe: sie werde, wozu sich alle Umstände zu vereinigen scheinen, nach und nach aus dem Register der bürgerlichen Strafen verschwinden.

Dagegen aber behauptet der Hr. Verf., daß die aus den verschiedenen Strafrechtstheorien abgeleiteten Gründe für und wider die Todesstrafe kein sonderliches Gewicht haben, weil der Streit über die höchsten Grundsätze des Strafrechts noch fortgeführt werde, und nach dieser — sehr wichtigen Bemerkung, die von Keinem übersehn werden darf, der nicht in Gefahr kommen will, um seines Systems willen dem Menschen ans Leben zu greifen — unterwirft er die Gründe für die

Unrechtmäßigkeit und Zweckwidrigkeit der Todesstrafe S. 30 ff. einer besondern Kritik.

Mit großer Aufmerksamkeit folgte ich ihm Schritt vor Schritt, aber ich fand, was ich bisher behauptet habe, noch immer unwiderlegt. Die Uebereinstimmung der Todesstrafe mit dem Moralgesetze kann nicht erwiesen werden durch die Bemerkung, daß „der Staat den Bürgern die Möglichkeit, der Moralität nachzu„streben, unter dem Schutze der Gesetze gewähren solle und nach „Vernunftprinzipien verpflichtet sey, mehr Sorge zu tragen für „das Leben aller sittlichen und rechtlichen Bürger, als für die „Erhaltung einiger Schuldigen, die, so weit es die Umstände ge„statten (zu einem Mehreren nämlich sey der Staat nicht ver„pflichtet), noch Zeit genug zur Besserung finden würden, wobei „ihnen der langsame Gang der Untersuchung und die letzten Er„mahnungen der Religion hinlänglich zu Hülfe kommen würden.“ Der Hr. Verf. muß zuletzt mit dem Satze schließen: „Es gebe „so strafbare und aus solchen Anreizungen hervorgehende Verbre„chen, daß nur die Androhung der härtesten Strafe ihre Größe „aussprechen und den Entstehungsgründen entgegen wirken und „der Strafe die Natur einer gerechten Vergeltung geben könne. „Diese Eigenschaften habe die Todesstrafe; daher könne und „müsse sie angedroht werden, und ihre Vollziehung rechtfertige „sich durch die Rechtmäßigkeit ihrer Anwendung; sie sey noth„wendig und zweckmäßig — einen andern Beweis ihrer Zu„lässigkeit gebe es nicht; ihre gänzliche Abschaffung passe für „unsere Zeit und ihren Culturstand noch nicht, lasse sich aber „für die Zukunft erwarten.“

Kommen wir nicht weiter — ist also die Todesstrafe doch nur als Mittel der Abschreckung — ein nothwendiges Uebel, das wir auf dem Gebiete sittlicher Freiheit unter Gottes heiliger Ordnung nicht anerkennen; ist sie außerdem nur darum noch zu dulden, weil sie einigen nächsten Zwecken des bürgerlichen Lebens entspricht; ist ihre unbedingte Uebereinstimmung mit dem Gotteswillen aber nicht zu erhärten: so muß, so gewiß und wahr ein Gott über uns und ein heiliges Gesetz in uns ist, ein Surrogat für sie da seyn. Suchet, so werdet ihr finden!

Vielleicht hältst Du es der Mühe nicht für unwerth, das, was wir bisher besprochen haben *), mit den Ansichten des Hrn. Verf. zu vergleichen, und wirst wohl mit mir darin einig seyn, daß sich schnell und leicht Alles ebnen würde, wenn die Stimme des Moralgesetzes immer zuerst gehört, der Streit durch zahllose Abweichungen der verschiedenen Theorien und Lebensansichten nicht fort und fort in die Länge gezogen würde, und wenn die grenzenlose Furcht vor unerhörten Gräueln, welchen, wie man glaubt, nur durch die gesetzliche Tödtung zu begegnen sey, die Gemüther derer nicht fesselte, die, um sich sicher zu fühlen, alle Verbrecher mit der Schärfe des Schwertes schlagen möchten, von Dan bis Beersaba. Nie werden wir eine schwache Gnade auf Kosten der Gerechtigkeit verlangen; aber immer werden wir glauben, daß die Gerechtigkeit wohl stets der Waage, nicht aber des Schwertes bedürfe. Giebt man doch zu und muß man doch zugeben, daß auch die Todesstrafe nicht vollkommene Sicherheit verschaffe: warum fordert man das Unmögliche von einer andern Strafe, die an ihre Stelle tritt? Warum will man nicht zugeben, daß die Sorge für das öffentliche Wohl, die Sorge: ne quid respublica detrimenti accipiat — dann am wohlthätigsten wirken werde, wenn die positive Strafform der moralischen Gesetzgebung ganz unterthan ist? Man beruft sich gern auf Erfahrungen, — hat man denn Erfahrungen gemacht, daß unsere Zeit, die bei manchen Fehlern doch so viel Gutes und Herrliches gefördert hat, verwildern werde, wenn das Strafgesetz nur auf die einzige Forderung verzichtet, den Strafbaren zu tödten? Kann es recht seyn, aus Furcht zu thun und zu lassen, was wir sonst weder thun, noch lassen würden? Und warum übersieht man die Erfahrung, daß jetzt schon die Sicherheit besteht, wenn gleich viele Verbrecher leben, die einst getödtet wären, viele, die vielleicht noch getödtet würden, wenn sie sich dem Gesetze nicht entzogen hätten? Und wenn sie Jahre lang vor ihrer Hinrichtung im Gefängnisse verwahrt wurden — ist die Ruhe erschüttert? Haben sich die Bür-

*) Dahin gehört namentlich: S. 63, 125, 64, 31, 87, 181, 197, 75, 134, 155, 177.

ger dann erst wieder in Frieden schlafen gelegt, als das Blut derselben geflossen war? O, sie schliefen vorher eben so sanft! Werden die Bewohner von Aarau nicht mehr sicher leben, wenn die zum Theil noch nicht vierzehnjährigen Buben den Kopf behalten, die vor einiger Zeit ihren Kameraden mit gebundenen Füßen in die Aar warfen, wo er ertrank? Sie fürchteten, er werde entdecken, daß sie Vogelnester ausgenommen hatten; sie konnten das Verbrechen schon begreifen; dazu sind sie alt genug. Ihre Jugend wird sie von dem Beile retten — aber ihre — allerdings vorauszusetzende Besserung wird nur keine größere Garantie der Sicherheit gewähren, als die Besserung des zwanzigjährigen Jünglings, der, hätte er dasselbe gethan, vielleicht sterben müßte? Würde der elende, verächtliche Alibeau seinen Mordanschlag auf ein Königsleben nicht weit eher aufgegeben haben, wenn schon der erste Bösewicht, dem er nachahmte, als Tollhäusler ein Gegenstand allgemeinen Widerwillens geworden und — geblieben wäre, und fühlte die französische Nation nicht sehr wohl, wie klug der Rath eines klugen, viel erfahrenen Diplomaten sey, wenigstens den zweiten Verbrecher zur Strafe seiner Verruchtheit einem Narrenhause zu übergeben? Ist Frankreich sicherer, seitdem zwei Köpfe abgeschnitten sind, und hat das Beil die auch getroffen, welche die Bolzen drehten, indem es die tödtete, welche — erniedrigte Werkzeuge in der Hand des Frevels — sie verschossen? Ist die Erde darum eine Mördergrube geworden, weil das Schwert so manchen verabscheuungswürdigen Duellanten verschont, der Kain's Zeichen an der Stirne trägt, den aber — das positive Gesetz leben ließ, weil er — in anderer Form gemordet hat? Wenn die Spielhäuser in Paris nach öffentlichen Nachrichten geschlossen werden, die jährlich über zweitausend sechshundert Verbrecher auf die Galeeren und in die Gefängnisse und über zweihundert versunkene Menschen zum Selbstmorde bringen, wird das nicht mehr Sicherheit gewähren, als wenn von Jahr zu Jahr einige dieser verzweifelnden Schurken hingerichtet werden, weil sie endlich von Missethat zu Missethat fortgehn, unterdessen das Laster wuchert, frech und üppig und wild, und immer neue Verbrechen zur Reife bringt?

Ach, man legt einen unseligen Werth auf das Tödten! Immer heißt es: „Wir haben der gesetzlichen Tödtung nöthig," und Keiner weiß am Ende, wer unter diesem Wir zu verstehen sey? Fragen wir den Einzelnen — so wird er, mit Ausnahme derer, die von ganz anderen Ansichten ausgehn, sagen: Ich will nicht tödten; — der Zweite — der Dritte — der Vierte wird dasselbe sagen; aber unter dem allgemeinen Wir versteckt man die mit fast unverkennbarer Sorgfalt genährte Furcht vor Gefahren, die der öffentlichen Sicherheit und den Autoritäten drohen sollen, wenn jene nicht mit dem Schwerte wieder drohen, eine Gespensterfurcht, die sich mit Geschöpfen aus dem unermeßlichen Reiche der Möglichkeit umherschlägt. Wenn hier in zwanzig Fällen der Tod als Strafe gesetzt wird — so fürchtet man heillose Zeiten für den Staat, wenn nicht zwanzig — wenn dort in zehn Fällen auf den Tod erkannt wird, so fürchtet man allgemeine Unsicherheit, wenn nicht zehn Verbrecher sterben, die in solchen Fällen das Gesetz übertraten; wenn endlich das Todesgesetz nur in Einem Falle sein Opfer fordert, so meint man, alle Gerechtigkeit und das Volkswohl stehe auf dem Spiele, wenn in diesem Falle der Kopf auf dem Rumpfe bleibt. Sieht man denn nicht, wie alles dies von willkührlichen Bestimmungen abhängt? In Braunschweig ist, wie der Hr. Prof. Hepp erzählt, während der langen Regierung des Herzogs Karl Wilhelm nie ein Todesurtheil vollstreckt, ohne daß die öffentliche Sicherheit darunter litt. Es mag seyn, daß der Wegfall dieser Strafe einen mannichfachen Einfluß auf die Criminalgesetzgebung habe und Abänderungen und Reformen nöthig mache; allein kann dies ein Grund seyn, sie beizubehalten? Und wenn man zugiebt, daß die kommende Zeit sie überflüssig machen werde: kann diese Zeit kommen, wenn die Strafe selbst ihr Erscheinen aufhält? Geht nicht die Kultur zum großen Theile von der Gesetzgebung aus? Und würde sie ihrer eignen Kraft nicht mißtrauen, wenn sie weisen Reformen aus Furcht vor einigen rohen, verwilderten Bösewichtern entsagte, die das Bürgerthum nicht vernichten, unterdessen jener böse Geist, der sich im wahnsinnigen, verbrecherischen Verrath gegen das geheiligte Leben der Regenten und gegen die bestehende Ordnung, gegen Vaterland und Mitbürger jemals verschworen hat, doch auf anderm Wege erstickt werden muß? Die weise, kräftige Regierung, die so große Feinde der allgemeinen Wohlfahrt zu überwinden weiß, sollte in der Vernichtung einiger Unwürdigen das einzige Heil und Rettungsmittel einiger einzelnen Bürger und die einzige Garantie der Autorität ihrer ganzen Gesetzgebung erkennen müssen? Führt das nicht offenbar auf die Abschreckungstheorie zurück, die man verabschiedet zu haben meint, und deren Mängel so klar am Tage liegen? Ich weiß nicht, ob ich meine reine, innigste Hochachtung vor dem Staate bestimmter aussprechen kann, als durch die Ueberzeugung, daß er in seiner ganzen Ehrwürdigkeit erscheine, wenn man zugiebt, er habe das gesetzliche Tödten jener einzelnen Uebertreter seiner Gesetze nicht nöthig, um seinen Frieden zu retten, und wenn man also die Meinung aufgiebt, er könne nur dann seinen Einrichtungen Nachdruck geben, wenn er den Unterthanen an einer Richtstätte von Zeit zu Zeit ein blutiges Exempel statuirt. Ich glaube, wie ich gleich Anfangs äußerte*), grade durch diese Ansicht seiner hohen Würde zu nahe zu treten. Er weiß, was man auch sagen mag, den Menschen vom Bürger zu unterscheiden, und er soll ihn auch unterscheiden, wenn gleich der Bürger Mensch ist.

Hier könnte ich denn unsere bisherigen Unterhaltungen abbrechen. Doch vielleicht erlaubst Du mir noch einige Nachträge folgen zu lassen, die Du mit gewohnter Güte aufnehmen wirst.

---

*) S. 7.

Acht und zwanzigster Brief.

Mehr als ein Mal habe ich mich während unseres Briefwechsels der Aufsätze erinnert, die wir einst mit so großem Vergnügen im Morgenblatte und im allgemeinen Anzeiger der Deutschen lasen. Es macht ungemeine Freude, auch nach wiederholter Prüfung in einer der bedeutendsten Angelegenheiten des Lebens dasselbe Resultat wieder zu finden, in welchem wir schon früher mit Andern zusammentrafen. Hier also einige Reminiscenzen: „In der Mechanik, heißt es, wendet man auch nicht mehr Kraft auf, als der Zweck fordert." Allerdings eine herrliche Mahnung, welche der Verfasser allen Gesetzgebern ans Herz legt, und ich bin ganz der Meinung, daß in dem einzigen Gedanken ein gewaltiges Argument gegen das Todesgesetz liegt. „Ersatz an die Nachgelassenen beruht nur auf einem unzureichenden Schluß, der des „Menschen Leben zur Schätzung Preis giebt. Der Selbstmord „wird verabscheut — wie dürften die Gesetze das Leben zerstören und thun, was sie, wenn es der Selbstmörder thut, für „strafbar erklären?" — Und dann die begeisterte Anrede an die Vertheidiger des Todesgesetzes: „Hattet ihr Zutritt bei der Gottheit geheimnißvollen Beschlüssen? Kennt ihr die Stunde, wo „das Gewissen eines Verbrechers erwachen kann? — ihr zerstört „nicht bloß den Leib, sondern schadet der Seele. Der Verbrecher „ist gefährlich, so lange er frei ist; darum ihn tödten, weil man „nicht Sicherheit schaffen kann, das bedeckt die Verfassung mit „Scham. Sie rühmt sich einer Handlung, die sie als Verbrechen strafen soll, und giebt zu, daß der Verbrecher stärker ist, als „sie. Selbst im Kriege tödtet man den Gefangenen nicht; sollten die Strafgesetze grausamer seyn? Soll der Gefangene sterben um schlechter Wächter und Gefängnisse willen? — Sein „Unterhalt macht Kosten! Welche Schande! Gefängnisse müssen zu ehrenvollen Stiftungen des Staats werden, und der „Mensch soll nicht wie das Thier behandelt werden, das man zur „Zeit der Hungersnoth todt schlägt. Der Irrsatz, daß das Recht

„von den Gesetzgebern vorgeschrieben werde, ist längst gefallen. „Man vergleicht die Gesetze mit einem Begriffe von Recht, der „vor ihnen war, und von welchem die Vernunft fordert, daß die „Gesetzgeber ihn anerkennen sollen. Er hat seinen Wächter, Er„halter und Vollstrecker im menschlichen Gemüthe — im Rechts„gefühle. Dies empört sich, wenn es durch Willkühr verletzt „wird." — Allerdings finden wir da unsere Gedanken wieder und freuen uns des Zusammentreffens.

Baumgarten-Crusius in seinem Lehrbuche der christlichen Sittenlehre stellt die Todesstrafe dar als eine Umgehung des sittlichen Verbots, zu tödten, und sagt: sie mag juridisch vertheidigt werden, wie sie wolle, nach der moralischen Ansicht können wir die Rechtmäßigkeit keines Todtschlags begreifen. 1. B. Mos. 9, 6 und Röm. 13, 4 handeln nur in gangbaren Formeln von dem, was wirklich da war und bestand. Er findet sie mit dem sittlichen Geiste unvereinbar.

Eine kleine, ungemein ansprechende Stelle aus der Abendzeitung muß ich Dir noch mittheilen, da sie so wahr und klar die Vertheidigung der guten Sache führt, daß ich mich auch ihrer nur mit dem innigsten Vergnügen erinnern kann. — „Giebt es in der Logik ein unleugbares Axiom, so ist es dies: Niemand giebt, was er nicht hat, — nemo dat, quod non habet. Die Antiphrase ist eben so streng folgerecht: Niemand kann zurückfordern oder zurückgeben, was er nicht gegeben hat. Zur Anwendung: Der Gesellschaftsverein ist unstreitig berechtigt, den Menschen, der sich von ihm durch ein Verbrechen geschieden hat, aller geselligen Verbindungen zu berauben. Da dieser Verein der Schöpfer aller Gesetze ist, kann er ihren Schutz jedem verweigerg, der diese durch Hinterlist oder Gewalt verletzte. Da er die Quelle aller legitimen und wohlthuenden Freiheit ist, kann er diese auch wieder zurückhalten, wenn deren Gebrauch bei irgend einem Einzelnen schädlich befunden wird. Dies ist das Prinzip, wie die Grenze der Gerechtigkeit. Der Gesellschaftsverband hat dem Menschen in der Gesellschaft viel verliehen, das natürliche Leben gab er ihm aber nicht; hier endet seine Macht. Wenn also das Leben nicht von der Gesellschaft ausgeht, wenn es ihr unmöglich ist, diesen Genuß dem zu gewähren, der ihn nicht besitzt, und ihn dem wieder zu verleihen, der ihn verlor, so schreitet sie völlig aus den Grenzen des Rechts, wenn sie sich das Privilegium anmaßt, das Leben wegzunehmen. Folglich sind Todesstrafen eine Verletzung des allgemeinsten aller einfach menschlichen Grundsätze, wie des göttlichen Gebots: Du sollst nicht tödten!"

Ich begleite die kurze Beweisführung nur mit der einzigen Bemerkung, daß der Verbrecher nicht für schutzlos erklärt werde, sondern daß ihm der Schutz der Gesetze eben so gut als dem ruhig lebenden Bürger gesichert bleiben müsse, so lange ihn der Staat nicht aus seinen Grenzen — z. B. durch Deportation — entfernt hat, und daß selbst die Strafe noch, die er tragen muß, ihm die schützende Kraft der Gesetze verbürgen soll, die ihn vor jeder Willkühr bewahrt. Hr. Prof. Hepp sagt S. 33, dieser Satz beweise zu viel, und es würde daraus die Unrechtmäßigkeit aller Strafen folgen, da der Staat weder Leib, noch Leben, noch Freiheit, noch Ehre, noch Eigenthum den Bürgern gebe, sondern nur die angebornen und erworbenen Rechte des Menschen schütze und sichere. Du kennst die Gründe, aus welchen ich unmöglich beistimmen kann; das Leben hat nun einmal seine eigenthümliche Bedeutung*), und es ist ganz offenbar zu viel behauptet, daß mit dem Aufhören einer bestimmten Strafart — mit dem Wegfalle eines einzigen, alten Strafgesetzes — alle Strafe aufhören solle.

Noch ein Urtheil über die Todesstrafe aus weiter Ferne her muß ich Dir mittheilen. Ich thue es, so bald ich wieder schreibe. Lebe wohl!

---

*) S. 69.

Neun und zwanzigster Brief.

In einer Zeit, wo man in der wichtigen Angelegenheit, die uns bisher beschäftigt hat, lieber Ferdinand, das Wahre vom Falschen so strenge sondert, und wo man auch auf sie das Rechtsgesetz, „seine Zwecke nur in so fern zu verwirklichen, als die persönliche Würde Anderer dadurch nicht verletzt wird" — um es mit den Worten des Hrn. Pr. Dr. Krug auszudrücken — anwendet; wo man nicht mehr leugnen kann, daß Todesstrafen mit dem Grundsatze: neminem laede! unverträglich sind — in einer solchen Zeit kann es nicht befremden, wenn die Anträge auf Abstellung derselben von allen Seiten her laut werden. Sie kündigen sich als Ausdruck des geschärften Rechtsgefühls und des Sinnes für das Bessere an. Was man in London und Paris, in der Schweiz, in Deutschland — in Aegypten sogar — für die gute Sache thue, davon erzählen öffentliche Blätter. Das furchtbare Gesetz, das noch vor wenigen Jahren in England einen Schafdieb zum Tode verurtheilte, dessen Abschaffung selbst in den Schreckenstagen der französischen Revolution vom National-Convente versprochen und sogar von dem Manne, der seine Worte durch seine Thaten verhöhnte, von Robespierre gefordert ward, — es kann auf nichts, als auf immer wiederholte Angriffe zählen; die Wahrheit, welche unter dem wilden Toben widerstrebender Elemente nicht schwieg, wird in den Tagen des Friedens nicht ermüden, um den endlichen Sieg zu erkämpfen. Was der Geist der Zeit einmal Besseres ergriffen hat, das bewahrt er auch und vererbt es auf kommende Geschlechter. „Die Welt baut sich weiter — wie es im „Chevalier, von Mügge, heißt — aber wenn man das Vergangene „festhalten, wenn man ewig machen will, was nicht mehr paßt, „wird es gewaltsam herabgestoßen. Gesetze und Einrichtungen „sind stets der Abdruck der Zeiten; was in der einen wohlthätig „und recht war, kann in der andern ein Gräuel seyn. Deswegen darf man nicht still stehn; die Zeit fügt sich nicht in das „Gesetz; es ist der umgekehrte Fall, und die weisesten Gesetze sind

„die, welche immer sich dem Standpunkte des Volks fest an„schließen und stets mit ihm fortrücken.“ Hat mich aber unter den Beweisen solcher Fortschritte irgend etwas auf eine ganz eigenthümliche Weise angesprochen, so sind es die Mittheilungen, die sich in den Blättern aus der Gegenwart (Nr. 68. 1831) finden. Sie liefern „Parlaments-Debatten in Tahiti über die Todesstrafe! Und mit welchem glänzenden Erfolge! Ist es möglich, fragen wir erstaunt, ist es möglich, daß dort, wo die Cultur erst aufblüht, so gesprochen und so entschieden wird, unterdessen man bei uns — zwar auch spricht, aber — noch Anstand nimmt, eben so zu entscheiden? Ich kann mich nicht enthalten, eine ausreichende Abschrift von dem Artikel zu nehmen, der der Tagesgeschichte freilich schon entrückt ist, der Dir aber heute noch denselben Genuß verschaffen wird, welchen er mir gewährt hat. — Hitoti, der erste Häuptling von Pohiti stand auf und sprach: „Ohne Zweifel ist dies ein gutes Gesetz (die vorgeschlagene Strafe war lebenslängliche Verbannung auf eine wüste Insel), aber seit einigen Tagen ist ein Gedanke in meinem Herzen erwacht, und wenn ihr meine kleine Rede werdet gehört haben, werdet ihr mich verstehen. Müssen nicht die Gesetze Englands, von dem wir so vielerlei Gutes erhalten haben, gut seyn? Und bestrafen nicht die englischen Gesetze den Mörder mit dem Tode? Ich halte also dafür, da man es in England thut, werden wir wohl thun, es auch zu thun.“ — Nachdem erhob sich Utami und redete also: der Häuptling von Pohiti hat mit Recht gesagt, daß wir vieles Gute von den freundlichen Christen Englands empfangen hätten; aber was haben wir nicht von Berotane (Britannien) erhalten? Sandte es uns nicht das Evangelium? Aber geht Hitotis Rede nicht zu weit? Wenn wir die Gesetze Englands zu Vorbildern nehmen, müssen wir dann nicht auch den Dieb, der in ein Haus einbricht, mit dem Tode bestrafen? den, welcher einen falschen Namen schreibt? den, welcher ein Schaf stiehlt? und wird jemand in Tahiti sagen, daß solche den Tod verdient haben? Nein, nein, das geht zu weit, und ich denke, wir folgen nicht so weit. — Nach einigen Augenblicken trat Upuparu hervor: Mein Bruder Hitoti, der vorschlug, wir sollten den Mörder mit dem Tode bestrafen, hatte Unrecht, wie Utami bewiesen hat; denn nicht die Gesetze Englands sollen unsere Führer seyn, wenn sie auch gut sind; die Bibel ist unsere Führerin. Nun predigte aber Mitti Frutu aus der Bibel: Wer Menschenblut vergießt, deß Blut soll wieder vergossen werden, und sagte auch, daß deshalb das englische Gesetz den Mörder mit dem Tode bestrafe; ich stimme also nicht mit Utami, sondern mit Hitoti, daß wir jeden, der eines Todtschlags schuldig befunden wird, mit dem Tode bestrafen. — Ein Anderer folgte; sein Name war Tati, und Aller Aufmerksamkeit wandte sich ihm zu, als er sprach: Vielleicht wundern sich Einige von euch, daß ich, der erste Häuptling hier und der Nächste nach der königlichen Familie, so lange still geschwiegen habe. Ich wollte hören, was meine Brüder zu sagen hätten, und die Gedanken sammeln, welche in ihren Herzen über diesen wichtigen Gegenstand erwacht sind. Es freut mich, daß ich gewartet habe; denn unterdessen reiften einige Gedanken in meiner Seele, die ich nicht mit mir brachte. Die Häuptlinge, welche vor mir gesprochen, haben wohl geredet. Ist aber nicht die Rede Upuparu's in ihrer Art ganz gleich der seines Bruders Hitoti? Wenn wir den Gesetzen Englands nicht überall folgen können, da Hitoti's Meinung zu weit geht; würde uns Upuparu's Ansicht nicht ebenfalls zu weit führen? Die Bibel, sagt er, ist unsere ausreichende Führerin. Sie ist es. Aber, was meint die Schrift, wenn sie sagt: Wer Menschenblut vergießt, des Blut soll wieder vergossen werden! Ich bin Tati; ich bin ein Richter; ein Mann wird vor mich gebracht; er hat Blut vergossen; ich befehle, ihn zu tödten; ich vergieße s e i n Blut; wer soll dann das m e i n i g e vergießen? Hier muß ich stehn bleiben, wenn wir nicht zu weit gehn wollen. Es kann dies nicht die Meinung der Bibel seyn. Da viele Gesetze des A. T. von dem Herrn Jesus Christus umgestoßen, und nur einige, wenige beibehalten worden sind, so ist dies vielleicht auch eins von den aufgehobenen. Ich bin jedoch ein Unwissender, und ein Anderer kann mir vielleicht zeigen, daß im N. T. unser Herr, oder seine Apostel dasselbe gesagt haben. Zeigt mir es im n e u e n Testamente, und es soll unser Führer seyn. — Dann erhob sich Pati, ein Häuptling und Richter von Eimeo, früher ein Oberpriester Oro's und der erste, welcher mit Lebensgefahr den Götzendienst abgeschworen hatte. „Mein Herz, sprach er, ist voll Gedanken, voll Erstaunen und voll Freude. Wenn ich mich in diesem Fare bore ra (Gotteshause), in dem wir versammelt sind, umsehe und bedenke, wer und warum wir hier sind, so faßt mich ein heiliger Schauder. Tati hat die Frage entschieden; denn ist nicht das Evangelium unser Führer? Und wer findet in ihm, einen Wink zum Tödten? Ich kenne viele Stellen, welche es verbieten, aber nicht eine die es gebietet. Und dann entstand noch ein anderer Gedanke in mir. Gesetze, die Verbrechen bestrafen, sind uns nützlich und nothwendig. Aber sagt mir, wie strafen Christen? Geschicht es, weil wir zornig sind und Schmerz zu machen wünschen? Geschicht es aus Rache, wie es geschah, als wir noch Heiden waren? Nichts von dem Allen! Der Christ soll keine Rache kennen; der Christ soll nicht zornig seyn; dem Christen kann es keine Freude machen, Schmerz zu bereiten. Christen strafen also nicht deswegen. Nicht durch das Leiden, welches wir dem Verbrecher verursachen, verhindern wir ihn, seine That zu wiederholen, schrecken auch Andere nicht davon ab. Würde es nicht eine größere Strafe seyn, für immer von Tahiti auf eine wüste Insel verwiesen zu werden? Und kann der Verbannte wieder einen Mord begehn? Und werden Andere durch einen solchen Urtheilsspruch nicht mehr erschreckt werden, als durch eine Hinrichtung? So denke ich, Tati hat Recht, und das Gesetz bleibe, wie es geschrieben steht." Einer der taata rii (kleinen Männer), ein Gemeiner oder Repräsentant eines Districts, erhob sich darauf, und man schenkte seinen Worten eben so viel Aufmerksamkeit, als den vornehmen Sprechern vor ihm. Er sprach: Da Niemand sonst aufsteht, so will ich meine kleine Rede halten, weil ich euch meine Gedanken mittheilen will. Vielleicht ist schon Alles, was gut und nothwendig ist, von den Häuptlingen gesagt worden; da wir aber nicht hier sind, um dieses oder jenes Gesetz anzunehmen, weil es ein Vornehmer empfiehlt, und wir taata rii unsere Gedanken ebenfalls aussprechen sollen und dürfen, so spreche ich meine Gedanken über das Gesetz auch aus. Alles, was Pati sagte, war gut; aber er erwähnte einen Grund zur Strafe nicht; nämlich den Uebelthäter dadurch wieder zu bessern. Wenn wir einen Mörder tödten, wie können wir ihn bessern? Verbannen wir ihn aber auf eine öde Insel, wo er ganz allein und gezwungen ist, über sich nachzudenken, so kann es Gott gefallen, das Böse in seinem Herzen sterben und Gutes an seiner Statt wachsen zu lassen. Wohin wird seine Seele gehen, wenn wir ihn tödten?" Noch mehrere sprachen auf dieselbe Weise, und endlich ward einstimmig entschieden, daß der Mörder nicht mit dem Tode bestraft, sondern verbannt werden solle, und die Macht, einem Menschen das Leben zu nehmen, den Gerichtshöfen in Folge davon für immer entzogen.

Rechne nur etwas sehr weniges ab, was auf unsere Lage in politischer Hinsicht nicht unbedingt anwendbar seyn würde, so hast Du hier die nackte Wahrheit in der einfachen Sprache der aufblühenden Bildung, des frommen Glaubens und des richtigen, sich Trugschlüssen und Künsteleien des Systems entwindenden Denkens. Der Wille erfaßt, was die Vernunft unter freundlicher Beihülfe des Evangeliums für recht erkennt. Kannst Du Dir eine Verhandlung schöner, — kannst Du sie ächt christlicher denken, als so? — Selbst dann, wenn Du sie für Dichtung erklärtest, wäre sie noch von hohem Werthe; sie wäre Zeugniß für das reine, unverdorbene Rechts- und Wahrheitsgefühl, das man dem Menschen so gern zutraut, und das sich ja dennoch endlich aus den Irrgängen erkünstelter Schlüsse rettet. Weit rascher würde das überall gehn, wenn man nur erst den festen Willen hätte, dem starren Halten am Unhaltbaren zu entsagen, und so den allgemeinen Gerichtstag über die Blutgerüste heraufzuführen. Doch auch er wird erscheinen, dieser Tag, und die Belehrungen, welche das größere Publicum aus kleinern, ihm zunächst bestimmten Schriften schöpft, werden seine Ankunft beschleunigen. Deswegen sind dahin gehörende Aufsätze, wie sie sich auch in der Dorfzeitung, in der Sachsenzeitung, im Allgemeinen Anzeiger der Deutschen und vielen, vielen andern Flugschriften finden, von großem Werthe. Man trifft da manche kurze, bündige Vertheidigung der guten Sache, wodurch denn auch die Stimme derer, die jetzt noch für die Erhaltung der Hochgerichte eifern, unschädlicher, und die Anerkennung des Ausspruchs immer sicherer und allgemeiner wird, mit welchem der Verfasser des Paul Clifford seine interessante Erzählung endigt: Die allerschlimmste Anwendung, welche man von einem Menschen machen kann, ist die, ihn zu hängen!

Dreißigster Brief.

So gewiß auch die Frage: welche Strafen an die Stelle der Todesstrafe zu setzen seien? ganz getrennt von der Untersuchung über das innere Recht der letztern ist, so kann ich doch bei dem Schlusse unserer bisherigen Mittheilungen den Wunsch nicht unterdrücken, daß man, wo sie berührt wird, ernstlicher noch, als es bisher geschehen ist, die Vorschläge, Deportationen strafbarer Subjecte zu veranstalten, in Ueberlegung ziehe. Ueber die Zweckmäßigkeit derselben kann kein Zweifel seyn, wenn man über den höchsten Zweck aller Strafe einig ist, und sie ist sicher für die meisten Sträflinge ein Uebel, welches groß genug erscheint, das Ansehn der Gesetze aufrecht zu erhalten, zumal bei uns, wo sie auf Lebenszeit erfolgen müßte und den Abschied von Vaterland und Freundschaft auf immer bedingt. Ueber die Kosten sollte man nicht klagen, wo es so wichtigen Absichten gilt, als hier — der Reinigung des Staats von schädlichen Mitgliedern und einer Strafe, welche diesen selbst wahrhaft heilsam werden kann, da veränderte Verhältnisse so unendlich großen Einfluß auf die Veränderung der Gesinnungen haben, nicht zu gedenken, daß ja doch nur in einzelnen, verhältnißmäßig nur wenigen Fällen die Deportation beschlossen werden würde. Am wenigsten aber darf man diese Idee darum gleich fallen lassen, weil, wie man bemerkt hat, die Resultate nicht immer die günstigsten waren — worüber auch Lucas in seiner Schrift S. 45 sich ausgesprochen hat. Möge man nachsehn, ob der Grund des Mislingens nie in Mängeln der Ausführung gelegen habe? Möge man diese ververbessern und — von menschlichen Anstalten keine Vollkommenheit erwarten! Unvergessen sollte die in einer öffentlichen landständischen Versammlung gemachte Bemerkung bleiben: „Das Recht zur Transportation muß man dem Staate zugestehn; die Menschenrechte bleiben reservirt; der Mensch bleibt Mensch, und es wird nicht in die Räder der Vorsehung eingegriffen und dem göttlichen Willen durch einen frühen Tod zuvorgekommen.“ Sie kam von einem anerkannt großen Rechtsgelehrten, der, nach seinem eigenen Geständnisse, „fest überzeugt ist, daß der Staat nicht das Recht habe, die Todesstrafe zu verhängen.“ Lies doch ja auch das Buch: Zwei Jahre in Neu-Südwales von P. Cunningham, übersetzt von Kaiser.

Doch selbst solcher Mittel wird man immer weniger nöthig haben, je mehr man es sich zur ersten Aufgabe macht, das Verbrechen im Aufkeimen zu ersticken. Wir denken weit mehr daran, das Laster, wenn es in gesetzwidrige That ausbricht, zu strafen, als an die freilich sehr große Mühe, den Menschen zu bewahren, daß er sein Leben nicht durch solche That befleckt. Irre ich nicht, so ist es noch immer leichter, ein gutes Criminalgesetzbuch zu entwerfen, als eine Polizei zu errichten, die dem höchsten Staatszwecke dient, indem sie den nächsten Zweck des Staats fördert, ohne die bürgerliche Freiheit zu gefährden und unter dem Vorwande der Sorge für Sicherheit und Ruhe und Gesetzmäßigkeit eine furchtbare Knechtschaft des Geistes einzuführen. Doch thut ein ernsteres Einschreiten überall noth, da die Quellen des Bösen überreich fließen, und die gepriesene Mündigkeit des Volks sich wenigstens dadurch nicht bewährt hat, daß sie dieselben mit der Energie verstopft hätte, welche wir fordern müssen, wenn geholfen, und der vordringenden Demoralisation ein Damm entgegengesetzt werden soll. Man hört nicht auf, die Gegner der Todesstrafe einer weichlichen Humanität anzuklagen, wie oft auch der Ungrund dieser Beschuldigung aufgedeckt ist; aber man wird unwillig, wenn jene über zu große Humanität gegen die überall geöffneten Brannt- wein- und Spielhäuser klagen, über verzärtelnde Schonung viehischer Wollust, die ihre giftige Wurzel in jeden Boden schlägt, Ach und Weh über das Familien- und Staatsleben bringt und Verbrechen auf Verbrechen häuft; über jede Nachsicht gegen die Ausbrüche sittenloser Gemeinheit, welche bald genug in verworfene Lasterhaftigkeit übergeht, und gegen die frühe Verwilderung, deren unglückliche Zöglinge weder die Schule, die sie kaum unterrichten, geschweige denn zum Edlen hinan bilden, noch die Kirche zügeln kann, der sie völlig entfremdet sind.

Die Nachwehen der gewaltigen politischen Katastrophen der eisernen Zeit, die das jetzige Geschlecht erzogen hat, dauern noch fort, und wie von Außen her so viel Ursache kam zum sittlichen Unheil, so muß nun auch von Außen her wieder viel kommen, das Unheil bei der Wurzel zu erfassen, und die äußern Hindernisse siegreich zu bekämpfen, welche die Kraft der moralischen Heilmittel schwächen. Unter einer gesetzmäßigen Freiheit hebt sich das Volk zum Bessern empor; aber immer bedarf es einer ernsten, geregelten Disciplin von Jugend auf bis zum Alter, da immer wieder, bald hier, bald dort, die Verwilderung und Versunkenheit sich unter allen ihr möglichen Gestalten zeigt, und das kaum gezüchtigte Laster wieder auftaucht.

Mit solcher öffentlichen Beaufsichtigung und Zucht wird es dann sicher am besten gelingen, wenn man dabei das wahrhaft christliche Element nicht vermißt, und wenn sich also das bürgerliche Wirken für das Gute mit dem kirchlichen Wirken für den höchsten Menschenzweck mehr und mehr vereint. Es kann wirklich nur in dem Maaße wahrhaft besser werden, in welchem allen unsern Gesetzen, Institutionen und Verfassungen der Charakter des Christlichen aufgeprägt ist, und je mehr wir von dem verderblichen Vorurtheile zurückkommen, daß die materiellen Interessen ohne alle Berücksichtigung der Religion verhandelt und besorgt werden müssen. Der Geist des Christenthums ist, wo er rein und lauter waltet, die Quelle aller ächten Weisheit, daher aller wahren Verbesserung und einer Kraft im Streben, die nicht erlahmt und vor keiner Schwierigkeit erschrickt, und eines Muths, der, weil er das Rechte fördern will, des Sieges schon im Voraus gewiß ist. Wo er fehlt, da sind Mißgriffe, welche nur Schädliches gebären, unvermeidlich, und, wie ein für das Wahre und Gute begeisterter Mann mir ein Mal schrieb, da bleibt oft nichts übrig, „als die hohle und leere Form, der wir uns im gottesleugnerischen Götzendienste ergeben und unsere Knie andächtig beugen vor dem selbstgeschaffenen Unhold," und es ist dann freilich möglich, daß bei aller Verstandeskultur dennoch „das Heiligste, was der Pflege der gesammten Menschheit anvertraut ist, „gefesselt bleibt in tiefen, finstern Kerkern grauer Vorwelt — so, „daß in Beziehung auf höhere Ansprüche das Geschlecht der „Gegenwart dem Urenkel gleicht, der gezwungen wird, in Sitten, „Gebräuchen und Kleidung sich unverändert der Haltung seiner „Ureltern anzuschließen." Der Mensch ohne den heiligen Geist des Evangeliums zieht Alles in den Bereich seiner egoistischen Zwecke und wird nur zu leicht sich zu Maßregeln bestimmen, die sich durch nichts weniger kenntlich machen, als durch die Liebe und den Adel der Gesinnung, der als Frucht aus der Lehre Jesu hervorgeht. Daher hängt er leicht an alten, selbst an gebrechlichen Formen, so bald er fürchtet, daß Veränderung derselben jene Zwecke beeinträchtigen könnte, und zwingt noch aus der Vorzeit in die Gegenwart hinein, was, wenn es auch der ersten anpassend war, doch der letzten nicht mehr entspricht. Wie ist doch auch in Hinsicht auf bürgerliches Leben und bürgerliche Gesetzgebung das Wort der Schrift so wahr und so gewichtig: „Der Buchstabe tödtet, aber der Geist macht lebendig." Nie können wir dort die Formen entbehren, allein — über ihnen muß der rechte Geist schweben und muß sie durchdringen und muß sie heiligen.

Je mehr das Eine, was noth ist, ins Auge gefaßt, je mehr daher für Erhaltung des äußern und innern Friedens, für Förderung nützlicher Thätigkeit und eines wohlgeordneten Erwerbs, für Schule und Erziehung — deren Mängel so viele sind, und die oft nichts weiter ist, als eine gewöhnliche Dressur — für Vermehrung und Verbesserung der Arbeits-, Zucht-, Correctionsund Strafanstalten geschieht, die geeignet sind, ihrer Absicht bei ältern, erwachsenen und bei jugendlichen Verbrechen zu genügen, und denen nur geistig durchgebildete, ihre Stellung richtig würdigende, fromme — dann auch bürgerlich hochgeehrte Männer vorstehn sollen; je mehr die Klage verstummt, die schon Wagnitz führte, daß man die moralische Besserung der Sträflinge sich nicht zum Ziele setze, und die der Berichterstatter der Gesellschaft der christlichen Moral in Frankreich jüngst durch das Geständniß erneuete, daß, wenn in den dortigen Gefängnissen 1000 Gefangene gebessert werden, sich 40,000 darin verschlimmern; je mehr sie in weiterer Entwicklung und Realisirung der herrlichen Ideen des Pönitentiarsystems verhallt, dessen hohe Bedeutsamkeit doch jetzt wohl Keiner mehr in Abrede zu stellen wagt; je mehr die Erfahrungen, die in gut organisirten Anstalten der Zucht und Besserung gemacht sind, benutzt werden — je mehr überall im rechten Geiste das Rechte ergriffen wird: desto allgemeiner wird die Ueberzeugung werden, daß man um eines mangelhaften Gefängnisses, oder um der Sorglosigkeit eines Wächters willen noch nicht Köpfe abschneiden und Hälse zuschnüren dürfe. Schon Bergk in den Anmerkungen zum Beccaria macht S. 177 auf ein Zuchtmittel aufmerksam, das sich nun vielfach erprobt hat, wenn er sagt, „daß die lebenlose Einsamkeit, die Entfernung „von aller menschlichen Gesellschaft, die Todtenruhe, welche die „Furien des Gewissens aufregt, noch bei dem verwildertsten „Gemüthe und bei dem eingefleischtesten Bösewicht wirksam sey." — Wie viele Heil- und Zuchtmittel kennt außerdem noch unsere Zeit, und wie kommt es nur auf den kräftigen Willen an, sie zu ergreifen, um die Zweifler zu belehren, daß man nicht nöthig habe, den Menschen zum Tode zu führen, um Ordnung zu erhalten, und daß man, wie Lucas S. 315 so richtig erinnert, auf den Schlag des Beils verzichten könne, welches den Kopf der Hyder nur wachsen macht, — und um endlich die Wahrheit in Aller Augen geltend zu machen, daß man nicht in dem Verbrecher, sondern in dem Verbrechen und dessen Quellen den ärgsten Feind zu bekämpfen habe.

Lange schon hat diese Ansicht aufgehört, nur die Ansicht der Theoretiker zu seyn, denen man früherhin wohl mit einer spottenden Bemerkung über kindische Projectmacherei und über Mangel an praktischem Takte hinlänglich begegnen zu können glaubte.

Die Praxis, wo sie rechter Art ist, führt nun dieselbe Sprache und hat gezeigt, was der gute und feste Wille vermag. Was Obermaier in seiner Anleitung zur Verbesserung der Verbrecher in den Strafanstalten Wichtiges und Belehrendes geschrieben hat — möge es von keinem einzigen ungelesen und unbeherzigt bleiben, der hier mitsprechen will! Da hören wir den Praktiker. O, daß die Mitwelt ihn hörte! und dann — nur Nachahmung! und — es wird gewonnen werden, warum es sich handelt.

Warum aber wollten wir auch nicht den trüben Blick, mit welchem wir die blutgetränkten Richtstätten betrachten mußten, freudig auf die Zukunft lenken, für welche Tausende das Bessere rastlos vorarbeiten? Warum jetzt nicht, wo der so laut ausgesprochene Widerwille gegen die Todesstrafe schon in der seltnern Vollziehung derselben so manche heilsame Frucht trägt? Die kräftigen Stimmen, welche sich dagegen erheben, das entschlossene Einschreiten gewichtiger Männer, ehrwürdiger Regierungen und Staatsoberhäupter gegen sie sollte erfolglos seyn? Das alte Gebäude eines Systems, das für blutige Gesetze so viel Raum hatte, wird nicht lange widerstehn. Es ist baufällig und hat nur zu lange gestanden. Vielleicht nur Ein Stoß von mächtiger Hand, und es ist zertrümmert! — Ja, mein Freund, es wird zertrümmert werden, so gewiß, als die Wahrheit endlich siegt, und das Recht bleibt. Tausende leben in unsern Tagen, welche mit uns bei dem gefundenen Resultate unparteiischer Forschung beharren, daß jede Todesstrafe sittlich unrecht sey. — Und so ist es, mein einzig geliebter Ferdinand! Tödte mich nicht! ruft jede Pflanze; tödte mich nicht! ruft jeder Wurm. Doch sie stehn nicht unter dem Gesetze sittlicher Freiheit, und ihr Leben ist — zwar nicht der regellosen Willkühr und dem Muthwillen — aber dem weisen Gebrauche überlassen. Der freie Mensch spricht zum freien Menschen noch ein anderes Wort. „Du sollst mich nicht tödten!" und darum ruft er lauter, als jede Creatur: „Tödte mich nicht!" — oder — tilge erst in mir den letzten Funken der Vernunft, das Bewußtseyn meiner Persönlichkeit, meiner Bestimmung zur Tugend und zum ewigen Leben! Aber — dann bin ich Thier, und das dummste unter allen, wenn ich des Thieres Regel, der es instinktmäßig folgt, nicht zu der meinigen mache: Iß, trink, denn morgen bist du todt! Doch du kannst nicht rauben, was ich habe, meine Menschennatur; ich kann sie nicht aufgeben; darum — tödte mich nicht! Laut, daß es hinaufschallt zu allen Höhen der Schöpfung, ruft der Mensch: Tödte mich nicht! Wehe uns, wenn wir nicht hören! Sein Blut würde lauter noch, würde tausendstimmig hinauf schreien zum Himmel, und können Hinrichtungen nur Schädliches wirken, so wird — so muß es über uns kommen und über unsere Kinder! Gebe Gott der guten Sache den Sieg, um welchen sie ringt! Wie wollte ich mich freuen, wenn meinem sich allgemach zum Ende neigenden Leben noch die Wonne aufbehalten wäre, zu hören, daß die Gesetze, welche auf den Tod erkennen, überall in die alte Rumpelkammer der Marterwerkzeuge geworfen würden, deren Anblick nur noch dazu dienen kann, daß wir mit Wehmuth an so viele und lange Verirrungen der Rechtspflege gedenken, und dankbar den Vater im Himmel preisen, der unser Daseyn in bessere und mildere Zeiten fallen ließ. Welch ein Festtag müßte der Tag werden, an welchem der letzte Galgen an unsern Landstraßen bis auf den letzten Stein verfällt, und die letzte Spur des Entsetzlichsten, was die Erde sehn kann, vertilgt ist! Welch ein Te Deum würde dann einmal die Menschlichkeit und die Gerechtigkeit anstimmen! Engel des Friedens würden es hinauftragen zum Throne der ewigen Liebe. Das wäre ein Opfer, wie es Gott wohlgefällt, und segnend würde er herabschauen auf ein Geschlecht, das es endlich nach Jahrtausenden allgemein fühlt, auf welche hohe Stufe er es gestellt, und wie er den Menschen gemacht habe zu seinem Bilde.

Laß uns harren, hoffen, beten, wirken! Es ist so vieles Herrliche zur Reife gekommen; auch das, was wir wünschen, wird reifen, und sollten sich unsere Augen darüber schließen und diesen neuen, großen Fortschritt zum Bessern nicht schauen: dennoch wollen wir hoffen und an unserm Theile, durch Unterstützung dessen, was Wahrheit, Religion und Bildung fördern kann, mitarbeiten, daß die Enkel sehen, was uns selbst zu sehen nicht vergönnt war. Mögen sie dann auf Beccaria's Grab und auf die Gräber Aller, die in seinem Geiste sprachen und handelten, die Krone legen, welche diesen Edlen viele ihrer Zeitgenossen schuldig blieben! Jedes Streben nach moralischer Veredlung in uns selbst und in Andern ist ein Stein zum Baue der bessern Zukunft, die schon jetzt, in ihrem Beginnen, ernst und strafend auf die Blutgerüste blickt, welche noch erbaut werden, um ihre Opfer zu empfangen, und die einst, erstarkt und blühend, dem kommenden Geschlechte mild und tröstend begegnen wird. Sie wird nicht durch das Geschrei tollkühner Brauseköpfe hervorgerufen, sie bildet sich nicht unter den Wirren ruhmsichtiger Weltstürmer, sie folgt nicht den heillosen Fußstapfen wilder Revolutionäre; aber im festen, stillen Gange der freien Entwicklung intellektueller und moralischer Kräfte führt sie sich von selbst herbei und ist die Frucht und der Lohn der frommen Tugend. Denn:

Wie's jetzt ist auf Erden,
Also soll's nicht seyn.
Laßt uns besser werden,
Gleich wird's besser seyn!

Nun, das wollen wir, Ferdinand, das wollen wir! Darauf die Hand! Und das Andere sey dem *überlassen, der allein Weisheit hat; er wird's wohl machen!*

Ich nehme jetzt Abschied von Dir in Rücksicht auf den bisherigen Inhalt unserer Briefe, und danke Dir für Deine Ausdauer und für jeden Deiner belehrenden Winke. Wie reich bin ich, einen Freund zu haben, mit welchem ich so sprechen, von welchem ich so viel lernen kann! Lebe wohl, mein Ferdinand, lebe wohl, und laß mich, bis zu meinem Ende, in Deiner Liebe glücklich seyn.

Druckfehler.

Seite 90 Zeile 5 v. u. statt Unrecht lies Urrecht
— 99 — 10 v. o. st. Sellen l. Sellon
— 115 — 17 v. o. st. Steineccius l. Heineccius
— 207 — 6 v. o. st. Togesstrafen l. Todesstrafe
— 218 — 7 v. o. st. Gepp l. Hepp
— 219 — 14 v. u. st. Anwendung l. Androhung
— 223 — 5 v. u. „wenn gleich der Bürger Mensch ist" — soll heißen: „wenn gleich der Mensch immer Bürger bleibt."

Kolibri 360 GmbH
Ferdinand-Jühlke-Straße 7
99095 Erfurt, Deutschland
produktsicherheit@kolibri360.de